U0690806

全面提高
党的建设科学化水平
一百问

丁俊萍　主编

WUHAN UNIVERSITY PRESS
武汉大学出版社

图书在版编目(CIP)数据

全面提高党的建设科学化水平一百问/丁俊萍主编. —武汉:武汉大学出版社,2013.12
ISBN 978-7-307-12371-7

Ⅰ.全…　Ⅱ.丁…　Ⅲ.中国共产党—党的建设—问题解答
Ⅳ.D26-44

中国版本图书馆 CIP 数据核字(2013)第 312856 号

责任编辑:柴　艺　　责任校对:汪欣怡　　版式设计:马　佳

出版发行:**武汉大学出版社**　　(430072　武昌　珞珈山)
　　　　(电子邮件:cbs22@ whu. edu. cn　网址:www. wdp. whu. edu. cn)
印刷:湖北恒泰印务有限公司
开本:720×1000　1/16　印张:16.25　字数:230 千字　插页:1
版次:2013 年 12 月第 1 版　　2013 年 12 月第 1 次印刷
ISBN 978-7-307-12371-7　　定价:35.00 元

版权所有,不得翻印;凡购我社的图书,如有质量问题,请与当地图书销售部门联系调换。

目　　录

1. 为什么必须把科学发展观贯彻到我国现代化建设全过程、体现到党的建设各方面？

答： 科学发展观，是同马克思列宁主义、毛泽东思想、邓小平理论、"三个代表"重要思想既一脉相承又与时俱进的科学理论，是马克思主义关于发展的世界观和方法论的集中体现，是马克思主义中国化最新成果，是中国共产党集体智慧的结晶，是发展中国特色社会主义必须坚持和贯彻的指导思想。基于此，党的十八大明确指出：面向未来，深入贯彻落实科学发展观，对坚持和发展中国特色社会主义具有重大现实意义和深远历史意义，必须把科学发展观贯彻到我国现代化建设全过程、体现在党的建设各方面。

科学发展观蕴含丰富的关于中国特色社会主义经济建设、政治建设、文化建设、社会建设和生态文明建设的新思想、新观点、新论断，涉及改革发展稳定、内政外交国防、治党治国治军等各个方面，是推动中国特色社会主义科学发展的正确指南。在经济建设方面，科学发展观提出实现国民经济又好又快发展，加快转变经济发展方式，推进社会主义新农村建设，实施区域协调发展战略，加快完善社会主义市场经济体制，进一步提高对外开放水平。在政治建设方面，科学发展观提出发展社会主义民主政治，建设社会主义政治文明，不断推进社会主义政治制度自我完善和发展，坚持走中国特色政治发展道路，积极稳妥推进政治体制改革，扩大社会主义民主，改善党的领导方式和执政方式，加强对权力的制约和监督。在文化建设方面，科学发展观提出坚持中国特色社会主义文化发展道路，努力建设社会主义文化强国，推动社会主义文化大发展大繁荣，加强社会主义核心价值体系建设，大力发展公益性文化事业，进一步深化文化体制改革，丰富人民精神文化生活，增强文化整体实力和竞争力等。在社会建设方面，科学发展观提出构建社会主义和谐社会，坚持以保障和改善民生为重点，切实维护和实现社会公平正义，切实加强和创新社会管理。在生态文明建设方面，科学发展观提出把生态文明建设放在突出地位，努力建设美丽中国，实现中华民族永续发展。要优化国土空间开发格局，全面促进资源节约，加大自然生态系统和环境保护力度，加强生态文明制度建设。科学发展观还含有中国特色创新型国家思想、中国特色社会主义国防和军队建设思想、中华民族共同家园建设思想、中国和平发展与和谐世界建设的思想等。因此，我们要继续推进中国特色社会主义事业，实现中华民族伟大复兴，就必须以科学发展观为指导。

科学发展观蕴含丰富的关于马克思主义执政党建设的新思想、新观点、新论断，是新形势下全面推进党的建设新的伟大工程，全面提高党的建设科学化水平的思想武器。党的十六大以来，以胡锦涛为总书记的党中央，高度重视党的自身建设，以改革创新精神全面推进党的建设新的伟大工程，进一步丰富和发展中国特色执政党建设理论，构成了科学发展观的重要内容。其具体内容有：党的建设总体指导思想是以改革创新的精神全面推进党的建设新的伟大工程，全面提高党的建设科学化水平；党的建设主线是执政能力建设、先进性和纯洁性建设；党的建设总体布局是思想建设、组织建设、作风建设、反腐倡廉建设、制度建设；党的建设目标是增强自我净化、自我完善、自我革新、自我提高能力，建设学习型、服务型、创新型的马克思主义执政党，确保党始终成为中国特色社会主义事业的坚强领导核心；党的建设具体要求是以坚定理想信念为重点加强思想建设，以造就高素质党员、干部队伍为重点加强组织建设，以保持党同人民群众的血肉联系为重点加强作风建设，以完善惩治和预防腐败体系为重点加强反腐倡廉建设，以健全民主集中制为重点加强制度建设，全面推进党的建设新的伟大工程。因此，党的建设必须以科学发展观为指导。

2. 夺取中国特色社会主义新胜利对党的领导和党的建设提出了什么样的新要求？

答：党的十八大提出了全面建成小康社会，夺取中国特色社会主义新胜利的奋斗目标，同时对如何夺取中国特色社会主义新胜利提出了"八个必须坚持"的基本要求，其中一项基本要求是"必须坚持党的领导"。这是因为，中国共产党是中国特色社会主义事业的领导核心。要坚持立党为公、执政为民，加强和改善党的领导，坚持党总揽全局、协调各方的领导核心作用，保持党的先进性和纯洁性，增强党的创造力、凝聚力、战斗力，提高党科学执政、民主执政、依法执政水平。对党的建设的新要求是：党必须围绕中心任务开展自身建设，全面推进党的建设新的伟大工程，全面提高党的建设科学化水平。

新形势下加强和改进党的建设的总体要求是：以党的执政能力建设、先进性和纯洁性建设为主线，坚持解放思想、改革创新，坚持党要管党、从严治党，全面加强党的思想建设、组织建设、作风建设、反腐倡廉建设、制度建设，增强自我净化、自我完善、自我革新、自我提高能力，建设学习型、服务型、创新型的马克思主义执政党，确保党始终成为中国特色社会主义事业的坚强领导核心。具体要求有八个方面：

一是坚定理想信念，坚守共产党人精神追求。要抓好思想理论建设这个根本，学习马克思主义及其中国化的理论成果，推进学习型党组织创建，教育引导党员、干部矢志不渝为中国特色社会主义共同理想而奋斗。抓好党性教育这个核心，学习党的历史，弘扬党的优良传统和作风，教育引导党员、干部牢固树立正确的世界观、权力观、事业观，坚定政治立场，明辨大是大非。抓好道德建设这个基础，教育引导党员、干部模范践行社会主义荣辱观，讲党性、重品行、作表率，做社会主义道德的示范者、诚信风尚的引领者、公平正义的维护者，以实际行动彰显共产党人的人格力量。

二是坚持以人为本、执政为民，始终保持党同人民群众的血肉联系。围绕保持党的先进性和纯洁性，在全党深入开展以为民务实清廉为主要内容的党的群众路线教育实践活动。完善党员干部直接联系群众制度。坚持问政于民、问需于民、问计于民，从人民伟大实践中汲取智慧和力量。坚持实干富民，实干兴邦，敢于开拓，勇于担当，多干让人民满意的好事实事。坚持艰苦奋斗、勤俭节约，下决心改进文风会风，着力整治庸懒散奢等不良风气，坚决克服形式主义、官僚主义，以优良党风凝聚党心民心、带动政风民风。支持工会、共青团、妇联等人民团体充分发挥桥梁纽带作用，更好反映群众呼声，维护群众合法权益。

三是积极发展党内民主，增强党的创造活力。要坚持民主集中制，健全党内民主制度体系，以党内民主带动人民民主。保障党员主体地位，健全党员民主权利保障制度。完善党的代表大会制度，提高工人、农民代表比例，落实和完善党的代表大会代表任期制，试行乡镇党代会年会制，深化县(市、区)党代会常任制试点，实行党代会代表提案制。完善党内选举制度，规范差额提名、差额选举，形成充分体现选举人意志的程序和环境。强化全委会决策和监督作用，完善常委会议事规则和决策程序，完善地方党委讨论决定重大问题和任用重要干部票决制。扩大党内基层民主，完善党员定期评议基层党组织领导班子等制度，推行党员旁听基层党委会议、党代会代表列席同级党委有关会议等做法，增强党内生活原则性和透明度。

四是深化干部人事制度改革，建设高素质执政骨干队伍。要坚持党管干部原则，坚持五湖四海、任人唯贤，坚持德才兼备、以德为先，坚持注重实绩、群众公认，深化干部人事制度改革。全面准确贯彻民主、公开、竞争、择优方针，扩大干部工作民主，提高民主质量，完善竞争性选拔干部方式，提高选人用人公信度。完善干部考核评价机制，促进领导干部树立正确政绩观。健全干部管理体制，从严管理监督干部，加强党政正职、关键岗位干部培养选拔，完善公务员制度。优化领导班子配备和干部队伍结构。推进国有企业和事业单位人事制度改革。加强和改进干部教育培训。全面做好离退休干部工作。

五是坚持党管人才原则，把各方面优秀人才集聚到党和国家事业中来。要尊重劳动、尊重知识、尊重人才、尊重创造，加快确立人才优先发展战略布局，造就规模宏大、素质优良的人才队伍，推动我国由人才大国迈向人才强国。统筹推进各类人才队伍建设，实施重大人才工程，加大创新创业人才培养支持力度，重视实用人才培养，引导人才向科研生产一线流动。充分开发利用国内国际人才资源，积极引进和用好海外人才。加快人才发展体制机制改革和政策创新，建立国家荣誉制度。

六是创新基层党建工作，夯实党执政的组织基础。要落实党建工作责任制，强化农村、城市社区党组织建设，加大非公有制经济组织、社会组织党建工作力度，全面推进各领域基层党建工作，扩大党组织和党的工作覆盖面，以党的基层组织建设带动其他各类基层组织建设。健全党的基层组织体系，加强基层党组织带头人队伍建设，加强城乡基层党建资源整合，建立稳定的经费保障制度。加强基层服务型党组织建设。加强和改进党员队伍教育管理，健全党员立足岗位创先争优长效机制，推动广大党员发挥先锋模范作用。严格党内组织生活，健全党员党性定期分析、民主评议等制度。改进对流动党员的教育、管理、服务。提高发展党员质量，重视从青年工人、农民、知识分子中发展党员。健全党员能进能出机制，优化党员队伍结构。

七是坚定不移反对腐败，永葆共产党人清正廉洁的政治本色。要坚持中国特色反腐倡廉道路，坚持标本兼治、综合治理、惩防并举、注重预防方针，全面推进惩治和预防腐败体系建设，做到干部清正、政府清廉、政治清明。加强反腐倡廉教育和廉政文化建设。各级领导干部特别是高级干部必须自觉遵守廉政准则，严格执行领导干部重大事项报告制度。严格规范权力行使，加强对领导干部特别是主要领导干部行使权力的监督。深化重点领域和关键环节改革，健全反腐败法律制度，防控廉政风险，防止利益冲突，更加科学有效地防治腐败。加强反腐败国际合作。严格执行党风廉政建设责任制。健全纪检监察体制，完善派驻机构统一管理，更好地发挥巡视制度监督作用。始终保持惩治腐败高压态势，坚决查处大案要案，着力解决发生在群众身边的腐败问题。

八是严明党的纪律，自觉维护党的集中统一。各级党组织和广大党员、干部特别是主要领导干部一定要自觉遵守党章，自觉按照党的组织原则和党内政治生活准则办事，任何人都不能凌驾于组织之上。要坚决维护中央权威，在思想上政治上行动上同党中央保持高度一致，坚决贯彻党的理论和路线方针政策，保证中央政令畅通。加强监督检查，严肃党的纪律特别是政治纪律，对违反纪律的行为必须认真处理。

3. 为什么要以改革创新的精神全面推进党的建设新的伟大工程，全面提高党的建设科学化水平？

答：中国共产党成立以来，在党的自身建设方面相继实施了两个伟大工程：第一个是指民主革命时期中国共产党的建设伟大实践，目的是建设一个全国范围的、广大群众性的、思想上政治上组织上完全巩固的布尔什维克化的中国共产党。毛泽东将其称为党的建设"伟大的工程"。第二个是指中国共产党执政以来特别是改革开放以来自身建设的伟大实践，目的是建设一个学习型、服务型、创新型的马克思主义执政党，确保党始终成为中国特色社会主义事业的坚强领导核心。提高党的建设科学化水平，说到底就是要不断把握和自觉运用马克思主义执政党建设规律，就是要坚持解放思想、实事求是、与时俱进，及时研究新情况、解决新问题、总结新经验，努力以科学理论指导党的建设、以科学制度保障党的建设、以科学方法推进党的建设。党的十八大提出，以改革创新精神全面推进党的建设新的伟大工程，全面提高党的建设科学化水平。这是形势的发展、事业的开拓、人民的期待。

首先，这是形势发展的需要。当前，世情国情党情都发生了深刻变化。世情方面，当今世界正处于大发展大变革大调整时期，世界多极化、经济全球化深入发展，科技进步日新月异国际金融危机影响深远，世界经济格局发生新变化，国际力量对比出现新态势，全球思想文化交流交融交锋呈现新特点，发达国家在经济、科技等方面仍占优势，综合国力竞争和各种力量较量更趋激烈，不稳定不确定因素增多，给我国发展带来新的机遇和挑战。国情方面，虽然我国已经进入全面建成小康社会新阶段，但我国仍处于并将长期处于社会主义初级阶段的基本国情没有变，我国是世界上最大的发展中国家的国际地位没有变，人民日益增长的物质文化需要同落后的社会生产之间的矛盾这一社会主要矛盾没有变。前进道路上还有不少困难和问题。党情方面，党面临着执政考验、改革开放考验、市场经济考验、外部环境考验，存在着精神懈怠危险、能力不足危险、脱离群众危险、消极腐败危险。因此，新的形势要求党必须以改革创新精神精神全面推进党的建设新的伟大工程，全面提高党的建设科学化水平。

其次，这是事业开拓的需要。目前，我国已进入了全面建成小康社会新的发展阶段，全国各族人民正在党的正确领导下，为实现中华民族伟大复兴的"中国梦"而奋斗。党作为中国特色社会主义事业的坚强领导核心，担负着继续推进中国特色社会主义事业，实现中华民族伟大复兴的光荣使命和艰巨任务。"打铁还需自身硬"，这就要求党必须坚持党要管党、从严治党，其实解决自身存在的问题，以改革创新的精神全面推进党的建设新的伟大工程，全面提高党的建设科学化水平。

最后，这是满足人民期待的需要。人民对党既有领导大家实现"中国梦"的长远期盼，又有希望党能够问政于民、问需于民、问计于民，真诚倾听群众呼声，真实反映群众意愿，真心关心群众疾苦，依法保障人民群众经济、政治、文化、社会等各项权益的现实诉求。因此，人民对实现"中国梦"的期盼，对美好生活的向往，就是党的奋斗目标。党只用以改革创新精神全面推进党的建设新的伟大工程，全面提高党的建设科学化水平，才能满足人民群众日益增长的物质文化需要，才能推动实现"中国梦"。

4. 为什么说只有植根人民、造福人民，党才能始终立于不败之地？

答：党的十八大明确提出：只有植根人民、造福人民，党才能始终立于不败之地。这是党总结中国革命、建设和改革经验得出的科学结论，又是进一步推进党的建设新的伟大工程，促进中国特色社会主义科学发展的必然要求。

只有植根人民、造福人民，党才能够赢得人民群众的支持和拥护。中国共产党之所以能够领导中国革命取得一系列胜利，开创中国特色社会主义事业新局面，始终立于不败之地，其基本经验就在于党始终与人民群众血肉相连，植根人民，造福人民。民主革命时期，毛泽东提出了一切为了群众，一切依靠群众，从群众中来，到群众中去的群众路线。中国共产党先后领导广大人民群众开展了国民大革命、土地革命、抗日战争、人民解放战争，赢得了民族独立和人民解放。党也在领导人民开展革命的过程中，赢得人民群众的支持和拥护，转变为在全国长期执政的党。这是历史和人民的选择。社会主义革命和建设时期，中国共产党坚持全心全意为人民服务的宗旨，密切联系群众，先后领导人民完成了国民经济恢复、土地改革、社会主义改造等，在中国确立了社会主义制度，开始全面建设社会主义。这一时期，人民生活水平有了很大改善，教育、科学、文化、卫生、体育事业有了很大发展。党也在领导社会主义革命和建设过程中，成为中国社会主义事业的坚强领导核心。这一时期，尽管党在探索新道路中经历了曲折和考验，犯了一些严重错误，但人民群众始终相信党、拥护党，其根本原因就在于党植根人民、造福人民。改革开放新时期，党坚持全心全意为人民服务的根本宗旨，把以人为本、执政为民作为检验党一切执政活动的最高标准，领导人民开启了改革开放新征程，先后解决了人民群众的温饱问题，实现了人民生活总体上小康的目标。目前，党正领导人民为全面建成小康社会目标而奋斗。党也在开创中国特色社会主义事业伟大进程中，进一步赢得人民群众的支持和拥护，开创了党的建设新的伟大工程，党的建设科学化水平不断提高，成为中国特色社会主义事业的坚强领导核心。

只有植根人民、造福人民，党才能制定正确的路线、方针和政策。人民群众中蕴含无穷的智慧与力量，党只有坚持问政于民、问需于民、问计于民，才能制定正确的路线、方针和政策；否则，党就有脱离人民群众的危险，中国革命、建设和改革事业以及党的自身建设，就会遭受挫折与损失。民主革命时期，党在总结正反两方面经验教训的基础上，把中国革命的重心放在农村，植根于广大农民群众之中，领导农民开展土地革命，参加民族解放战争，推翻"三座大山"的压迫。在这一过程中，党深化了对中国国情的认识，坚持走农村包围城市、武装夺取政权的道路，制定了新民主主义革命总路线，提出了新民主主义革命的政治、经济和文化纲领，创立了马克思主义中国化的第一大理论成果——毛泽东思想。社会主义革命和建设时期，尽快实现国家繁荣富强和人民共同富裕，成为全体人民的共同愿望和心声。对此，党领导广大人民群众为实现工业、农业、国防和科学技术四个现代化而奋斗。其中既积累了成功经验，也有深刻教训。回顾这段历史，我们不难发现：党坚持实事求是思想路线，较好贯彻群众路线和植根人民群众之时，党的路线、方针和政策就比较正确，党和国家事业就能顺利发展；党背离实事求是思想路线，不能贯彻群众路线和植根人民之时，党就不能制定正确的路线、方针和政策，就会给党和国家的事业带来困难和挫折。比如，"大跃进"、人民公社化运动、"文化大革命"等"左"的错误，就是党在一定程度上脱离了我国当时的国情与实际，没有很好满足人民群众日益增长的物质文化需要。改革开放新时期，党恢复和发展了密切联系群众的优良作风，保持党与人民群众的血肉联系，坚持问政于民、问需于民、问计于民，从人民伟大实践中汲取智慧和力量，坚持实干富民，实干兴邦，敢于开拓，勇于担当，多干让人民满意的好事实事。比如，农村家庭联产承包责任制的实行、乡镇企业的异军突起、农村基层民主制度的创立等，都是中国农民的率先创造。党通过植根人民、造福人民，汲取人民的智慧和力量，制定了符合中国国情的农村改革路线与政策，建立了基层民主制度，进而创立了以邓小平理论、"三个代表"重要思想、科学发展观为主要内容的中国特色社会主义理论体系。

只有植根人民、造福人民，党才能不断增强执政能力和领导水平，不断提高自身建设科学化水平。党的宗旨是全心全意为人民服务，以人为本、执政为民是检验党一切执政活动的最高标准。只有植根人民、造福人民，党才能不断提高驾驭社会主义市场经济的能力、发展社会主义民主政治的能力、建设社会主义先进文化的能力、构建社会主义和谐社会的能力、应对国际局势和处理国际事务的能力，全面提高党的建设科学化水平。只有增强党的执政能力和领导水平，党才能始终保持与时俱进的生命力和改革创新的精神状态，才能始终处于不败之地。

5. 为什么只有居安思危、勇于进取，党才能始终走在时代前列？

答：党的十八大提出：只有居安思危、勇于进取，党才能始终走在时代前列。这是党对自身建设规律的科学总结。

首先，只有居安思危、勇于进取，党才能未雨绸缪，科学把握和判断所处的历史方位，明确面临的问题和困难，始终保持先进性。新中国成立前夕，毛泽东在党的七届二中全会上阐述了党面临的新形势新任务以及党的建设面临的新问题，告诫全党同志必须警惕资产阶级"糖衣炮弹"的袭击，务必继续保持谦虚、谨慎、不骄、不躁的作风，务必继续保持艰苦奋斗的作风。这体现出以毛泽东为代表的中国共产党人，在巨大胜利面前始终保持清醒头脑。中共七届二中全会后，中国共产党迅速领导人民建立了新中国，恢复了国民经济，进行了社会主义改造，进而在中国确立了社会主义制度。1978 年，邓小平在中央工作会议上指出，实现四个现代化是一场深刻的伟大革命，全党同志一定要善于学习，善于重新学习，要从实践中学，从书本上学，从自己和人家经验教训中学，要克服保守主义和本本主义。正是这种勇于进取的精神，使中国共产党逐步克服"左"的错误，开辟了中国特色社会主义道路，开启了党的建设新的伟大工程。党的十三届四中全会以来，以江泽民为代表的中国共产党人，在改革开放取得辉煌成就的同时，对社会主义市场经济条件下党的建设始终高度重视，围绕"建设一个什么样的党，怎样建设党"的基本问题，成功把党建设成为符合"三个代表"要求的马克思主义执政党。党的十六大以来，以胡锦涛为代表的中国共产党人，在全面建设小康社会新的历史条件下，明确提出党面临着"四大考验"，存在着"四种危险"危险，深刻把握党的执政能力建设、先进性和纯洁性建设这条主线，全面推进党的建设新的伟大工程，不断提高党的建设科学化水平。

其次，只有居安思危、勇于进取，党才能在复杂的国际国内局势下，制定正确的路线、方针和政策，推动中国特色社会主义事业不断发展。在社会主义革命和建设时期，针对西方对社会主义国家"和平演变"图谋，党提出要警惕资本主义复辟的危险，培养无产阶级革命事业接班人，保持党和国家不变质不变色并进行艰辛探索。改革开放以来，我国经济社会快速发展，中国特色社会主义取得一系列重大成就，从根本上改变了中国人民和中华民族的前途命运。面对重大成功和巨大成就，党坚持解放思想、实事求是、与时俱进、求真务实，把握新的时代特征和发展趋势，作出一系列关系中国特色社会主义长远发展的重大决策。比如，伴随着世界主题逐步转变为和平与发展，党以超前意识和战略眼光，先后提出"科学技术是生产力"、"科学技术是第一生产力"、"科教兴国"、"人才强国"等思想，促进了我国科学技术迅速发展。再如，面对思想文化领域交流交融交锋的新特点，党提出了建设社会主义核心价值体系，用马克思主义引领众多社会思潮，推动社会主义文化大发展大繁荣。

总之，在严峻局势和复杂局势面前，党只有始终保持警惕和清醒，不骄不躁，居安思危，勇于进取，才能使党始终代表中国先进生产力的发展要求，代表中国先进文化的前进方向，代表中国最广大人民的根本利益，才能使党永葆先进性，始终走在时代前列。

6. 新形势下，党面临的考验和危险是什么？

答：当前党的建设面临"四大考验"，即执政考验、改革开放考验、市场经济考验、外部环境考验。这些考验将是长期的、复杂的、严峻的。

一是执政考验。党的执政地位不是与生俱来的，也不是一劳永逸的。它是历史和人民的选择。中国近现代历史充分证明：没有共产党就没有新中国，就没有中国特色社会主义。新中国成立以来，党在领导社会主义革命、建设和改革的伟大事业中，开辟了新局面。经过 60 多年的发展，党的执政地位得到了巩固，执政能力和执政水平得到了较大提高，但仍存在着不少不适应新形势新任务要求的问题，例如：面对国际国内形势的深刻变化，党所肩负任务的复杂性、艰巨性、繁重性世所罕见，如何坚持以经济建设为中心，抓好发展这一党执政兴国的第一要务，促进经济又好又快发展？面对社会主义民主政治的深入发展，如何积极稳妥地推进政治体制改革，实现科学执政、民主执政、依法执政？面对人们思想活动独立性、选择性、差异性日益增强，如何建设社会主义核心价值体系？面对当前社会结构分化、社会思潮多种、价值观念多样、利益诉求多元、社会矛盾突出等情况，如何激发全社会活力，调动各方面的积极性、主动性、创造性，有效维护社会稳定，实现社会和谐？这些都对中国共产党的执政提出了新的要求。

二是改革开放考验。在新的形势下，党肩负着领导全国人民进行改革开放和实现社会主义现代化的伟大任务。改革开放既为党的建设创造了良好的外部环境，又给党的建设带来了严峻挑战。其一，随着改革的深入发展，党所处的环境和条件发生了深刻变化，党必须变革传统的党建方式和方法。其二，社会经济成分、组织方式、就业方式、利益关系和分配方式日益多样化，使党员队伍发生了重大变化。党面临着既要巩固执政基础，又要扩大群众基础的问题。其三，思想文化领域呈现出交流交融交锋的新特点，社会思潮多种、价值观念多样。这对党的思想理论建设和巩固马克思主义指导地位提出了挑战。其四，面对来自"左"和右的干扰，如何坚定不移地推进改革开放，进一步解放和发展生产力，也是党面临的重大课题。

三是市场经济考验。目前，我国已经建立了比较完善的社会主义市场经济体制，但仍存在着不少突出问题和矛盾。比如，如何鼓励、支持和引导非公有制经济发展，如何合理调整收入分配，如何健全覆盖城乡居民的社会保障体系等问题。这就要求党提高驾驭社会主义市场经济的能力，不断完善社会主义市场经济体制，既要发挥市场在资源配置中的基础性作用，又要发挥社会主义制度的优越性。再如，市场经济在促进经济社会快速发展的同时，也不可避免地对人们的思想认识、价值观念、行为方式带来不良影响。它使部分党员理想信念动摇，给党的思想理论建设带来了重大考验。它使人们过分追求物质利益，而淡化了精神追求，给党的作风建设带来严峻挑战。它使经济领域的交换原则相应地延伸到党内和政治领域，提出了市场经济条件下加强反腐倡廉建设的新课题。

四是外部环境考验。当今世界是开放的世界，中国的发展离不开世界。党要领导好国内建设，就必须重视外部环境的影响，就必须准确把握世界形势的发展变化。当今世界，和平、发展、合作仍是时代潮流，世界多极化、经济全球化深入发展，文化多样化、社会信息化持续推进，科技革命孕育新突破，全球合作向多层次全方位拓展，新兴市场国家和发展中国家整体实力增强，国际环境总体上有利于我国和平发展。同时，国际金融危机影响深远，世界经济增长不稳定不确定因素增多，全球发展不平衡加剧，霸权主义、强权政治和新干涉主义有所上升，局部动荡频繁发生，粮食安全、能源资源安全、网络安全等全球性问题更加突出，我国发展的外部环境更趋复杂。在这种环境下，我们需要认真思考：如何以敏锐的眼光洞悉发展先机，牢牢把握发展的重要战略机遇期？如何既统筹国内国际两个大局，积极参与国际经济合作与竞争以促进国内经济发展，又有效抵制西方敌对势力的渗透破坏，维护国家安全？如何既合理吸收人类一切优秀文明成果，又有效抵制消极腐朽东西的侵蚀？

当前，党的建设存在"四种危险"，即精神懈怠的危险、能力不足的危险、脱离群众的危险、消极腐败的危险。

一是精神懈怠的危险。党之所以取得革命、建设和改革的重大成就，重要原因就在于始终保持积极进取的精神状态。积极进取的精神状态是一切工作的动力源，是党员干部政治素养的体现。党自成立以来，先后创造了井冈山精神、长征精神、延安精神、西柏坡精神、大庆精神、"两弹一星"精神、九八抗洪精神、抗击非典精神、载人航天精神等，始终保持了党昂扬向上的精神状态。同时，不可否认，党在长期执政和取得巨大成就的条件下，也存在着精神懈怠的危险。一些党员、干部忽视理论学习、学用脱节，理想信念动摇，对马克思主义信仰不坚定，对中国特色社会主义缺乏信心；一些党员、干部安于现状，贪图享受、不思进取、缺乏忧患意识等。因此，如何避免精神懈怠，始终保持积极进取的精神状态，是党的建设面临的一个重大而紧迫的问题。

二是能力不足的危险。党自成立以来，始终高度重视自身能力建设，不断克服"本领恐慌"和能力不足问题。当前，国际国内形势纷繁复杂，我国发展呈现出一系列新的阶段性特征，面临着前所未有的新情况新问题。这就对党的执政能力和领导水平、党员干部队伍素质提出了较高要求。而现实则是党员干部队伍状况不容乐观：一些领导班子整体作用发挥不够，推动科学发展、处理复杂问题的能力不够；一些基层党组织战斗堡垒作用不强；一些党员不能发挥先锋模范作用。因此，亟待提高党的各级组织和领导干部的执政能力和执政水平。

三是脱离群众的危险。党的发展历程告诉我们：来自人民、植根人民、服务人民，是党永远立于不败之地的根本。只有始终保持党同人民群众的血肉联系，党的事业才有动力、方向和价值。密切联系群众是党最大的政治优势，脱离群众是党执政后的最大危险。当前，一些领导干部宗旨意识薄弱，脱离群众、脱离实际，不讲原则、不负责任，言行不一、弄虚作假，铺张浪费、奢靡享乐，个人主义突出，形式主义、官僚主义严重。这些现象给党的执政带来了严峻挑战。广大党员干部如何真正坚持党的根本宗旨，树立群众观念；党如何学会并妥善兼顾各阶层群众的利益，实现好、维护好、发展好最广大人民的根本利益；党如何大力弘扬理论联系实际、密切联系群众、批评与自我批评、求真务实、艰苦奋斗之风，只有解决好这些问题，党才能防范这一危险。

四是消极腐败的危险。消极腐败会腐蚀党的健康肌体，败坏党的形象。因此，坚决惩治和有效预防腐败，关系人心向背和党的生死存亡，是党必须始终抓好的重大政治任务。新中国成立以来，尤其是改革开放新时期，党旗帜鲜明、一以贯之地反对腐败，反腐倡廉建设不断取得新的明显进展。同时，反腐败斗争形势依然严峻、任务依然艰巨，消极腐败危险仍然严重威胁着党。这就对党的反腐倡廉建设提出挑战。我们应认真思考：如何充分认识和把握反腐败斗争的长期性、复杂性和艰巨性，把反腐倡廉建设放在更加突出的位置？如何加强廉洁从政教育和领导干部廉洁自律？如何加大查办违纪违法案件工作力度？如何构建科学的权力运行制约和监督体系？如何推进反腐倡廉建设制度创新？

7. 为什么说不断提高党的领导水平和执政水平、提高拒腐防变和抵御风险能力，是党巩固执政地位、实现执政使命必须解决好的重大课题？

答：新中国成立后，党的历届中央领导集体领导全党紧紧围绕提高领导水平和执政水平、提高拒腐防变和抵御风险能力这两大历史性课题，着重从思想和作风、体制和机制、方式和方法、素质和本领等方面加强和改进党的建设，有力地推动了党和国家事业的发展。在此基础上，党的十八大进一步强调：不断提高党的领导水平和执政水平、提高拒腐防变和抵御风险能力，是巩固党的执政地位、实现执政使命必须解决好的重大课题。这是党总结历史经验，面对新形势而作出的科学结论和准确判断。

第一，国内外形势的变化和党所肩负的使命，决定了党必须不断提高党的领导水平和执政水平、提高拒腐防变和抵御风险能力的两大历史性课题。进入新世纪新阶段，国际局势发生新的深刻变化，世界多极化和经济全球化的趋势继续在曲折中发展，科技进步日新月异，综合国力竞争日趋激烈，各种思想文化相互激荡，各种矛盾错综复杂，敌对势力对我国实施西化、分化的战略图谋没有改变，我国仍面临发达国家在经济、科技等方面占优势的压力，综合国力竞争和各种力量较量更趋激烈，不稳定不确定因素增多，给我国发展带来新的机遇和挑战。当前，我国正处在进一步发展的重要战略机遇期，在新的历史起点上向前迈进。社会利益关系更为复杂，新情况新问题层出不穷。在机遇与挑战并存的国内外条件下，中国共产党要带领全国各族人民全面建成小康社会，实现继续推进现代化建设、完成祖国统一、维护世界和平与促进共同发展这三大历史任务，必须不断提高党的领导水平和执政水平、提高拒腐防变和抵御风险能力。它是关系中国社会主义事业兴衰成败、关系中华民族前途命运、关系党的生死存亡和国家长治久安的重大战略问题。只有不断加强党的执政能力建设，才能保证党在世界形势深刻变化的历史进程中始终走在时代前列，在应对各种风险和考验的历史进程中始终成为全国人民的主心骨，在建设中国特色社会主义的历史进程中始终成为坚强的领导核心。

第二，党的建设现状，决定了党必须不断提高党的领导水平和执政水平、提高拒腐防变和抵御风险能力。新中国成立以来特别是改革开放以来，党根据自身历史方位和中心任务的变化，不断提高领导水平和执政水平、提高拒腐防变和抵御风险能力。当前，党的领导水平和执政水平、党的建设状况、党员队伍素质总体上同党肩负的历史使命是适应的。同时，党内也存在不少不适应新形势新任务要求、不符合党的性质和宗旨的问题，主要是：一些党员、干部忽视理论学习，学用脱节，理想信念动摇，对马克思主义信仰不坚定，对中国特色社会主义缺乏信心；一些党组织贯彻民主集中制不力，有的对中央决策部署执行不认真，有的对党员民主权利保障落实不到位，一些党员干部法治意识、纪律观念淡薄；一些领导班子整体作用发挥不够，推动科学发展、处理复杂问题能力不够，一些地方和部门选人用人公信度不高，跑官要官、买官卖官等问题屡禁不止；一些基层党组织战斗堡垒作用不强，有的软弱涣散，有的领域党组织覆盖面不广，部分党员党员意识淡化、先锋模范作用不明显；有些领导干部宗旨意识淡薄，脱离群众、脱离实际，不讲原则、不负责任，言行不一、弄虚作假，铺张浪费、奢靡享乐，个人主义突出，形式主义、官僚主义严重；一些领导干部特别是高级干部中发生的腐败案件影响恶劣，一些领域腐败现象易发多发；不少年轻干部缺少严格的党内生活锻炼和重大政治风浪考验，干部队伍建设亟待加强。这些问题严重削弱党的创造力、凝聚力、战斗力，严重损害党同人民群众的血肉联系，严重影响党的执政地位巩固和执政使命实现。它们集中反映出党的执政能力和执政水平、拒腐防变和抵御风险的能力明显不足，必须引起全党警惕，抓紧加以解决。党只有妥善解决了这两大历史性课题，才能够更好地巩固党的执政地位、实现党的执政使命，确保党始终成为中国特色社会主义事业的坚强的领导核心。

第三，当前党的建设面临的考验和危险，决定了必须不断提高党的领导水平和执政水平、提高拒腐防变和抵御风险能力的两大历史性课题。当前党的建设面临"四大考验"，存在"四种危险"。这些考验和风险将是长期的、复杂的、严峻的，集中表现在党的领导水平和执政水平、拒腐防变和抵御风险能力方面。因此，当前巩固党的执政地位、实现党的执政使命，必须以不断提高党的领导水平和执政水平、提高拒腐防变和抵御风险能力为重点和关键。

8. 为什么要牢牢把握加强党的执政能力建设、先进性和纯洁性建设这条主线？

答：党的十八大提出，全党要增强紧迫感和责任感，牢牢把握加强党的执政能力建设、先进性和纯洁性建设这条主线。之所以要牢牢把握这条主线，是因为党的执政能力建设、先进性和纯洁性建设是党的根本建设。

第一，党的建设是一项复杂的系统工程，必须有一条主线贯穿始终，体现在党的建设各个方面。党的建设是一项伟大的工程，伴随着中国特色社会主义事业的发展和党的事业的壮大，党的建设内容不断充实和完善。党的建设布局经历了由"三大建设"到"四大建设"再到"五大建设"的历史进程。目前，党的建设包括思想建设、组织建设、作风建设、反腐倡廉建设和制度建设。党的建设布局是党的建设的横向展开，其目的是确保党始终成为中国特色社会主义事业的坚强领导核心。而要实现这样的目标，就必须抓住党的建设关键和核心，即围绕一条主线，并使这条主线贯穿在党的建设各个方面。

第二，执政能力建设是党执政后的一项根本建设，党的五大建设均是围绕提高党的执政能力和领导水平展开的。党的执政能力，是党提出和运用正确的理论、路线、方针、政策和策略，领导制定和实施宪法和法律，采取科学的领导制度和领导方式，动员和组织人民依法管理国家和社会事务、经济和文化事业，有效治党治国治军，建设社会主义国家的本领。只有提高党驾驭社会主义市场经济的能力、发展社会主义民主政治的能力、建设社会主义先进文化的能力、构建社会主义和谐社会的能力、应对国际局势和处理国际事务的能力并将之贯穿于党的建设各个方面，以改革创新精神全面推进党的建设新的伟大工程。

第三，先进性和纯洁性建设是保证党既是中国工人阶级的先锋队，同时又是中国人民和中华民族先锋队的必然要求。党自成立以来，就不断加强自身的先进性和纯洁性建设。党的先进性和纯洁性是相对的，过去先进和纯洁，不等于现在先进和纯洁，现在先进和纯洁，不等于永远先进和纯洁。加强党的先进性和纯洁性建设，就是要通过推进党的思想建设、组织建设、作风建设、反腐倡廉建设和制度建设，使党的理论和路线、方针、政策顺应时代发展的潮流和我国社会发展进步的要求，反映全国各族人民的利益和愿望，使各级党组织不断提高创造力、凝聚力、战斗力，始终发挥领导核心和战斗堡垒作用，使广大党员不断提高自身素质、始终发挥先锋模范作用，使党增强自我净化、自我完善、自我革新、自我提高的能力，永葆与时俱进的品质、始终走在时代前列，不断提高执政能力、巩固执政地位、完成执政使命。因此，以改革创新精神全面推进党的建设，必须把党的先进性和纯洁性建设贯穿于党的建设各个方面。

9. 为什么要坚持党要管党、从严治党？

答：党要管党，从严治党，是提高党的执政能力和执政水平，保持党的先进性和纯洁性，巩固党的执政地位，完成党的执政使命的重要保证，是党的建设的原则和方针。对此，江泽民在 2001 年就指出：我们必须坚持党要管党的原则和从严治党的方针。党的十八大再次强调：要坚持党要管党、从严治党。这是对马克思主义政党建设经验的科学总结，是应对新的世情、国情、党情的正确抉择，是全面推进党的建设新的伟大工程，全面提高党的建设科学化水平的必然要求。

第一，坚持党要管党的原则和从严治党的方针，是对党的建设和政权建设以及世界社会主义运动经验教训的科学总结。从严治党是党的优良传统和宝贵经验，也是党的一贯方针。历史表明，党对自身从严要求，从严治理，全党纪律严明，意志统一，行动一致，党就能保持工人阶级先锋队性质，代表最广大人民的根本利益，增强自身的凝聚力、战斗力和创造力，经受住各种风险和考验，发挥好领导核心作用。反之，如果治党不严，纪律松弛，组织涣散，必然导致不正之风和腐败现象的滋生蔓延，直接损害党的形象，削弱党的战斗力，影响党的先进性和纯洁性，发展下去就会对党造成致命伤害，甚至亡党亡国。20 世纪八九十年代，世界上一些国家和地区执政几十年的大党、老党先后丧失执政地位，有的甚至走向衰亡。尽管各自的原因很复杂，但是路线错误、治党不严无疑是导致其失败的一个决定性因素。中国共产党一定要汲取历史经验教训，特别是要深刻认识和吸取世界上一些长期执政的共产党丧失政权的教训，深刻认识"党执政的时间越长，越要抓紧自身建设，越要从严要求党员、干部"①问题的重要性，坚持党要管党的原则和从严治党的方针，切实解决党内存在的各种问题，使党始终保持先进性和纯洁性，充满创造力、凝聚力和战斗力。

第二，坚持党要管党的原则和从严治党的方针，是党面对新的形势，应对新的考验和危险的正确抉择。当今世界正处在大发展大变革大调整时期，党的建设面临着一系列新的外部环境。从国际环境看，世界多极化和经济全球化深入发展，科技进步日新月异，国际金融危机影响深远，世界经济格局发生新变化，国际力量对比出现新态势，全球思想文化交流交融交锋呈现新特点，发达国家在经济、科技等方面仍占优势，综合国力竞争和各种力量较量更趋激烈，不稳定不确定因素增多，给我国发展带来新的机遇和挑战。这就要求我们必须把党建设好，始终保持党是中国特色社会主义事业的坚强领导核心。从国内情况看，我国已进入全面建成小康社会新阶段，在新的历史起点上继续向前迈进。中国特色社会主义建设还存在着许多不足，前进道路上还有不少困难和问题。解决这些问题，需要有一个坚强的领导核心。可以说，中国的事情关键在党，取决于党的思想、作风、纪律、组织、制度状况和执政能力、领导水平。党的性质、党的地位、党肩负的历史使命，要求我们治国必先治党，治党务必从严。只有坚持党要管党，从严治党，中国共产党才能在新的历史条件下始终走在时代前列，始终成为中国特色社会主义事业的坚强领导核心。

第三，坚持党要管党的原则和从严治党的方针，是全面推进党的建设新的伟大工程，全面提高党的建设科学化水平的必然要求。经过 90 多年的发展，中国共产党的党员队伍、党所处的历史方位

---

① 《江泽民文选》第三卷，人民出版社 2006 年版，第 290 页。

和外部环境、党所肩负的任务和使命，都发生了根本性变化。中国共产党已经由成立时的 50 多名党员，发展到今天拥有 8260 多万名党员，400 多万个党组织，成为领导 13 亿人口进行社会主义现代化建设的世界第一大执政党。从总体上说，党的领导水平和执政水平、党的建设状况、党员队伍素质同党肩负的历史使命是适应的。同时，党内也存在不少不适应新形势新任务要求、不符合党的性质和宗旨的问题。解决好这些问题，需要从思想、组织、作风、反腐倡廉和制度上，全面推进党的建设新的伟大工程，全面提高党的建设科学化水平。而这种全面推进和全面提高，始终离不开坚持党要管党的原则和从严治党的方针。

10. 为什么要坚持解放思想、改革创新?

答：解放思想是指在马克思主义指导下打破习惯势力和主观偏见的束缚，研究新情况，解决新问题。改革创新是指改革旧的不适应生产力和社会发展的体制、机制、理论、技术等，创造有利于生产力发展和社会发展的体制和机制，形成了新的理论成果，推出新的技术创造等。党的十八大提出，全面推进党的建设新的伟大工程，全面提高党的建设科学化水平，必须坚持解放思想、改革创新。这是党总结历史得出的成功经验，是实现中国特色社会主义科学发展的正确选择，全面推进党的建设新的伟大工程的必然要求。

第一，坚持解放思想、改革创新是中国共产党取得革命、建设和改革的重要法宝。能否解放思想、改革创新，不仅决定着党的前途和命运，而且深刻影响着中国革命、建设和改革事业能否顺利进行。民主革命时期，党坚持解放思想、改革创新，开辟了农村包围城市、武装夺取政权道路的实践创新，形成了中国化的马克思主义——毛泽东思想这一理论创新成果，赢得了中国革命胜利。社会主义革命和建设时期，党继续坚持解放思想、改革创新，开辟中国特色社会主义改造道路，初步探索了中国社会主义建设道路并积累了宝贵经验。改革开放新时期，党在总结中国社会主义建设正反两方面经验教训基础上，明确提出党要解放思想、实事求是、与时俱进、求真务实，不断推进实践创新、理论创新、制度创新，从而开辟了中国特色社会主义道路，形成了中国特色社会主义理论体系，确立了中国特色社会主义制度，开启了中华民族不断发展壮大、走向伟大复兴的历史进军。总之，解放思想是中国革命、建设和改革的一大法宝，改革创新是一个民族进步的灵魂，是一个国家兴旺发达的不竭动力，是一个政党永葆生机的源泉。

第二，坚持解放思想、改革创新，是推动中国特色社会主义事业科学发展的正确选择。经过改革开放 30 多年的发展，中国特色社会主义取得了一系列重大成就，我国进入了全面建成小康社会新的发展阶段。但同时不可否认，当前党的建设仍面临着一系列考验和危险。党要有效应对前进中的各种考验和危险，化解党内存在的问题，只有坚持解放思想，以改革创新的精神，才能全面推进党的建设新的伟大工程，全面提高党的建设科学化水平，才能不断推动中国特色社会主义事业科学发展。

11. 为什么要全面加强党的思想建设、组织建设、作风建设、反腐倡廉建设、制度建设？

答：提高党的建设科学化水平，说到底就是要不断把握和自觉运用马克思主义执政党建设规律，就是要坚持解放思想、实事求是、与时俱进，及时研究新情况、解决新问题、总结新经验，努力以科学理论指导党的建设、以科学制度保障党的建设、以科学方法推进党的建设。新形势下提高党的建设科学化水平，就是要按照思想建设、组织建设、作风建设、反腐倡廉建设、制度建设"五位一体"的总体布局来建设党。

党的思想建设是指无产阶级政党为加强自身建设而在思想理论方面所进行的一系列工作。它是党的政治建设、组织建设、作风建设和制度建设的基础，是建设中国特色社会主义的重要保证。它要求党员不仅在组织上入党，而且更重要的是在思想上入党。从思想上建设党，是马克思主义建党学说的一条重要原则。加强党的思想建设，是新形势下保持和增强党的先进性的前提条件，是新形势下我国取得中国现代化建设新胜利的必然要求，是新形势下处理好国际国内关系，实现国家稳定快速发展的基本要求，是新形势下全面贯彻落实科学发展观，实现我国社会全面发展的基本选择。

党的组织建设是指无产阶级政党为加强自身建设而在组织方面所进行的一系列工作。它主要包括民主集中制建设、党的基层组织建设、干部队伍建设和党员队伍建设等内容。当前选人用人问题已经成为社会备受关注的热点之一，党的组织建设中比较突出的问题也是选人用人的问题。能不能坚持五湖四海、任人唯贤，坚持德才兼备、以德为先用人标准，把各方面优秀人才集聚到党和国家事业中来，培养和造就了一代又一代高素质的干部队伍，关系我们党能不能带领人民战胜一切艰难险阻，夺取一个又一个胜利，关系党的声望、形象，关系党和国家的前途命运。

党的作风建设是指无产阶级政党为加强自身建设而在作风方面所进行的一系列工作。作风建设是党的建设的重要组成部分。我们党历来高度重视作风建设，在长期革命和建设的实践中，形成并坚持发扬了理论联系实际、密切联系群众、批评与自我批评等优良作风。这是党的工人阶级先锋队性质和全心全意为人民服务宗旨的体现，是中国共产党区别于其他政党的显著标志，也是党千锤百炼更坚强的重要原因。现在，党的作风总的是好的，但也存在一些亟待解决的问题。历史和现实一再告诉我们，执政党不注重作风建设，听任不正之风侵蚀党的肌体，就会损害党群关系和干群关系，甚至失去民心，丧失政权。对党的作风状况要有清醒的全面的估计，看不到主流，悲观失望，是错误的；看不到问题的严重性，丧失警惕，不下大气力加紧解决，是危险的。执政党的党风，关系党的形象，关系人心向背，关系党和国家的生死存亡。全党同志要居安思危，增强忧患意识，充分认识加强和改进党的作风建设，是全面贯彻党的基本理论、基本路线、基本纲领、基本经验、基本要求的需要，是贯彻落实科学发展观的迫切需要，是党永远立于不败之地的重要保证。当前要进一步突出以保持与人民群众的血肉联系为核心的作风建设。

反腐倡廉建设是党为保持自身的先进性和纯洁性而进行的一系列工作。全面加强反腐倡廉建设是由我们党的性质和宗旨决定的，也是党在新形势下为完成新的历史任务而作出的重大战略决策。把反腐倡廉建设放在更加突出的位置，对于保证各级干部特别是领导干部正确行使人民赋予的权力，坚持党的性质和宗旨，推进我国社会主义政治文明建设具有决定性意义；对于保持党的先进性和纯洁性、增强党的创造力、凝聚力、战斗力、巩固党的执政地位、夯实党的执政基础、加强党和人民群众的血肉联系，均具有决定性意义。

党的制度建设是指无产阶级政党为加强自身建设而在规章制度方面所进行的一系列工作。党的制度建设就是把长期以来党的领导工作中和党内生活中的经验教训加以总结和概括，形成党的成员必须共同遵守的党内法规、条例、规则等党的制度，并狠抓贯彻落实。其作用在于调节党内关系，指导党内生活，规范领导行为，保证党的事业顺利发展。建设好、管理好一个八千多万党员的大党，制度建设带有根本性、全局性、稳定性、长期性。我们有优良的传统和作风，但仍然出现这样那样的问题，关键是没有制度化、规范化。执政以后，特别是长期执政的条件下，党的建设面临的一个重要任务就是加强制度建设，要把我们长期以来形成的好的传统和作风制度化，同时以改革创新精神推进党的制度建设创新，增强党的创造力。必须坚持用制度管权管事管人，健全民主集中制，不断推进党的建设制度化、规范化、程序化，进一步突出以规范、程序为核心的制度建设。

12. 为什么要增强自我净化、自我完善、自我革新、自我提高能力？

答：增强自我净化、自我完善、自我革新、自我提高能力即"四个自我"具有极强的现实针对性，深刻回答了新形势下党员干部如何保持纯洁性的重大问题，对于保持党的纯洁性及加强党的纯洁性建设都具有重要的指导作用，广大党员、干部只有深刻认识"四个自我"的重要意义，才能切实提高贯彻落实的自觉性和坚定性。

"四个自我"既是党的纯洁性的重要体现，又是保持党的纯洁性的重要途径。从内涵上讲，党的纯洁性既包括各级党组织的纯洁性，也包括广大党员的纯洁性，各级党组织的纯洁性也有赖于广大党员来体现，只有建设一支纯洁、先进、可靠的党员队伍，才能以党员队伍的纯洁性来体现和保证党的纯洁性。保持党的纯洁性不仅要有外在压力，更要有内在动力，广大党员自觉做到"四个自我"，增强自律意识，加强党性修养，在多样变化、开放发展的新形势下始终保持党的纯洁性，党才能够与时俱进，获得长久的活力与持续的动力。

"四个自我"是保持党的纯洁性的重要条件，是实现党的纯洁性的重要方法。目前党员队伍总体上是纯洁的、有战斗力的，但也确实存在思想、作风、清正廉洁、队伍等方面不纯洁的问题：一些党员干部的共产主义理想、中国特色社会主义信念不坚定，在一些大是大非问题上认识模糊、态度摇摆、政治立场不坚定；一些党员、干部在社会公德、家庭美德、职业道德、个人品德等方面存在的不纯洁问题；一些党员干部形式主义、官僚主义、享乐主义突出，奢靡之风严重，一些领域腐败现象易发多发。党员队伍的不纯洁直接导致一些党员在群众中的威信不高，一些党组织缺乏凝聚力和战斗力。"四个自我"对这些突出问题，要求广大党员领导干部要增强党的意识、政治意识、危机意识、责任意识，清醒正视、高度重视并有效解决党内存在的不纯洁问题，这是保持党的纯洁性的迫切需要，是新时期全面提高党的建设科学化水平设必须解决的重大课题和紧迫任务。

"四个自我"是从源头上预防腐败、推进反腐倡廉建设的有效良方。腐败问题是影响党的肌体健康纯洁的"毒瘤"，是人民群众深恶痛绝的"顽疾"。惩治和预防腐败、深入推进反腐倡廉建设，需要不断完善相关法律法规、增强制度执行力和惩治腐败力度，需要加强制约监督和反腐败工作机制建设。同时，也需要加强对党员、干部的思想教育，注重从思想理论和从政道德上教育引导广大党员、干部坚持不懈地加强党性修养，坚守共产党人的精神家园。因为思想腐败、思想堕落是腐败行为的思想源头。惩治腐败是治标之举，监督制约、制度建设是治本之策，而加强教育、遏制思想腐败是具有从思想源头上预防腐败的有效良方。

保持党的纯洁性是马克思主义政党的本质要求和我们党的优良传统，是当前党的建设的一个重大课题和重要任务，是提高党的建设科学化水平的题中应有之义，是巩固执政地位、完成执政使命、维护执政安全的迫切需要。

13. 为什么要建设学习型、服务型、创新型的马克思主义执政党？

答：建设学习型、服务型、创新型的马克思主义执政党，对于以改革创新精神全面推进党的建设新的伟大工程，全面提高党的建设科学化水平具有重要意义。党成立 90 多年、在全国执政 60 多年、领导改革开放 30 多年来，党的先进性和纯洁性得到坚持和发展，党的执政地位得到加强和巩固，党在实践中锻炼得更加成熟、更加坚强。但是，党的先进性、纯洁性和党的执政地位都不是一劳永逸、一成不变的，过去先进不等于现在先进，现在先进不等于永远先进；过去拥有不等于现在拥有，现在拥有不等于永远拥有。必须看到，我们一些党组织的执政能力和领导水平与新形势新任务的要求还不完全适应。这固然有多方面原因，但都与不重视学习、不注意提高思想理论素养密切相关。面对各方面考验，党的十七届四中全会提出，我们必须不断学习，建设马克思主义学习型政党，党的十八大重申了这一重要目标。要求全党同志必须居安思危，不断学习、善于学习，系统掌握中国特色社会主义理论体系，学习践行社会主义核心价值体系，努力掌握和运用新思想、新知识、新经验，着力提高解决实际问题的能力。

为谁服务、为谁谋利是执政党首先要解决的问题。我们党作为马克思主义的执政党，必须坚持全心全意为人民服务的根本宗旨，坚持立党为公、执政为民的执政理念，始终把实现好、维护好、发展好最广大人民的根本利益作为自己的庄严使命。党的十八大报告首次提出服务型的马克思主义执政党概念。建设服务型的马克思主义执政党，要求健全服务群众的制度，充分发挥党组织和党员在服务群众中的带头、推动、督促、保证作用，还要求党组织建立健全党内激励、关怀、帮扶机制，从思想、工作、生活上关心党员，做好党员服务工作，使党员始终能够感受党组织的温暖。这些都是建设服务型马克思主义执政党的基本要求。

我们目前正处于发展的重要战略机遇期，世情、国情、党情的深刻变化都对党的建设提出了新的要求，党面临的"四大考验"是长期的、复杂的、严峻的，落实党要管党、从严治党的任务比过去任何时候都更为繁重和紧迫。新的形势和任务要求我们不能墨守成规，不能抱残守缺，更不能僵化和止步不前。建设创新型的马克思主义执政党，要求我们不断推进党的建设实践创新、理论创新、制度创新，使党的建设不断适应党的事业的发展要求；不断创新党的领导体制和工作机制，建立健全以党章为根本、以民主集中制为核心的制度体系，推进党的建设科学化、制度化、规范化，发展党内民主，进一步增强党的创造活力。

14. 为什么要确保党始终成为中国特色社会主义事业的坚强领导核心？

答：中国共产党是中国特色社会主义事业的领导核心。这是历史的选择，人们的选择。之所以要确保党始终成为中国特色社会主义事业的坚强领导核心，是因为办好中国的事情，关键在党。

办好中国的事情关键在党，这是被中国近代以来的历史反复证明了的真理。1921 年以来，中国共产党团结带领全国各族人民，完成和推进了三件大事：完成了新民主主义革命，实现了民族独立、人民解放；完成了社会主义革命，确立了社会主义基本制度；开创、坚持、发展了中国特色社会主义。这三件大事，从根本上改变了中国人民和中华民族的前途命运，不可逆转地结束了近代以后中国内忧外患、积贫积弱的悲惨命运，不可逆转地开启了中华民族不断发展壮大、走向伟大复兴的历史进军，使具有5000多年文明历史的中国面貌焕然一新，中华民族伟大复兴展现出前所未有的光明前景。当前，我国正处在全面建成小康社会的关键时期和深化改革开放、加快转变经济发展方式的攻坚时期。在本世纪上半叶，中国共产党要团结带领人民完成两大宏伟目标，这就是到中国共产党成立100年时，建成惠及十几亿人口的更高水平的小康社会；到新中国成立100年时，建成富强民主文明和谐的社会主义现代化国家。将来，中国共产党还要团结带领人民完成实现中华民族伟大复兴、实现共产主义远大理想的历史使命。要实现上述目标，必须坚持党的领导，团结人民、依靠人民共同奋斗，不为任何风险所惧，不被任何干扰所惑，坚定不移地沿着中国特色社会主义道路阔步前行。

办好中国的事情关键在党，这是由中国共产党的先进性所保障的。首先，中国共产党是以实现中华民族伟大复兴为己任的党。它始终以实现中华民族伟大复兴为己任，以崇高的理想、神圣的事业和对真理的执著追求吸引着中华民族大批先进分子，为了民族独立和人民解放、国家富强和人民幸福进行艰苦卓绝、前赴后继的不懈奋斗。在中国，从来没有任何一个政治组织像中国共产党这样集中了众多先进分子，为中华民族作出了巨大牺牲，得到中国人民广泛支持和拥护。其次，中国共产党是具有巨大政治优势、思想优势和组织优势的党。它坚持马克思主义群众路线和群众观点，始终保持党同人民群众的血肉联系，始终与人民群众同呼吸、共命运、心连心；它高度重视党的思想理论建设，大力推进实践基础上的理论创新；它坚持贯彻民主集中制，充分尊重党员主体地位，积极发展党内民主，以党内民主带动人民民主；它按照总揽全局、协调各方的原则发挥各级党委的领导核心作用，实现党对国家政权以及人民团体的领导，发挥基层党组织战斗堡垒作用和共产党员先锋模范作用；它深深扎根于人民群众之中，把全社会的力量和智慧凝聚起来，充分调动各方面积极性、主动性、创造性，万众一心地为党和人民事业不懈奋斗。再次，中国共产党是坚持真理、修正错误并高度重视自身建设的党。它善于总结经验，坚持真理，修正错误，并且通过反思和总结使党的领导水平得到新的提高，使党和人民的事业得到新的发展。它总是根据党所处的历史方位和中心任务，针对党内存在的突出问题，提出党的自身建设的工作目标和重点，扎实推进党的各方面建设，始终保持和发展党的先进性，始终保持党奋发向上、与时俱进的勃勃生机，始终富有强大的创造力、凝聚力、战斗力。

办好中国的事情关键在党，这是世情、国情、党情发生深刻变化条件下的客观要求。从世情看，当今世界正处在大发展大变革大调整时期，给我国发展带来新的机遇和挑战。从国情看，尽管我们已经取得了举世瞩目的伟大成就，但我国仍处于并将长期处于社会主义初级阶段的基本国情没有变，人民日益增长的物质文化需要同落后的社会生产之间的矛盾这一社会主要矛盾没有变，我国是世界上最大的发展中国家的国际地位没有变。从党情看，中国共产党在推进改革开放和社会主义现代化建设中肩负任务的艰巨性、复杂性、繁重性世所罕见。因此，党能否有效应对复杂的国际国内环境挑战，作出科学决策，提高执政能力和执政水平，决定着中国特色社会主义事业的前途和命运。同时，党的自身建设状况也关系到党的创造力、战斗力和凝聚力，决定着中国特色社会主义事业的健康发展。在新的历史条件下，坚持和发展中国特色社会主义，推进社会主义现代化，实现中华民族伟大复兴，必须毫不动摇地坚持党的领导，以改革创新的精神全面推进党的建设，确保党始终成为中国特色社会主义的坚强领导核心。

总之，以改革创新的精神全面推进党的建设新的伟大工程，全面提高党的建设科学化水平，其根本目的是确保党始终成为中国特色社会主义的坚强领导核心。

15. 为什么要坚定理想信念，坚守共产党人精神追求？

答：党的十八大指出，要坚定理想信念，坚守共产党人精神追求。信念是人的世界观、人生观、价值观的体现和反映，是认识、情感和意志的统一体。信念是强大的精神力量，有了坚定的信念，就能精神振奋、克服困难，甚至生命受到威胁，也不轻易放弃。

第一，坚定理想信念，坚守共产党人的精神追求，解决的是"举什么旗、走什么路"的问题。是否信仰马克思主义，是区分一个政党是不是马克思主义政党、一个党员是不是共产党员的根本依据。在革命时期，我们党靠着对马克思主义的信仰，靠着对社会主义和共产主义的坚定信念，带领人民取得了革命的胜利，赢得了民族的独立和人民的解放。在社会主义建设时期，共产党人继承和发扬党的优良传统和作风，为了共产主义的远大理想艰苦奋斗、无私奉献、勤奋工作、忠于职守全心全意为人民服务。改革开放新时期，党把马克思主义的普遍原理同中国的具体实际相结合，走出了一条中国特色社会主义道路，形成了中国特色社会主义理论体系和中国特色社会主义制度，开创了中国特色社会主义事业的新局面。党的十八大强调要坚定理想信念，坚守共产党人的精神追求，这是我们继续推进中国特色社会主义事业发展的重要前提和保障。

第二，坚定理想信念，坚守共产党人的精神追求，是广大党员干部树立正确的世界观、人生观和价值观的牢固基础。《中共中央关于加强和改进思想政治工作的若干意见》明确提出，要把理想信念教育作为核心内容，引导广大党员、干部和群众树立正确的世界观、人生观、价值观。坚定理想信念，坚守共产党人精神追求，始终是共产党人安身立命的根本。对马克思主义的信仰，对社会主义和共产主义的信念，是共产党人的政治灵魂，是共产党人经受住任何考验的精神支柱。形象地说，理想信念就是共产党人精神上的"钙"，没有理想信念，理想信念不坚定，精神上就会"缺钙"，就会得"软骨病"。现实生活中，一些党员、干部出这样那样的问题，说到底是信仰迷茫、精神迷失。理想信念动摇，政治意识淡薄，把党性、原则、纪律丢在脑后，在大是大非问题上左右摇摆。在新的历史条件下，共产党人更应把理想信念作为一种传承、一种坚守，化作一种自觉行动。只有坚定的理想信念，才能在大是大非面前把握住原则，辨得明方向；在金钱物欲面前，守得住底线，抗得住诱惑；在各种社会思潮面前，做到立场坚定，旗帜鲜明。

当前，中国共产党人的理想信念是建设中国特色社会主义，最终实现共产主义。它是共产党人的政治立场、世界观在奋斗目标上的集中反映，是共产党员先进性的思想基础，是人类最崇高的政治理想和信念。发展中国特色社会主义是一项长期的艰巨的历史任务，必须准备进行具有许多新的历史特点的伟大斗争。全党同志一定要以更加坚定的信念、更加顽强的努力，毫不动摇坚持、与时俱进发展中国特色社会主义，不断丰富中国特色社会主义的实践特色、理论特色、民族特色、时代特色，团结带领全国各族人民，努力实现全面建成小康社会各项目标任务，继续实现推进现代化建设、完成祖国统一、维护世界和平与促进共同发展这三大历史任务。

16. 为什么说，对马克思主义的信仰，对社会主义和共产主义的信念，是共产党人的政治灵魂，是共产党人经受住任何考验的精神支柱？

答：党的十八大报告指出，对马克思主义的信仰，对社会主义和共产主义的信念，是共产党人的政治灵魂，是共产党人经受住任何考验的精神支柱。

第一，马克思主义信仰是人类最科学、最崇高的信仰。恩格斯指出，一个民族要站在时代的顶峰，就一刻也离不开理论思维。一个政党亦是如此。信仰马克思主义，是因为它表达了先进的思想，代表了无产阶级和广大劳动者最根本的利益，揭示了历史发展的客观规律，是全世界无产阶级最正确、最革命的科学思想的结晶。一个多世纪以来，资本主义世界和社会主义国家都发生了许多重大变化，但所有这些变化并没有脱离马克思主义关于生产力和生产关系矛盾运动的学说，历史发展的总趋势并没有越出马克思主义所揭示的基本规律。马克思主义以其严密而完整的科学的思想体系，以其与时俱进的可贵的理论品质，正在被越来越多的人所认识，正在世界范围内产生越来越广泛的影响。中国共产党是一个以马克思主义科学理论为指导的党。对马克思主义的信仰，是我们认识和改造世界，推动社会主义革命、建设和改革开放不断取得胜利的精神动力和强大武器，是我们党的一大优势。正如邓小平所指出的，过去我们的党无论怎样弱小，无论遇到什么样的困难，一直有强大的战斗力，因为我们有马克思主义和共产主义信念。像中国这样多民族大国，如果缺乏思想上的统一，缺乏坚强的组织领导，我们就会陷入一盘散沙的局面，就谈不上解决面临的各种困难和问题。历史经验表明，中国共产党以马克思主义作为自己的政治信仰，才凝聚起了中华民族的先进分子，凝聚起了最广大的人民群众。坚持用马克思主义为指导，团结和依靠广大人民群众，才能解决好当前面临的各种矛盾，才能更好地走向胜利。在现阶段对共产主义的信仰，就是坚定社会主义和坚持中国共产党领导。坚定马克思主义信仰，坚定共产主义理想和中国特色社会主义信念，就是共产党人的政治灵魂。

第二，坚定马克思主义信仰是党生存和发展的强大思想动力。实现共产主义社会是空前艰巨和漫长的奋斗历程，需要千千万万的无产阶级战士不屈不挠、坚强不屈地奋斗。我们党一贯高度重视信仰问题。毛泽东、邓小平、江泽民、胡锦涛等对信仰问题有许多重要论述。党的十七届四中全会总结党的建设基本经验，第一条就是"坚持把思想理论建设放在首位，提高全党马克思主义水平"，指出党内存在的问题，主要是一些党员、干部忽视理论学习，学用脱节，理想信念动摇，对马克思主义信仰不坚定，对中国特色社会主义缺乏信心。在为全面建成小康社会而奋斗的新阶段，加强马克思主义信仰的研究和教育问题具有很强的现实针对性。思想是行动的先导。建设中国特色社会主义，必须大力加强马克思主义信仰教育，使理论首先为党员进而为群众所掌握，调动起全党和亿万人民建设中国特色社会主义的积极性，推动党的事业不断向前发展。

第三，坚定马克思主义信仰是客观现实的迫切要求。建设中国特色社会主义，是一项前无古人的宏伟事业，也是我国现阶段发展马克思主义的伟大实践。在党的领导下，改革开放和现代化建设取得了举世瞩目的成就。但是，因为我们的政治信仰、社会制度、价值观念、生活方式等与西方社会不同。一些西方敌对势力"西化"、"分化"图谋不改，利用各种渠道、通过各种方式，对我国进行意识形态渗透，目的就是要让我们改变信仰，放弃党的领导，抛弃社会主义制度。受其影响，国内一些非马克思主义和反马克思主义的思潮也在暗流涌动，涣散人们的精神、毒害人们的灵魂。信仰是精神支柱，越是在变革、更新、转型时期，就越能考验人的精神支柱的先进程度、自觉程度和牢固程度。作为一名执政党的党员，要抵制西方敌对势力的政治图谋，就必须学习和掌握马克思主义的思想武器，切实增强政治鉴别力、政治敏锐性，对意识形态领域内各种思潮、观点，自觉用马克思主义的立场、观点、方法去分析和鉴别；对事关政治方向和根本原则的重大是非问题，必须旗帜鲜明，立场坚定。只有这样才能筑牢精神支柱，把马克思主义深深地根植于实践，在斗争中焕发出强大的生命力。

17. 为什么要抓好思想理论建设这个根本？如何抓好这个根本？

答：思想理论建设，是党的建设不可缺少的重要组成部分。它至少包含两个方面：一是思想建设。主要包括，在全党坚持马克思主义的指导思想，遵循实事求是的思想路线，树立共产主义的崇高理想，坚定社会主义和共产主义的信念，确立科学的世界观、人生观和价值观，特别是为人民服务的价值取向等。二是理论建设。最根本的是提高全党的马克思主义理论水平。为此，既要用发展着的马克思主义理论武装全党，又要坚持理论创新，提高在实践中坚持和发展马克思主义理论的水平和能力。这两个方面，虽有区别，但又是紧密联系、不可分割的。

党的建设最根本的是思想理论建设。党的思想理论的正确和牢固与否，直接关系着党的兴衰存亡和国家的前途命运。马克思主义的政党要具有坚强的凝聚力和战斗力，首先必须在思想上理论上具有坚强的凝聚力和战斗力。理论上混乱，思想上涣散，行动上必然各行其是，党就没有什么凝聚力和战斗力可言。

第一，抓好思想理论建设这个根本，是由它在党的建设总体格局中的地位决定的。党的建设围绕着"建设一个什么样的党，怎样建设党"这个基本问题，包括五个重点，即思想理论建设、组织建设、作风建设、制度建设和反腐倡廉建设。其中，思想理论建设是党的根本建设。它直接规定和制约着其他建设。思想是行动的先导，理论是实践的指南。党在思想理论上的创新和提高，是推动党和国家各项事业发展的保证。实践发展永无止境，认识真理永无止境，理论创新永无止境。党和人民的实践是不断前进的，指导这种实践的理论也要不断前进。思想理论建设是党的根本建设，党的理论创新引领各方面创新。离开了思想理论建设，党的组织建设、作风建设、反腐倡廉建设、制度建设就无从谈起，就失去了前提和基础，就没有了可靠的保证。

第二，加强党的思想理论建设，必须推进马克思主义中国化时代化大众化。坚持把马克思主义作为立党立国的根本指导思想，紧密结合我国国情和时代特征大力推进理论创新，在实践中检验真理、发展真理，用发展着的马克思主义指导新的实践，是建设马克思主义学习型政党的首要任务。坚持运用马克思主义立场、观点、方法，准确把握当今世界发展大势，准确把握社会主义初级阶段基本国情，准确把握改革发展实际，及时总结党领导人民创造的新鲜经验，围绕什么是马克思主义、怎样对待马克思主义，什么是社会主义、怎样建设社会主义，建设什么样的党、怎样建设党，实现什么样的发展、怎样发展等重大问题，不断作出新的理论概括，增强理论说服力和感召力，丰富发展中国特色社会主义理论体系，为进一步认识世界和改造世界、推动党和国家事业发展提供强有力的理论指导。深入实施马克思主义理论研究和建设工程，建设充分反映马克思主义中国化最新成果的学科体系和教材体系，培养造就一大批马克思主义理论家特别是中青年理论家，推动中国特色社会主义理论体系进教材、进课堂、进头脑，增强科学理论教育引导群众作用。

第三，加强党的思想理论建设，必须推进建设学习型党组织。在全党营造崇尚学习的浓厚氛围，积极向书本学习、向实践学习、向群众学习，优化知识结构，提高综合素质，增强创新能力，使各级党组织成为学习型党组织、各级领导班子成为学习型领导班子。组织党员、干部重点学习马克思主义理论，学习党的路线方针政策和国家法律法规，学习党的历史，同时广泛学习现代化建设所需要的经济、政治、文化、科技、社会和国际等各方面知识。加强对全党学习的指导和服务，加强理论宣讲队伍建设，完善和落实党委（党组）中心组学习制度。把理论素养、学习能力作为选拔任用领导干部重要依据。充分发挥党校、行政学院、干部学院和国民教育体系在建设马克思主义学习型政党中的重要作用。

加强党的思想理论建设，根本目的是要指导实践。实践需要科学理论的指导，没有科学理论的指导，实践难以取得成功。列宁指出：只有以先进理论为指南的党，才能实现先进战士的作用。深入学习贯彻中国特色社会主义理论体系，着力用马克思主义中国化最新成果武装全党，使广大党员、干部成为实践社会主义核心价值体系的模范，做共产主义远大理想和中国特色社会主义共同理想的坚定信仰者、科学发展观的忠实执行者、社会主义荣辱观的自觉实践者、社会和谐的积极促进者。

18. 如何推进学习型党组织建设？

答：建设马克思主义学习型政党，是党的十七届四中全会从全面推进中国特色社会主义伟大事业和党的建设新的伟大工程的全局出发，提出的一项重大战略任务。党的十八大报告提出，建设学习型、服务型、创新型的马克思主义执政党，强调继续"推进学习型党组织创建"。显然，把各级党组织建设成为学习型党组织，是建设马克思主义学习型政党的基础工程。

推进学习型党组织建设，必须坚持解放思想、实事求是、与时俱进，用发展着的马克思主义指导新的实践。深入贯彻党的思想路线，准确把握当今世界发展大势，准确把握社会主义初级阶段基本国情，准确把握改革发展实际，深入研究回答重大理论和实际问题，在全面推进社会主义经济建设、政治建设、文化建设、社会建设以及生态文明建设和党的建设过程中不断作出新的理论概括，推进马克思主义中国化、时代化、大众化。

推进学习型党组织建设，必须坚持理论联系实际的马克思主义学风，切实推动实际问题的解决。大力弘扬求真务实精神，把学习型党组织建设与促进改革发展稳定紧密结合起来，与推动本地区本部门本单位的各项工作紧密结合起来，学用结合、学以致用，在实践中深化学习，做到学习理论与运用理论、改造客观世界与改造主观世界相统一，把学习成果转化为运用科学理论、科学知识分析和解决实际问题的能力，增强工作的原则性、系统性、预见性和创造性。

推进学习型党组织建设，必须坚持领导干部作表率，调动广大党员的积极性主动性。党员领导干部要坚持把学习作为提高素质、增长本领、做好领导工作的根本途径，先学一步，学深一些，做不断学习、善于学习的表率，推动本地区本部门本单位党组织和党员的学习。充分发挥广大党员的主体作用，激发党员的学习热情，满足党员多方面的学习需求。

推进学习型党组织建设，必须坚持改革创新，鼓励大胆探索。保持改革创新、开拓进取的精神状态，按照体现时代性、把握规律性、富于创造性的要求，坚持继承与创新相统一，营造宽松环境，尊重基层党组织和党员的首创精神，积极拓展学习的内容、途径、渠道，不断创新组织学习的思路、办法和机制。

19. 为什么要抓好党性教育这个核心？

答：党性是一个政党所固有的本性，也是阶级性最高、最集中的表现，是党的性质、目标、宗旨、作风、纪律等各方面要素的综合反映。马克思主义认为，不同阶级的政党代表着各个阶级的阶级利益、意志和要求，因而有着不同的党性。无产阶级政党的党性，是无产阶级特性的自觉表现，是无产阶级的历史使命和最高利益的集中体现。中国共产党的党性是其作为中国工人阶级、中国人民和中华民族先锋队，中国特色社会主义事业的领导核心，中国先进生产力的发展要求、中国先进文化的前进方向和中国最广大人民的根本利益的代表，而明显区别于其他政党的特性。

注重加强党性教育是中国共产党的优良传统和成功经验。我们党一贯高度重视思想建设，将之摆在"首位"，而党性教育又是思想建设的重要组成部分。1941年，中央专门制定了《关于增强党性的决定》，总结了党的建设的经验教训，对于推动全党的整风运动，开展党性教育，增强党性修养起到了重大作用。刘少奇在《论共产党员的修养》中指出：无论是参加革命不久的共产党员，或者是参加革命很久的共产党员，要变成为很好的政治上成熟的革命家，都必须经过长期革命斗争的锻炼，必须在广大群众的革命斗争中，在各种艰难困苦的境遇中，去锻炼自己，总结实践的经验，加紧自己的修养，提高自己的思想能力，不要使自己失去对于新事物的知觉，这样才能使自己变成品质优良、政治坚强的革命家。进入改革开放和现代化建设新时期，邓小平、陈云等一再强调要坚持四项基本原则，反对资产阶级自由化，强调进行马克思主义和共产主义的思想教育。党的十四届五中全会提出："各级领导干部尤其是高级干部务必带头加强党性锻炼，在改造客观世界的同时努力改造主观世界……党员领导干部不论职务高低、党龄长短……一定要解决好世界观、人生观问题。"①党的十六大以来，以胡锦涛为总书记的党中央，要求全党特别是领导干部牢记"两个务必"，大力倡导八个方面的良好风气，特别是在中央纪委十七届三次全会上的讲话，更是前所未有地把党性修养当作领导干部终生课题，加以突出强调。正是因为我们党高度重视党性修养，才造就了千千万万具有坚强党性的共产党员，空前壮大了党的战斗力，党领导的事业才能取得一个又一个的伟大胜利。

加强党性教育是党应对新考验、解决新问题、开创新局面的根本措施。共产党员的党性不是与生俱来的，不可能自发形成，既需要经过个人长期、自觉的修养和锻炼，也需要组织上通过党性教育，用党的先进思想来武装全党，塑造党性。当前，世情、国情、党情的深刻变化，以及党面临的执政考验、改革开放考验、市场经济考验、外部环境考验的长期性、复杂性、严峻性，都给党员干部的思想建设、作风建设带来了新的挑战。当前，党的领导水平和执政水平、党的建设状况、党员队伍素质总体上同党肩负的历史使命是适应的。同时，党的干部队伍构成发生很大变化，干部队伍思想、素质、能力出现许多新情况，不少年轻干部缺少严格的党内生活锻炼和重大政治风浪考验，干部队伍建设亟待加强。更重要的是，目前党内存在不少不适应新形势新任务要求、不符合党的性质和宗旨的问题。这些问题虽然不是党的队伍的主流，但严重削弱党的创造力、凝聚力、战斗力，严重损害党同人民群众的血肉联系，严重影响党的执政地位巩固和执政使命实现。抓好党性教育这个核

---

① 《十四大以来重要文献选编》中，人民出版社 1997 年版，第 1456 页。

心，是解决这些问题的重要途径。

加强党性教育是完成党在新时期历史任务的内在要求。党对党性要求从来是和党在各不同历史时期所肩负的任务紧密相连的，这正是党性的活力所在。在现阶段，党最突出的历史任务就是贯彻落实科学发展观。党员领导干部只有不断加强党性修养，着力增强政治意识，才能进一步坚定理想信念，坚定走中国特色社会主义道路的决心和信心，提高运用科学发展观干事创业的自觉性；只有着力增强宗旨观念，才能真正坚持以人为本，大兴密切联系群众之风、求真务实之风、艰苦奋斗之风，切实做到立党为公、执政为民；只有着力增强大局意识，才能真正理解和切实贯彻全面协调可持续的要求，统筹城乡经济社会发展，促进区域协调发展；只有着力增强责任意识，才能不断改善执政方式、提高执政能力，提高谋划发展、统筹发展、优化发展、推动发展的本领和群众工作、公共服务、社会管理、维护稳定的本领，切实抓好发展这个第一要务、履行好维护稳定这个第一责任。

20. 为什么要抓好道德建设这个基础？如何抓好党员干部思想道德建设？

答：党员思想道德建设既是中国共产党的优良传统和政治优势，是坚定理想信念、坚守共产党人精神追求的基础；同时，又是新形势新任务下的迫切需要。党的十八大强调，要抓好道德建设这个基础，教育引导党员、干部模范践行社会主义荣辱观，讲党性、重品行、作表率，做社会主义道德的示范者、诚信风尚的引领者、公平正义的维护者，以实际行动彰显共产党人的人格力量。

之所以强调要抓好道德建设这个基础，主要是原因在于当前党员、干部的思想道德受到了来自各方面的冲击。一是社会转型引起的一系列深刻变化，在客观上给广大党员的思想道德带来了重要影响。当前，我国进入改革发展的关键时期，经济体制深刻变革，社会结构深刻变动，利益结构深刻调整，思想观念深刻变化。在社会转型时期，人的存在方式的重大变迁，以及由此所引发的人的存在意义的危机，带来了党员干部思想道德信仰危机的可能性。同时，社会转型必然引发一个国家和社会道德体系的变化。这种变化主要体现为新旧道德观念相互交替、冲突，道德文化体系出现结构性失调，社会道德秩序发生较大变动等，这对党员干部思想道德带来不利影响。二是全球化带来了政治、思想、道德、信仰等多方面的冲击和影响。对党员思想道德的各个层面也有着全方位的冲击。当今世界文化的交流交融和交锋，文化价值观的多元化倾向在一定程度上对党员的道德观念产生了侵蚀作用。一方面，随着信息技术的飞速发展，资本主义的一些文化垃圾、腐朽的道德观念和生活方式、个人主义的价值观随之传播，对部分党员的思想道德观念产生了一定的腐蚀作用。另一方面，我国传统文化中一些封建主义因素依然根深蒂固，造成了少数人的价值观扭曲。此外，由于各种主客观因素，不可避免地发生部分共产党员放弃对世界观、人生观和价值观的改造，追求安逸享乐生活的现象。有极少数党员干部把道德修养看作"细节问题"，从而放松了思想改造，出现思想道德滑坡，进而带来理想信念动摇，甚至出现消极腐败现象。这就严重违背党的宗旨，严重损害党群关系，严重破坏党的形象。认识党员思想道德建设中的新情况、新问题和新矛盾，并认真加以解决，对于全面推进党的建设新的伟大工程显得尤为重要和紧迫。

当前，加强党员思想道德建设的主要着力点在于：

第一，加强党员的道德修养，强化党员的道德自律意识，不断提高党员道德修养的自觉性。引导党员干部努力学习，提高理论素养，加强党性锻炼，在改造客观世界的同时不断改造主观世界，牢固树立马克思主义的世界观、人生观、价值观和正确的权力观、地位观、利益观，常修为政之德，常思贪欲之害，常怀律己之心，增强权为民所用、情为民所系、利为民所谋的自觉性，切实做到为民、务实、清廉。模范遵守社会公德、职业道德、家庭美德，以良好的道德风尚和人格力量为群众当好表率。自重、自省、自警、自励，坚决抵御各种落后思想和腐朽文化的侵蚀，树立良好的生活作风，培养健康高雅的生活情趣，在"生活圈"、"交际圈"、"娱乐圈"中提高自控能力。

第二，建立健全共产党员的道德规范体系，加强制度建设，不断完善党员干部的监督制约机制。要靠制度规范和党纪国法的监督和制约，加强党员思想道德建设，防止党员的思想道德水平滑坡。为此，要建立健全共产党员的道德规范体系。完善监督机制。包括党内监督，群众直接监督，新闻媒体监督，纪检、监察等专门机构的监督等等，加大监督力度。并且加强监督检查。建立科学的道德行为评价体系，使党员的道德行为获得相应的社会回报，不道德行为受到应有的惩治，真正做到奖优罚劣。

第三，建设社会主义核心价值体系，实现党员道德价值观的正确定位。建设社会主义核心价值体系是提高党员道德素质的基本源泉和有效途径。通过建设社会主义核心价值体系，引导党员干部牢固树立社会主义核心价值理念，坚守共产党人的基本价值尺度，筑牢思想道德防线。

第四，坚持以人为本，建立科学的党员道德教育体系。建立科学的道德教育体系，实现对党员道德教育思路的根本转换，必须做到以人为本。必须从现实生活的实际出发，承认并保护党员干部的正当利益追求，从而避免道德教育的空泛化。同时，要引导党员正确处理追求个人正当利益与为党和人民利益忘我奋斗、无私奉献的关系。

21. 为什么要坚持以人为本、执政为民？

答：胡锦涛在庆祝中国共产党成立 90 周年的大会上指出：以人为本、执政为民是我们党的性质和全心全意为人民服务根本宗旨的集中体现，是指引、评价、检验我们党一切执政活动的最高标准。党的十八大报告进一步指出："为人民服务是党的根本宗旨，以人为本、执政为民是检验党一切执政活动的最高标准。任何时候都要把人民利益放在第一位，始终与人民心连心、同呼吸、共命运，始终依靠人民推动历史前进。"始终坚持以人为本、执政为民，对于中国共产党长期执政、为人民执好政具有重大而深远的意义。

以人为本、执政为民，深刻反映了共产党执政规律、社会主义建设规律和人类社会发展规律的共同价值指向，是党的执政理念的最高概括。同时，"三个代表"重要思想本质在坚持执政为民，科学发展观的核心是以人为本。因此，以人为本、执政为民，也是党的性质和宗旨的集中体现。

以人为本、执政为民，充分反映了党始终代表最广大人民根本利益、保持同人民群众血肉联系的一贯政治立场，是党巩固执政基础、确保长期执政的制胜法宝。我们党来自于人民、植根于人民、服务于人民。党始终坚持人民的利益高于一切，除了最广大人民的利益，没有自己特殊的利益。90 多年来我们党进行的一切奋斗，归根到底都是为了最广大人民的利益。坚持全心全意为人民服务，做到权为民所用、情为民所系、利为民所谋，就能使我们的工作获得最广泛、最可靠、最牢固的群众基础和力量源泉，使我们的事业经得起任何风浪、任何风险的考验。

以人为本、执政为民,是马克思主义执政党的生命根基和本质要求。坚持以人为本、执政为民,不断实现好、维护好、发展好最广大人民根本利益,始终保持党同人民群众的血肉联系,我们党的执政基础就能更加巩固,执政地位就能牢不可破。这是我们党必须长期坚持的执政之道和制胜法宝。

以人为本、执政为民,是党完善执政方略、执政方式和改进执政活动的根本遵循。它作为我们党的执政理念,贯通于坚持执政兴国、推动科学发展、构建和谐社会的生动实践中,贯通于科学执政、民主执政、依法执政的执政活动上。坚持执政兴国,与执政为民完全一致。推动科学发展,根本目的就是要坚持尊重社会发展规律与尊重人民历史主体地位的一致性,坚持为崇高理想奋斗与为最广大人民谋利益的一致性,坚持完成党的各项工作与实现人民利益的一致性,坚持保障人民权益与促进人的全面发展的一致性,做到发展为了人民、发展依靠人民、发展成果由人民共享。构建社会主义和谐社会,是贯彻以人为本、执政为民,建设和发展中国特色社会主义的一项基本任务。坚持科学执政、民主执政、依法执政,是新形势下我们党更好地执政的根本要求。

因此,我们要坚定不移地遵循以人为本、执政为民理念,把以人为本、执政为民作为检验党一切执政活动的最高标准。

22. 为什么要在全党深入开展以为民务实清廉为主要内容的党的群众路线教育实践活动?

答:为民、务实、清廉,是中国共产党对领导干部党风廉政建设要求。党的十八大决定,在全党深入开展以为民务实清廉为主要内容的党的群众路线教育实践活动，着力解决人民群众反映强烈的突出问题，提高做好新形势下群众工作的能力。习近平同志在中共第十八届中央政治局第一次集体学习时的讲话也指出，一个政党，一个政权，其前途和命运最终取决于人心向背。如果我们脱离群众、失去人民拥护和支持，最终也会走向失败。我们要适应新形势下群众工作新特点新要求，深入做好组织群众、宣传群众、教育群众、服务群众工作，虚心向群众学习，诚心接受群众监督，始终植根人民、造福人民，始终保持党同人民群众的血肉联系，始终与人民心连心、同呼吸、共命运。要从人民伟大实践中汲取智慧和力量，办好顺民意、解民忧、惠民生的实事，纠正损害群众利益的行为。

其一，为民，即坚持立党为公、执政为民，把实现好、维护好、发展好人民群众的根本利益作为自己思考问题和开展工作的根本出发点和落脚点。立党为公、执政为民，是中国共产党的本质特征。实现人民的愿望、满足人民的需要、维护人民的利益，是党执政的根本出发点和落脚点。

人民的利益高于一切，党除了人民的利益，没有自己的特殊利益。从成立那一天开始，党就抱定了一个目的，就是为了使中国人民从被压迫被奴役的苦难中解放出来，获得当家做主的权利；党发展、壮大的过程，就是为中国最广大人民的利益英勇奋斗的过程；加强和改进党的建设的根本目的，就是为了始终保持党同人民群众的血肉联系，更好地为最广大人民谋利益。全心全意为人民服务，立党为公，是党建立以来始终坚持的根本宗旨。要坚持立党为公的宗旨，就必须将其具体化为执政为民的实践。否则，就会失去民心，动摇党的执政地位。作为党的各级领导干部，必须真正代表人民掌好权、用好权，决不能以权谋私，不然，就会犯错误，甚至腐化堕落，滑入犯罪的深渊，沦为人民的罪人。

其二，务实，即求真务实，本着对党和人民的事业高度负责的态度，脚踏实地，埋头苦干，坚持重实际、鼓实劲、求实效，不图虚名，不务虚功，扎扎实实地把党和国家的各项决策和工作落到实处。求真务实是马克思主义科学精神的体现，是党思想路线的核心内容，也是领导干部应当具备的政治品格。

党的十六大以来，党中央多次强调，全党要从实现全面建设小康社会宏伟目标的高度，充分认识大力弘扬求真务实精神、大兴求真务实之风的极端重要性，并强调指出：现阶段在全党大力弘扬求真务实精神、大兴求真务实之风，关键是引导全党同志不断求我国社会主义初级阶段基本国情之真，务坚持艰苦奋斗之实；求社会主义建设规律和人类社会发展规律之真，务抓好发展这个党执政兴国的第一要务之实；求人民群众的历史地位和作用之真，务发展最广大人民根本利益之实；求共产党执政规律之真，务全面加强和改进党的建设之实。我们党坚持求真务实，是为了解决好正确认识世界、改造世界的问题，归根到底是为了按照人民的愿望，依靠人民的力量，不断满足人民的需要，实现人民的根本利益。只有牢记党的宗旨，以最广大人民的根本利益为最高标准，才能从根本上做到求真务实。同时，也只有坚持求真务实，才能实现党的宗旨，不断为最广大人民谋幸福。

求真务实是党的活力所在，也是党和人民事业兴旺发达的关键所在。面对新形势新任务，每个党员都应该努力做到求真务实，以推动社会主义和谐社会的建设，更好地贯彻落实科学发展观。

其三，清廉，即严于律己，廉洁奉公，时刻把党和人民的利益放在首位，严格遵守党纪国法，坚持高尚的精神追求，永葆共产党人的浩然正气，切实做到拒腐蚀、永不沾。清正廉洁是衡量和检验党的纯洁性最直接、最现实的标准。

任何一个政党要想实现长期执政，都必须对腐败保持高度警惕。如果一个政党的党员、干部贪污腐化，纯洁性就无从谈起。中国共产党是马克思主义政党，党除了最广大人民的利益没有自己的特殊利益，保持清正廉洁是党的建设的一个核心问题，关系党的生死存亡。只有保持清正廉洁，党才能永葆自身的纯洁性并不断提高执政能力，才能得到最广大人民的拥护和支持，才能不断夺取社会主义现代化建设的新胜利。

清正廉洁是永葆共产党人政治本色的底线，广大党员、干部必须把纯洁作为铁的纪律来执行，保持清正廉洁。一是要严格自律，真正做到自重、自省、自警、自励，真正做到慎权、慎独、慎微，真正做到干干净净干事、堂堂正正做人。二是要严明法纪。加大惩治力度，始终保持惩治腐败的高压态势，以严明的法纪保持党员、干部队伍的清正廉洁。广大党员、干部要严守法纪红线，严格在法纪规定的范围内行事，做到公正用权、依法行事、清廉为官。三是要严格监督。要积极推进党务公开，充分保障人民群众的监督权，发挥人民群众的监督作用；大力发扬党内民主，加强普通党员对领导干部特别是一把手的党内民主监督，规范领导干部的权力；强化舆论监督，净化党风和社会风气。

23. 为什么要完善党员干部直接联系群众制度？

答：密切联系群众是我们党的最大政治优势，脱离群众则是我们党执政后的最大危险。党的十八大报告提出，要完善党员干部直接联系群众制度，坚持问政于民、问需于民、问计于民，从人民伟大实践中汲取智慧和力量。完善党员干部直接联系群众制度，赋予了党的群众路线新的内容，让党的优良传统在传承中得到不断发展，也让党的执政根基扎的更深。

第一，完善党员干部直接联系群众制度，是坚持党的性质的本质要求，是坚持党的根本宗旨，密切党和人民群众的血肉联系的需要，也是坚持立党为公，执政为民，坚持科学发展观，以人为本，保持共产党员先进性的永恒主题。密切联系群众是党长期坚持的群众路线，现阶段做好群众工作是各项社会主义事业成败的关键，而坚持完善干部直接联系群众制度是其有效手段。通过多种行之有效的方式联系群众不仅可以教育引导广大党员干部牢固树立宗旨意识，大兴调查研究之风，切实转变干部作风，帮助群众解决实际困难，更可以增进党群干群关系，更好地把以人为本、执政为民的要求落到实处。

第二，完善党员干部直接联系群众，是充分发挥党员干部作为党和人民群众之间的桥梁作用的需要。当前，一些地方，一些党员干部在联系服务群众方面做得远远不够，习惯于以下发文件的形式和从下级汇报中来"联系"群众，这种"联系"群众的方式根本起不到密切党同人民群众血肉联系的作用。完善党员干部直接联系群众制度，其立足点就是从党员干部这一"桥梁"抓起，让广大党员干部自觉将目光投向基层，将心思用到基层，将身心融入基层，在直接联系服务群众中弘扬党的优良传统，践行党的宗旨，密切党群鱼水情。

第三，完善党员干部直接联系群众，才能切实知冷暖、聚民心。群众对于现行政策是否满意，生活中还存在什么样的困难，还有什么样的愿望，这些仅仅靠听汇报、看材料是很难了解真实情况的。只有深入基层、深入实际、直接与基层群众联系，与群众摆龙门阵、拉家常，与群众做朋友，才能走到群众的心中，了解群众所思所想，从而把群众紧密团结在各级党组织的周围。领导干部要带头直接联系群众。要把直接联系服务群众情况纳入各级党员干部考核评优的重要内容，在直接联系中形成榜样，树立党员干部新形象。

24. 为什么要坚持问政于民、问需于民、问计于民？

答： 人民群众是中国共产党的力量源泉和胜利之本。党的十八大指出，要"坚持问政于民、问需于民、问计于民，从人民伟大实践中汲取智慧和力量"。人民群众中蕴藏着无穷的智慧和力量，是推动社会前进的决定因素。我们党的智慧和力量来自人民群众。把人民当先生来请教，就要做到问政于民、问需于民、问计于民。历史活动是群众的事业。人民群众是社会历史活动的主体，是社会主义国家的主人翁，坚持问政于民、问需于民、问计于民，就是坚持既通过提出和贯彻正确的理论和路线方针政策带领人民前进，又从人民的实践创造和发展要求中获得前进动力。

密切联系群众，是我们党的最大政治优势。我们党在革命、建设、改革各个历史时期的成就，都是通过团结带领人民群众共同奋斗取得的。在可以大有作为的重要战略机遇期，要应对各种风险和挑战，实现全面建成小康社会和社会主义现代化建设的宏伟蓝图，更是要以鲜明的群众观点、坚定的群众立场、务实的工作方法，进一步维护群众利益，密切党群关系，从人民群众中不断获得执政兴国的力量源泉。这就要求我们在把握群众所思、解决群众所忧、满足群众所盼上，有更大的决心、更多的智慧。问政于民、问需于民、问计于民，就是一个重要途径。

问政于民，在人民群众当中寻求发展之道。人民群众是生活的先知，冷暖甘苦感受最深刻。人民群众是智慧的源泉，改革发展体会最清楚。人民群众是施政的基础，政令得失反映最真实。只有问政于民方知得失。如果不闻不问、闭目塞听、刚愎自用、一意孤行，制定的政策就难以体现民意、实现民利，作出的决策难以做到民主、科学，所想往往非民之所想，所急往往非民之所急，所办往往非民之所需，所干往往非民之所盼。人民群众蕴藏着无穷的智慧和力量，是推动科学发展的主体力量，是破解各种难题的根本依靠。只有通过问政于民，才能知得失，找准影响改革发展的困难和问题；才能正举止，对已有的发展思路不断纠偏、完善、深化；才能得民心，取得群众的认同，凝心聚力形成推进科学发展的强大力量。

问需于民，了解和解决群众诉求是增进社会和谐之本。实现好、维护好、发展好最广大人民根本利益，是我们党一切工作的出发点和落脚点。问需于民，实实在在地解决困难，就能得到群众真心拥护，确保社会和谐稳定。民之所需，是人民对国家和社会在政治、物质和精神层面的最直接要求，也是事关群众生产生活冷暖疾苦的最现实民情体现。这些年来，一些地方搞了不少政绩工程、面子工程，花了不少钱，下了很大气力，却得不到群众认可，甚至遭到群众反感，就是因为在决策过程中没有从实现和维护人民群众的利益出发去考虑问题。一定要看到，始终站在人民立场上而不是站在个人、少数人立场上说话办事，始终代表最广大人民根本利益而不是代表某一个人、某一部分人利益，是决定人心向背、事业成败的关键。只有站稳人民立场，从实现和维护人民群众利益出发，才能做出经得起实践、人民、历史检验的实绩。

问计于民，聚集广大群众的智慧是改革发展创新的重要动力。人民是创造历史的动力，社会发展离不开人民群众劳动和智慧的推进，向群众问计，就是对群众智慧的再汇集、再提炼。党领导的革命、建设和改革事业的发展，以及在实践中取得的众多好的经验，尤其是改革开放以来我们党一系列突破性的政策方针措施，都来源于基层和群众的创造。群众是真正的英雄，是我们党的力量源泉和胜利之本。党的成长发展历史告诉我们，人民群众的智慧是党化解危机，走向成功根本原因。因此，要全面建成小康社会和实现中华民族伟大复兴，全党同志必须坚持问计于民，紧紧依靠广大人民群众。有了人民群众的支持，我们的发展就有了最伟大的力量支持，党的各项事业才能取得最终的成功。当前，面对世情、国情、党情深刻变化，"四种考验"复杂严峻，"四种危险"更加尖锐，开拓创新的任务更加艰巨，广大共产党员、各级领导干部更要问计于民，拜人民为师，真正把政治智慧的增长、执政本领的增强深深扎根于人民的创造性实践之中。

总之，来自人民、植根人民、服务人民，是中国共产党永远立于不败之地的根本。始终做到把人民放在心中最高位置，尊重人民主体地位，尊重人民首创精神，坚持问政于民、问需于民、问计于民。

25. 怎样才能做到坚持实干富民，实干兴邦，敢于开拓，勇于担当，多干让人民满意的好事实事？

答：党的十八大指出，坚持实干富民、实干兴邦，敢于开拓，勇于担当，多干让人民满意的好事实事。这是对党员领导干部的工作作风和工作方法提出的重要而又明确的要求。

首先，党员领导干部要富有实干精神，实干富民、实干兴邦。成功缘于实干，祸患始于空谈。"纸上谈兵"、"虚谈废务"，历来是治国理政的大忌。中华民族百余年的奋斗史，也从另一面印证了这个道理。中国共产党人历来反对空谈、强调实干、注重落实，认为"事业是干出来的，不是说出来的"，"不干，半点马克思主义也没有"。新中国的成立，是无数革命先辈历经千难万苦取得的胜利成果；社会主义的宏伟大厦，也是无数劳动者一锹一铲、一砖一瓦垒起来的。正是因为一代代人的埋头苦干和接力奋斗，中华民族的伟大复兴才展现出如此光明的前景，伟大的"中国梦"才越来越接近现实。但也要看到，在少数同志身上仍然存在着一些不好的作风。他们或纸上谈兵，只说不干；或夸夸其谈，工作漂浮；或热衷于形式主义、表面文章，严重脱离群众，损害党的形象，必须坚决克服。

所谓"实干"，既在于"埋头苦干"，更在于"认准了就干"。总结中国改革开放成功的原因，邓小平认为，不是靠本本，而是靠实践，靠实事求是，强调"从现在起到下世纪中叶，将是很要紧的时期，我们要埋头苦干"。① 党的十六大特别是十七大以来，正是因为"认准了就干"，不为任何风险所惧、不为任何干扰所惑，坚定不移地沿着中国特色社会主义道路前进，我们党才在异常复杂的国际国内形势下，牢牢把握发展的重要战略机遇期，夺取全面建设小康社会的新胜利，开创了中国特色社会主义事业的新局面。

其次，党员领导干部要富有敢于开拓、勇于担当的精神。领导就是责任，责任重于泰山。具体到工作中，就是每个领导干部都要勇敢地负起责任，发挥领导干部的先锋模范作用和率先垂范作用。习近平同志在与中央党校学员座谈时强调：坚持原则，敢于负责，勇于担当。他还对领导干部要敢于担当提出要求，指出，是否具有担当精神，是否能够忠诚履责、尽心尽责、勇于担责，是检验每一个领导干部身上是否真正体现了共产党人先进性和纯洁性的重要方面。责任意识、担当精神，从本质上讲，是我们党先进、优秀的重要体现和重要保证，是一种无私的政治品格，一种必备的履职能力，一种过硬的工作作风。从现实要求看，领导干部敢于担当，主要体现在三个方面：一是摸实情、讲真话，二是勇于攻坚克难，三是敢于和不正之风作斗争。一事当前，是否勇于承担责任，敢于触及矛盾，善于解决问题，集中体现和反映了领导干部的综合素质。

要增强敢于担当的勇气。担当意味着付出、奉献甚至牺牲，意味着为了党的事业、人民的利益而不顾个人的利害得失。这种勇气和力量，来源于坚定的理想信念，来源于共产党人的政治远见。必须认识到，中国特色社会主义是实现国家富强、民族复兴的唯一选择，献身这样的事业是有价值、有意义的；我们党是带领中国人民实现中华民族伟大复兴的唯一领导核心力量，忠诚于这样的政党是崇高的；人民群众是历史的创造者、国家的主人、我们的衣食父母，为了群众的利益和幸福而奋发工作、勇于付出，是先进和优秀的。有了这样的正确认识，我们才能充满自信和勇气，自觉自愿地

---

① 《邓小平文选》第三卷，人民出版社 1993 年版，第 383 页。

为党分忧、为国尽责、为民奉献。

实干富民、实干兴邦，敢于开拓，勇于担当，这些都体现了党全心全意为人民服务的根本宗旨。党的一切奋斗和工作都是为了造福人民，要始终把实现好、维护好、发展好最广大人民的根本利益作为党和国家一切工作的出发点和落脚点，尊重人民主体地位，发挥人民首创精神，保障人民各项权益，走共同富裕道路，促进人的全面发展，做到发展为了人民，发展依靠人民，发展成果由人民共享。

26. 为什么要坚持艰苦奋斗、勤俭节约？

答：艰苦奋斗、勤俭节约是中华民族的传统美德，是我们党的传家宝，也是新形势下全面提高党的建设科学化水平，加强党的作风建设的一个重要方面，更是党领导人民全面建成小康社会所必不可少的特质。

改革开放以后，尤其是社会主义市场经济体制建立以来，我国的经济实力有了巨大提升，人民生活水平全面提高，综合国力显著增强。但应当看到，近年来享乐主义、拜金主义在我们的干部队伍中有所滋长，讲排场、比阔气、挥霍浪费的现象还大量存在。究其原因是一些干部放松了世界观的改造，淡忘了艰苦奋斗、勤俭节约的优良作风，廉洁自律意识放松。一些领导干部甚至对艰苦奋斗、勤俭节约的传统美德不以为然，认为是不合时宜。这是错误的，也是有害的。这些问题的存在严重破坏了党的威信，严重损害了党和人民的利益。在新的经济社会发展的时代条件下，更应坚持党的艰苦奋斗、勤俭节约的优良传统，并赋予其新的时代内涵。2006 年 3 月，胡锦涛提出要引导广大干部群众树立社会主义荣辱观，其中就有"以辛勤劳动为荣、以好逸恶劳为耻……以艰苦奋斗为荣、以骄奢淫逸为耻"①的内容，党的十八大报告提出要顽强奋斗、艰苦奋斗、不懈奋斗，2012年12月4日，中共中央政治局审议通过的《关于改进工作作风、密切联系群众的八项规定》也强调要厉行勤俭节约，都是对艰苦奋斗、勤俭节约的最新注解。当前，强调继续坚持艰苦奋斗、勤俭节约，是因为：

第一，艰苦奋斗、勤俭节约是中华民族的传统美德。"艰难困苦，玉汝于成"，"民生在勤，勤则不匮"，"历览前贤国与家，成由勤俭败由奢"，"居安思危，戒奢以俭"。中华民族历来以勤劳勇敢、不畏艰苦著称，历来讲求勤俭持家，艰苦朴素。艰苦奋斗是中华民族赖以生存、发展的巨大精神支柱和推动力量。几千年来，中华民族虽经历过无数战乱，屡遭严重灾难，但始终用艰苦奋斗、勤俭节约的铁肩铁臂去承受和征服千难万险，屹立于世界民族之林。艰苦奋斗、勤俭节约，这种优秀的民族品质已经溶到中华民族的血液中，成为民族精神的一部分。在为全面建成小康社会而奋斗的今天，应该不断将我们民族这种优秀的传统美德发扬光大并不断延续下去，如此才能居安思危、攻坚克难。

第二，艰苦奋斗、勤俭节约是中国共产党人的优良传统，是中国共产党领导中国革命、建设、改革不断胜利的传家宝。中国共产党领导中国革命、建设和改革不断取得胜利一个非常重要的原因，便是始终把艰苦奋斗、勤俭节约作为党的优良传统作风加以保持。井冈山时期，面对国民党反动派疯狂的军事围剿和经济封锁，党内军内、上上下下、风雨同舟，始终用艰苦奋斗的精神保持着中国革命的星星之火。延安时期，面对日本帝国主义对根据地的封锁"扫荡"，中央号召"自己动手，丰衣足食"，上至毛泽东、周恩来等中央领导人，下至普通党员、士兵，都自己进行劳作，共产党人用自己的行动，诠释了艰苦奋斗的本质内涵。西柏坡时期，在全国革命

---

① 《十六大以来重要文献选编》下，中央文献出版社2008年版，第317页。

即将取得胜利前夕，毛泽东在七届二中全会的讲话中，告诫全体党员：夺取全国胜利，这只是万里长征走完了第一步，"务必使同志们继续地保持谦虚、谨慎、不骄、不躁的作风，务必使同志们继续地保持艰苦奋斗的作风"。① "两个务必"也成为中国共产党加强自身作风建设永不过时的旗帜。在社会主义建设时期，涌现出了一大批优秀的共产党员，比如，雷锋、王进喜、焦裕禄、钱学森、邓稼先，等等，他们用艰苦奋斗、勤俭节约的精神谱写了一曲曲时代最强音。改革开放新时期，抗洪精神、抗击"非典"精神、青藏铁路精神、奥运精神、载人航天精神，更是丰富了艰苦奋斗、勤俭节约的内涵。中国共产党 90 多年的历史，同时也是一部艰苦奋斗的历史，我们党艰苦奋斗、勤俭节约的传家宝在任何时候任何条件下都不能丢。在今天改革开放的新时期，随着客观条件的变化，艰苦奋斗不再是被动地在贫困中挣扎，或者消极地忍受苦难的折磨，而是一种积极主动的革命性和创造性相结合的进取意识和开拓精神，它蕴含着崭新的表现形式和时代特征：解放思想，勇于改革的创新精神；知难而进，刻苦攻关的进取精神；兢兢业业，埋头苦干的献身精神；崇尚节约，克勤克俭的节俭精神。

第三，艰苦奋斗、勤俭节约是由我国社会主义初级阶段的基本国情决定的。有些人认为，我们经过 30 多年的改革开放，取得了巨大成就，已经成为世界第二大经济体，就可以陶醉于成绩，就可以躺在过去的功劳簿上，甚至骄奢浪费、不思进取，这是绝对不可取的。党的十八大报告明确指出：我们必须清醒地认识到，我国仍处于并将长期处于社会主义初级阶段的基本国情没有变，人民日益增长的物质文化需要同落后的社会生产力之间的矛盾这一社会主要矛盾没有变，我国是世界上最大发展中国家的国际地位没有变。在任何情况下都要牢牢把握社会主义初级阶段这个最大国情，推进任何方面的改革发展都要牢牢立足社会主义初级阶段这个最大实际。既不妄自菲薄，也不妄自尊大，扎扎实实夺取中国特色社会主义新

---

① 《毛泽东选集》第四卷，人民出版社 1991 年版，第 1438 页。

胜利。"三个没有变"对我国社会主义初级阶段基本形势的阐述，表明国家建设需要办的事情还很多，在前进道路上还会遇到种种可以预料和难以预料的困难和风险，艰苦奋斗、勤俭节约的好传统不仅不能丢，而且要结合新的实际发扬光大；不仅现在不能丢，就是将来富裕了也不能丢。全党同志只有继续保持并发扬艰苦奋斗、勤俭节约的优良传统，才能带领全国人民在中国特色社会主义道路上不断取得更大的成绩。

第四，艰苦奋斗、勤俭节约是全面建成小康社会，实现社会主义现代化和中华民族伟大复兴的必要条件。党的十八大提出，到2020年实现全面建成小康社会的宏伟目标，从而为实现中华民族伟大复兴奠定坚实的基础。小康社会不仅指要有较为丰厚的物质条件，更是一个人与人、人与社会、人与自然和谐共处的社会，"美丽中国"是小康社会的题中应有之义。当前我国经济社会发展过程中，固然取得了巨大的进步和成就，但资源浪费、环境污染的代价是沉重的。我国人口基数大，人均资源占有量远低于世界平均水平，加之资源的利用率很低，浪费严重，使我国经济社会发展过程中资源短缺的矛盾更加突出。为解决这一矛盾，实现经济社会的长效可持续发展，如期完成全面建成小康社会的历史任务，全党同志一定要埋头苦干、顽强拼搏，大力发扬艰苦奋斗、勤俭节约的优良传统，加强对环境的保护和提高资源的利用率，为全面建成小康社会、实现社会主义现代化和中华民族伟大复兴提供长久的动力支撑。

27. 为什么要下决心改进文风会风，着力整治慵懒散奢等不良风气？

答：下决心改进文风会风，着力整治慵懒散奢等不良习气，是加强党的作风建设的重要内容。毛泽东曾指出，学风和文风也都是党的作风，都是党风。党风决定着文风，文风体现党风。人们从文风状况中可以判断党的作风，评价党的形象，进而观察党的宗旨的贯彻落实情况。2012 年 12 月，中共中央政治局会议审议通过的八项规定，要求精简会议活动，切实改进会风；精简文件、简报，切实改进文风，没有实质内容、可发可不发的文件、简报一律不发。

国内外、党内外的经验教训都表明，不良文风会风以及慵懒散奢等不良风气危害极大。这些形式主义的东西，既束缚自己的思想，又浪费别人的时间，既贻误我们的事业，又污染社会风气，既有损论者形象，更脱离群众、不接地气。如果任凭不良文风会风以及慵懒散奢不良风气蔓延开来，不仅损害领导者自身形象，也降低党的威信，导致干部脱离群众，群众疏远干部，使党的理论和路线方针政策在群众中失去吸引力、感召力和亲和力。可以说，一切不良文风会风以及慵懒散奢等不良风气都是不符合党的性质、宗旨的，都是同党肩负的历史使命相背离的。必须要下决心改进文风会风，着力整治慵懒散奢等不良风气。

着力改进不良文风会风以及慵懒散奢等不良风气，党的历代领导集体都就此做过专门阐述：毛泽东早在 1930 年 5 月就发表了《反对本本主义》的光辉篇章，特别是在延安时期先后发表了《改造我们的学习》、《整顿党的作风》和《反对党八股》等战斗性的檄文。邓小平在 1980 年 8 月作的《党和国家领导制度的改革》讲话中，指出党内存在官僚主义现象、权力过分集中现象、家长制现象、干部领导职务终身制现象和形形色色的特权现象等不良风气。在 1992 年南方讲话中，邓小平同志又指出："现在有一个问题，就是形式主义多。电视一打开，尽是会议。会议多，文章太长，讲话也太长，而且内容重复，新的语言并不很多……我建议抓一下这个问题。"①江泽民同志在党的作风建设上明确提出了"八个坚持、八个反对"，

---

① 《邓小平文选》第三卷，人民出版社 1993 年版，第 381~382 页。

一再强调要纠正不良文风。指出有些文章翻来覆去老是那么几句套话，也有的哗众取宠，乱造概念，词句离奇，使人看不懂，这种不良文风应加以纠正。胡锦涛同志同样重视文风建设，多次强调各级领导干部要发扬求真务实精神、大兴求真务实之风，下决心从文山会海中摆脱出来，把心思用在干事业上，把精力投到抓落实中。党的十七大明确指出，要改进学风和文风，精简会议和文件，反对形式主义、官僚主义，反对弄虚作假。党的十七届四中全会要求从领导机关做起，大力整治文风会风，提倡开短会、讲短话、讲管用的话，力戒空话套话。

对于大力改进文风会风，习近平同志在中央党校 2010 年春季学期开学典礼的讲话中提出以下三条：第一，各级领导机关和领导干部要起带头作用。各级领导干部要把改进文风作为一项工作要求，带头讲短话、讲实话、讲新话，通过自己以身作则带出好文风来。很重要的一点是自己要亲自参与重要文稿的起草。一些重要讲话和文章领导干部应当全程参与，出思想、谈看法、拿主意，在大的方面把好关。第二，把改进文风同改进干部工作作风结合起来，尤其要加强调查研究、深入了解群众呼声。领导干部改进文风，应当走出机关，深入基层，在实际生活中"望闻问切"，在充分占有和分析第一手材料的基础上概括出新思想、新观点、新论断、新举措，把群众的创造吸收到文件、讲话、文章中来，使我们的思想和文字体现时代要求，符合实际情况，能够解决问题。第三，把改进文风同改进党风统一起来，特别要大力改进会风。要改进会风，能不开的会尽可能不开，没准备好的会坚决不开，能合并的会最好合并开，必须开的会也要能短则短，对会议的时限、数量、质量、规格等加以规范，提出明确要求。条件具备，会议可以直接开到基层，多利用现代通信和技术手段召开电视电话会议或者网络会议。改进文风会风，要努力活跃党内生活，扩大党内民主，大力倡导独立思考的风气，创造鼓励讲真话、提倡讲新话的宽松环境。这都是改进不良文风会风的切实可行的措施，应大力提倡。

"实干兴邦、空谈误国"和"八项规定"的提出，体现出针对性，突出可操作性，有助于领导干部将作风建设真正转化为实际行动，体现了新的中央领导集体着力改进党的作风尤其是不良文风会风以及慵懒散奢不良风气的决心和信心。

28. 为什么要坚决克服形式主义、官僚主义？如何克服？

答：形式主义、官僚主义问题突出，奢侈浪费现象严重；一些领域消极腐败现象易发多变，反腐败斗争形势依然严峻。在以上这些问题中，形式主义、官僚主义是党内的不良作风，严重违背了党的性质和宗旨，损害党的形象，破坏党的群众基础，极不利于加强和改善党的领导。

中国共产党历来把反对形式主义、官僚主义作为加强自身建设的重要方面。延安时期，毛泽东同志在《反对党八股》一文中，指出，形式主义是一种幼稚的、低级的、庸俗的、不用脑筋的东西，号召全党必须揭破它，把这种毛病切实改掉。毛泽东还形象地把官僚主义者比喻为泥塑的神像，"一声不响，二目无光，三餐不食，四肢无力，五官不正，六亲无靠，七窍不通，八面威风，久坐不动，十分无用"。在新中国成立初期的"三反"运动和整风运动中，党都把反对官僚主义作为重要内容来抓。1980 年 8 月，邓小平同志在《党和国家领导制度的改革》中指出："官僚主义现象是我们党和国家政治生活中广泛存在的一个大问题。它的主要表现和危害是：高高在上，滥用权力，脱离实际，脱离群众，好摆门面，好说空话，思想僵化，墨守陈规，机构臃肿，人浮于事，办事拖拉，不讲效率，不负责任，不守信用，公文旅行，互相推诿，以至官气十足，动辄训人，打击报复，压制民主，欺上瞒下，专横跋扈，徇私行贿，贪赃枉法，等等。这无论在我们的内部事务中，或是在国际交往中，都已达到令人无法容忍的地步。"①他指出形式主义也是官僚主义，并告诫全党要腾出时间来多办实事，多做少说。江泽民在庆祝中国共产党成立 80 周年讲话中指出，一切不符合党的事业发展要求、不符合人民利益的不良习气，都应坚决克服。当前，特别要注意克服不思进取、无所作为的思想状况，克服种种严重脱离群众的现象，坚决反对形式主义和官僚主义的歪风。胡锦涛倡导大兴求真务实之风，反对形式主义，在党的十七届四中全会上提出要坚决制止搞劳民伤财的"形象工程"和沽名钓誉的"政绩工程"。对作风飘浮、敷衍塞责引发重大事件或造成重大损失的，对弄虚作假、虚报浮夸的，必须严肃追究责任。2012 年 12 月 4 日，习近平总书记在阐述"中国梦"时，特别强调了"实干兴邦，空谈误国"八个字，意味深长，振聋发聩，反映了我们党对新形势下执政使命的深刻认知和反对形式主义、官僚主义的坚定决心，彰显了新一届中央领导集体求真务实、真抓实干的优良作风。

形式主义往往借助官僚主义滋生和蔓延，官僚主义反过来保护、甚至纵容形式主义。形式主义的要害是，贪图虚名，不务实效，劳民伤财。官僚主义的要害是，脱离群众，脱离实际，做官当老爷。二者虽然表现形式不一，却有着相同的根源：一是主观主义作怪。形式主义、官僚主义割裂主观与客观、思想与实际的联系和统一，追求表面形式，严重脱离实际、脱离群众。搞形式主义、官僚主义的人想问题、办事情作决策，不是从实际出发，关心群众切身利益，而是从自己的主观意志出发。二是个人主义作怪。形式主义、官僚主义都是以自我为中心，争名图利，是利己主义的一种表现，表面上冠冕堂皇，实际上是为个人或小集团谋取私利。无论是

———————

① 《邓小平文选》第二卷，人民出版社 1994 年版，第 327 页。

哗众取宠，搞花架子，还是追功趋利，虚报浮夸，骗取荣誉和职位，说到底，无非是为了满足一己私利，都离不开一个"官"字，都为了求官、保官、升官，都为了自己的"乌纱帽"。个人主义一膨胀，形式主义、官僚主义就盛行。当然，形式主义、官僚主义的存在还有机构臃肿、体制缺陷等原因，但主观主义、个人主义是最为根本的。

新形势下提高党的建设科学化水平，保证党始终成为中国特色社会主义的坚强领导核心，必须下大力气狠刹形式主义、官僚主义两股歪风，必须标本兼治、多管齐下。

克服形式主义、官僚主义，首先要加强学习和教育，努力提高党员干部的思想政治素质。广大党员干部在工作实际中，要用马克思主义的立场、原则、方法指导自己的实践，要认真学习马克思列宁主义、毛泽东思想和中国特色社会主义理论体系，进一步提高自己的理论水平、思想水平和政治水平；要牢固树立正确的世界观、人生观、价值观，摒弃"官本位"意识和个人主义的私心杂念，以党的事业为重，以最广大人民的根本利益为重；要坚持立党为公、执政为民；要以对党和人民高度负责的精神，坚持科学态度和求实精神，兢兢业业做好工作；要切实加强党性修养，增强党性观念；要深入实际、深入基层、深入群众，问政于民、问需于民、问计于民，真诚倾听群众呼声，真实反映群众意愿，真情关心群众疾苦，始终坚持一切为了群众，一切依靠群众的观点，做到知民情、解民忧、暖民心，立场和感情的问题解决了，形式主义、官僚主义就会失去其滋生的基础和存在的市场。

克服形式主义、官僚主义，领导干部要身体力行，充分发挥表率作用。领导机关和领导干部的言行，对下级和群众起着示范和表率作用，"其身正，不令而行"，头带好了就是无声的命令。各级领导干部必须以身作则，率先垂范，要求下级做到的，上级要首先做到；要求别人做到的，自己要首先做到。

克服形式主义、官僚主义，要加强监督，营造良好的社会氛围。对权力运行进行全过程、全方位的有效监督，是克服形式主义、官僚主义的重要手段。其中包括党内监督、群众监督、舆论监督、法律监督等等。

克服形式主义、官僚主义，要健全制度，铲除其滋生的土壤。制度建设带有根本性、全局性、稳定性、长期性的特点。要用科学合理的制度管权管事管人，要本着精干、高效的原则，减少层次，精减人员，健全各种具体制度，进一步理顺领导体制，同时狠抓各项制度的落实。尤其要建立一套科学合理的选人用人机制，坚持党管干部的原则，坚持五湖四海、任人唯贤，坚持德才兼备、以德为先，坚持注重实绩、群众公认，深化干部人事制度改革，使各方面优秀干部充分涌现、各尽其用、才尽其用。对于那些德才兼备、作风正派、实绩突出、群众拥护的党员干部，要表扬鼓励、大胆使用；而对于那些热衷于搞形式主义、官僚主义，走歪门邪道的党员干部，则要给予严厉批评，造成严重后果和恶劣影响的，要给予党纪政纪处分，直至追究刑事责任，做到"不让老实人吃亏，不让投机钻营者得利"。

29. 为什么要支持工会、共青团、妇联等人民团体充分发挥桥梁纽带作用？

答： 党的十八大报告从八个方面系统部署了全面提高党的建设科学化水平的重大任务，其中在强调坚持以人为本、执政为民，始终保持党同人民群众的血肉联系时指出，要支持工会、共青团、妇联等人民团体充分发挥桥梁纽带作用，更好反映群众呼声，维护群众合法权益。表明党重视并支持工会、共青团、妇联等人民团体发挥在密切联系群众，宣传并落实党的路线、方针、政策等方面的重要作用。

工会、共青团、妇联等人民团体是党领导的工人阶级、先进青年、各族各界妇女的群众组织，是党联系群众的桥梁和纽带，是党委工作的重要助手，是国家政权的重要社会支柱。在新的历史时期，必须大力支持工会、共青团、妇联等人民团体充分发挥桥梁纽带作用，为全面建成小康社会提供强有力的动力支持。

中国工会是中国共产党领导的职工自愿结合的工人阶级群众组织，是党联系职工群众的桥梁和纽带，是国家政权的重要社会支柱，是会员和职工权益的代表。工会是职工群众利益的代表者和维护者，在发展和谐劳动关系、贯彻落实科学发展观、推动构建和谐社会中，具有明显的优势，完全可以大有作为。因此，要充分发挥工会组织、引导、服务职工群众和维护职工合法权益的作用。

中国共产主义青年团是中国共产党领导的先进青年的群众组织，是广大青年在实践中学习中国特色社会主义和共产主义的学校，是中国共产党的助手和后备军。共青团发挥着党联系青年的桥梁和纽带作用，积极协助政府管理青年事务，在维护国家和人民利益的同时代表和维护青年的具体利益，围绕党的中心任务，开展适合青年特点的独立活动，关心青年的工作、学习和生活，切实为青年服务，向党和政府反映青年的意见和要求，开展社会监督，同各种危害青少年的现象作斗争，保护和促进青少年的健康成长。在新的历史条件下，共青团组织只有始终发挥"党有号召、团有行动"的优良传统，自觉围绕当前工作的中心任务，发挥自身优势，团结带领广大团员青年，才能更好地发挥党联系青年的牢固桥梁和纽带作用，更好地发挥国家政权的重要社会支柱作用。

中华全国妇女联合会（妇联）是全国各族各界妇女在中国共产党领导下，为争取进一步解放而联合起来的社会群众团体，具有广泛的代表性、群众性和社会性。妇联是中国共产党和中国政府联系妇女群众的桥梁和纽带，是国家政权的重要社会支柱之一。支持妇联发挥桥梁与纽带的作用，对加强党对妇女事业的领导，促进男女平等事业的开展，保证妇女维权工作的顺利进行具有重要意义。

30. 为什么要积极发展党内民主，增强党的创造活力？

答：党内民主是党的生命，积极发展党内民主是党的建设应有之义。党内民主是党的生命，是由党的性质所决定、被党的历史经验所证明了的。中国共产党是中国工人阶级的先锋队，同时是中国人民和中华民族的先锋队，从建党开始就将民主集中制作为根本的组织制度和领导制度，是党始终保持先进性的根本体现和重要源泉。

第一，党内民主是党的生命，是对其他社会主义国家共产党兴衰成败经验教训的深刻总结。历史经验证明，工人阶级政党的兴衰和成败，与党内民主的发展密切相关。东欧剧变，苏联解体，一些长期执政的共产党纷纷丧失政权，原因很多。尤其是苏联共产党，既有外因，也有内因，内因是主要的，苏共没能适应社会主义建设的需要很好地发展党内民主，没有从制度、体制和机制上更好地保障党员的民主权利，没有更好地发挥出广大党员的积极性、主动性和创造性，使党失去了凝聚力和战斗力，导致党内同志离心离德。

第二，党内民主是党的生命，是总结中国共产党90多年来自身建设经验教训而得出的必然结论。中国共产党成长发展史上，几次关系到党的生死存亡的重大失误和挫折，几乎都是由党内民主生活不健全造成的。这样大的失误有三次。大革命期间，由于陈独秀的右倾错误和"家长制"作风，在蒋介石和国民党右派背叛革命时，使党不能未雨绸缪，积极应对，给党造成了巨大损失。土地革命战争时期，由于以王明为代表的"左"倾教条主义和"一言堂"做法，排挤毛泽东的正确领导，导致红军在国民党的围剿面前进退失据，使中国共产党辛苦建立起来的革命力量，在红区损失百分之九十，在白区几乎损失百分之百，红军被迫长征。新中国成立以后，党成为执政党，特别是在生产资料所有制的社会主义改造完成以后，在党的中心任务发生重大转变的情况下，我们没有能把党内民主和国家政治生活的民主加以制度化、法律化，或者虽然制定了法律，却没有应有的权威。这就提供了一种条件，使党的权力过分集中于个人，党内个人专断和个人崇拜现象滋长起来，也就使党和国家难于防止与制止"文化大革命"的发动和发展。

历史和现实都告诉我们，党内民主问题是一个关乎党的生存和发展、关乎国家兴衰成败的重大问题。什么时候重视党内民主建设，党组织和广大党员的积极性、主动性和创造性就能增强，党的先进性就能得到保持和不断发展，党的事业就兴旺发达；反之，如果党内民主氛围被破坏，各级党组织和广大党员的积极性、主动性和创造性就会被削弱，党的事业就会遭受损失甚至挫折。

31. 为什么要坚持民主集中制，健全党内民主制度体系？

答：党的十八大明确提出，要坚持民主集中制，健全党内民主制度体系，这是党的建设的重大理论创新，也是发扬党内民主的具体要求。党内民主制度，就是要求全体党员共同遵守的有关党内民主方面的行动准则。所谓"党内民主制度体系"，就是党内民主各项制度所构成的有机整体。党内民主的发展要靠制度来保证，而制度不应该只是零碎的、单一的制度，应该是一个完整的"制度体系"，将各个制度进行有机、完整和系统的配置，在体系中设置制度，使之常态化、规范化和科学化。党内民主制度体系以民主集中制为核心。

民主集中制是中国共产党的根本组织原则，是党的群众路线在党的生活中的运用，是中国共产党的根本制度。民主集中制是在民主基础上的集中和集中指导下的民主相结合的制度，是无产阶级政党、社会主义国家机关和人民团体的根本的组织原则。它规定了领导和群众、上级和下级、部分和整体、组织和个人的正确关系，是胜利推进党领导的事业发展的重要保证。

民主集中制作为无产阶级政党和社会主义国家的根本组织制度和领导制度。中国共产党从一成立就是按照民主集中制组织起来和开展工作的。1927 年 6 月中央政治局会议通过的《中国共产党第三次修正章程决案》，第一次把民主集中制原则载入党章。党的民主集中制建设，经历了曲折和不断完善的过程。党的十八大党章规定，党是根据自己的纲领和章程，按照民主集中制组织起来的统一整体。党的民主集中制的基本原则是：(1)党员个人服从党的组织，少数服从多数，下级组织服从上级组织，全党各个组织和全体党员服从党的全国代表大会和中央委员会。(2)党的各级领导机关，除它们派出的代表机关和在非党组织中的党组外，都由选举产生。(3)党的最高领导机关，是党的全国代表大会和它所产生的中央委员会。党的地方各级领导机关，是党的地方各级代表大会和它们所产生的委员会。党的各级委员会向同级的代表大会负责并报告工作。(4)党的上级组织要经常听取下级组织和党员群众的意见，及时解决他们提出的问题。党的下级组织既要向上级组织请示和报告工作，又要独立负责地解决自己职责范围内的问题。上下级组织之间要互通情报、互相支持和互相监督。党的各级组织要按规定实行党务公开，使党员对党内事务有更多的了解和参与。(5)党的各级委员会实行集体领导和个人分工负责相结合的制度。凡属重大问题都要按照集体领导、民主集中、个别酝酿、会议决定的原则，由党的委员会集体讨论，作出决定；委员会成员要根据集体的决定和分工，切实履行自己的职责。(6)党禁止任何形式的个人崇拜。要保证党的领导人的活动处于党和人民的监督之下，同时维护一切代表党和人民利益的领导人的威信。

第一，实行民主集中制是中国共产党制定正确路线、方针、政策的基础。只有充分发扬民主，广开言路，认真听取各方面的意见，然后把分散、杂乱的意见分析、综合形成系统的意见，才能正确反映群众的心声、群众的意愿。随着改革的深入，新情况、新问题层出不穷，单凭个人的知识、智慧和能力很难对事物做出全面、公正的评价，这就要求充分发扬民主，依靠集体的智慧、集体的才能，群策群力，避免失误，力争完善。邓小平指出："人民内部要有充分的民主，这样才能拿出好的主意来。"①强调民主，并不否认集中。只有民主，没有集中，那么意见、决策、政策只能是一盘散沙。缺少集中，就缺少统一的目标、统一的步调、统一的意志，也就缺少战胜困难的创造力、战斗力和凝聚力。民主和集中是不可分的，它们是正确路线的基石。

第二，实行民主集中制是由改革开放的现状所决定的。在市场经济条件下，经济结构发生变化，决策主体分散，市场竞争激烈，难以预测的因素增多，新问题、新情况、新矛盾不断涌现，如何正确处理、协调和调节各种利益的相互关系，是一个关系全局的问题。这就需要贯彻民主集中制原则，既要充分发扬民主，调动人民群众的积极性、主动性；又要适度进行集中，以维护中央权威，保证国家政令的畅通无阻和各项方针政策的全面落实。邓小平指出："有了这个权威，困难时也能做大事。不能否定权威，该集中的要集中，否则至少要耽误时间。"②

第三，实行民主集中制是马克思主义群众路线在党的生活和国

---

① 《邓小平文选》第二卷，人民出版社 1994 年版，第 110 页。
② 《邓小平文选》第三卷，人民出版社 1993 年版，第 319 页。

家政治生活中的具体运用。党的路线、方针、政策都是由民主到集中的过程，由民主（从群众中来）到集中，然而又回到民主（到群众中去），经过多次反复，获得一个真理，得到一些启示。坚持和发展中国特色社会主义是一项艰巨复杂的社会系统工程，需要在实践中贯彻群众路线，不断探索、认识和运用客观规律，作出民主的科学的决策。民主集中制贯彻得好不好，关系到党的事业的兴衰成败。历史经验教训告诉我们，只有坚持和健全民主集中制，才能坚持群众路线，充分调动群众的积极性、创造性，集中群众的智慧，也才能保持党和国家的长治久安，促进现代化目标的实现。

32. 为什么要保障党员主体地位，健全党员民主权利保障制度？

答：党的十七大报告第一次明确提出要尊重党员主体地位，保障党员民主权利。党的十八大重申保障党员主体地位。"党员主体地位"这一命题的提出，是中国共产党继十六大提出"党内民主是党的生命"之后的又一重大的关于党内民主建设方面的理论创新。

"党员主体地位"，是指广大党员是党的一切活动的主体，在党内生活和党的建设实践中居于自主、积极、主动的地位。

保障党员主体地位是时代发展的客观需要。清醒认识和正确应对世情国情党情的不断变化，是摆在执政的中国共产党面前的重大历史课题。清醒认识和正确应对这些变化，才能保证党制定的路线、方针和政策的科学性。这些变化也对党的自身建设提出了更高要求。正是在这种时代背景下，党中央审时度势，居安思危，在深刻吸取党自身建设方面的经验教训以及其他政党兴衰成败的经验教训的基础上，明确提出了"党员主体地位"的命题，提出尊重党员主体地位，保障党员民主权利的任务。

保障党员主体地位是党内民主建设的重要目标。在中国共产党90多年的发展历程中，党内民主的发展可谓一波三折。在民主革命时期，党的主要领导人的"一言堂"一度取代了党内民主，使党的革命事业屡遭危险；在社会主义全面建设时期，党的主要领导人的"家长制"逐步取代了党内民主，使党遭受了"文化大革命"的浩劫；在改革开放新时期，正是由于充分地发扬了党内民主，党的建设事业才呈现出蒸蒸日上的良好态势。在总结革命、建设和改革过程中正反两方面的经验教训，党内最终形成了"党内民主是党的生命"这一共识，并旗帜鲜明地提出要"尊重党员主体地位"。

保障党员主体地位是推进党的建设的主要动力。党内民主是党的建设的重要组成部分，保障党员主体地位不仅有助于推动党内民主建设，同时在保持党的先进性和纯洁性、巩固党的执政基础、增强党的生机和活力等发面发挥着不可替代的作用。尊重党员主体地位，党的建设新的伟大工程才能全面推进。全面提高党的建设科学化水平，要求牢固树立"党员主体"的思想，尊重党员的智慧和首创精神，始终把基层党组织和广大党员在实践中探索积累的经验，作为推动党的各方面建设改革创新的源泉。实践证明，抓住党员主体这个根本，在党内形成解放思想、畅所欲言、生动活泼、开拓创新、和谐融洽、团结奋进的局面，就能不断推进党的理论创新、实践创新和制度创新，不断推进党的建设新的伟大工程。

保障党员主体地位是实现人民主体地位的基石。党内民主对人民民主具有示范和带动作用，党的十七届四中全会提出要"以党内民主带动人民民主"。执政党内部的民主程度影响和决定着人民民主的实现程度，保障党员主体地位对保障人民当家做主地位具有重要意义。

党员民主权利是由党章以及其他党内法规所确定或认可的，也是由党章以及其他党内法规所保护的。党员是党内一切活动的主体，行使党员民主权利是保障党员主体地位的主要途径。"党员主体"意味着党员既是履行义务的主体，同时也是行使权利的主体，这两者是统一而不可分割的，任何重权利轻义务或重义务轻权利的现象都不利于党员主体地位的实现。

制度保障是党员权利保障的核心。1980年邓小平在《党和国家领导制度的改革》重要讲话中指出，领导制度、组织制度问题更带有根本性、全局性、稳定性和长期性。这种制度问题，关系到党和国家是否改变颜色，必须引起全党的高度重视。此后，党的十三大提出，在党的建设上不能再靠政治运动了，要走出一条依靠改革和制度建设的新路子。党员权利保障必须依靠制度建设来实现。目前，有关党员权利保障的制度主要是《中国共产党章程》、《中国共产党党员权利保障条例》、《中国共产党党内监督条例（试行）》等，这些制度已经形成了有利于党员权利保障的制度基础，但这些党内法规对党员权利的规定大多是从原则上进行规范的，还有待出可操作性的实施细则，将党内法规中规定的党员权利真正落到实处。完善的党员权利保障体系，应该是包括原则性制度规定和各种实施细则在内的完备的制度体系，这样才能有效保障党员行使权利。健全党员民主权利保障制度是保障党员主体地位的重要途径。

33. 为什么要落实党员知情权、参与权、选举权、监督权？

答：党的十八大报告指出：保障党员主体地位，健全党员民主权利保障制度，开展批评和自我批评，营造党内民主平等的同志关系、民主讨论的政治氛围、民主监督的制度环境，落实党员知情权、参与权、选举权、监督权。党员民主权利是党内政治生活的基础，是政党发展的内在动力。中国共产党党员权利在党内的这种基础和核心地位，决定了党员权利的行使对于党的建设和党的事业具有重要的推动作用。

从党的90多年发展史来看，凡是党内民主发挥得较好，党员的知情权、参与权、建议权、选举权等受到切实保障的时候，党员主体意识就会明显提升，主体作用也能充分发挥出来。例如，在党的八大召开时，大会安排了68名党员代表在大会上进行发言，45人做了书面发言。大会规定发言所应遵循的原则：对工作要有批评，对党的干部有意见，要敢于批评。开会不能只是歌功颂德，如果只讲成绩，那么说一个"好"字完全可以代替了，就不需要多讲了。正因为在开会前，党赋予了党员充分的发言权，使党员放下了思想包袱，发言者在大会上的发言并不是那种只唱高调的表扬演讲，而是包括了对以往成就的肯定以及对存在的不足和缺点的分析。各个发言者结合自身工作实际，从不同的领域、不同的视角对如何探索社会主义建设，提出了自己的看法和意见，充分体现了民主精神，党员参政议政的积极性空前高涨，党员的主体意识明显提升。

党内民主的实质就是要保障党员主体地位，而党员主体地位的实现与党员权利的实现是紧密相连的。党员在党内享有民主参与、民主决策、民主管理、民主选举、民主监督等权利，这是党员在党内当家做主身份的体现。在党的历史上，凡是尊重党员民主权利，保障党员主体地位的时候，党的建设和党的事业就能取得较大成就，例如遵义会议；反之，凡是无视党员民主权利，践踏党员主体地位的时候，党的建设和党的事业就会遭受重创，例如"文化大革命"时期。党的正反两方面的经验和教训说明，保障党员民主权利应作为发扬党内民主，实现党员主体地位的前提和基础。

党员知情权。知情权又称为知的权利、知悉权、资讯权、信息权或了解权。党员的知情权，是指党员依据党章及其他党内法规的规定所享有的了解党内相关信息的权利。广义上党员的知情权包括党员对党的事务的知晓权及其接受党的教育和培训的权利。从这个角度来看，当前党章中规定的党员知情权有参加党的有关会议、阅读党的有关文件、接受党的教育和培训的权利。党员的知情权是党员其他民主权利的前提，也是保障党员主体地位的基础和根本，要让党员成为党的主人，首先要让党员明白"自家的家底"，因此建立和完善党务公开制度势在必行。

党员参与权。党员的参与权是指党员有依照党章和党内其他法规规定的参与党的生活的管理和决策的权利。党员的参与权是涵盖内容最丰富的一种权利，目前党章中规定的党员参与权包括政策讨论权、建议和倡议权、表决权等。例如，党章规定的党员权利有：参加党的有关会议，阅读党的有关文件，接受党的教育和培训；在党的会议上和党报党刊上，参加关于党的政策问题的讨论；对党的工作提出建议和倡议等，这些都是对党员参与权的规定。

党员选举权。党员的选举权是指党员依据党章和其他党内法规的规定所享有的选举党组织的领导成员和出席某一级党的代表会议的代表的权利。选举权是党员享有的最基本、最重要的民主权利。党员的被选举权是指党员有被选举为党的各级领导机构成员和各级党的代表大会代表的权利。在党内，选举权和被选举权被赋予了每个符合条件的正式党员，任何组织和个人不得侵犯党员的这种正当权利。

党员监督权。党员监督权是指党员依据党章和其他党内法规的规定所享有的监督党的组织和党员，特别是党的领导机关和领导干部的权利。党员的监督权是党员民主权利的重要组成部分。党章中规定的党员的监督权主要包括批评权、揭发权、检举权、弹劾权和罢免权。例如，十八大党章规定，党员在党的会议上有根据地批评党的任何组织和任何党员，向党负责地揭发、检举党的任何组织和任何党员违法乱纪的事实，要求处分违法乱纪的党员，要求罢免或撤换不称职的干部。

34. 如何完善党的代表大会制度？

答：党的代表大会是党的权力机构，也是党员实现主体地位的最主要途径。但从目前情况来看，党的代表大会制度还不够完善。例如，在某些地方，党代表的产生不是采用真正的民主选举，实际上是由党组织或有关领导来决定，造成党员干部在代表中所占比例过高，党的代表大会最终成为党员领导干部的代表大会，这与《中国共产党章程》中所规定的"党的各级代表大会的代表和委员会的产生，要体现选举人的意志。选举采用无记名投票的方式。候选人名单要由党组织和选举人充分酝酿讨论"的要求是相悖的。而且这样产生的"党代表"，不能很好地代表广大党员的利益，也使党员主体地位的实现受到较大限制，因而，有必要改革和完善党的代表大会制度。

第一，实行党代表任期制，拓宽党代表参与党内事务的渠道。党的十七大作出了各级党代表大会代表实行任期制的重大决策之后，为了健全和完善各级党代表大会代表履行职责的制度和机制，2008 年 7 月中共中央颁布了《中国共产党全国代表大会和地方各级代表大会代表任期制暂行条例》（以下简称《条例》）。《条例》的颁布，为党代表的主体地位的实现提供了制度保障。一是明确了党代表的任期，并明确规定了在党的代表大会召开和闭会期间，党代表所享有的权利。例如，《条例》规定，党代表大会闭会期间，党代表大会代表可以由个人或者以联名的方式，采用书面形式向同级党的委员会提出属于同级党代表大会和党的委员会职权范围内的提议；可以通过参加座谈、列席会议等方式，对本地区经济社会发展、党的建设等重大决策和党内重要文件的制定，提出意见和建议。二是明确了党代表履行职责的方式和渠道。《条例》规定，党代表大会代表履行代表职责，主要是参加同级党代表大会和同级党的委员会组织的活动。三是为党代表行使权利提供保障。《条例》要求，党的各级委员会应当有计划地组织同级党代表大会代表参加学习培训，增强其代表意识，提高其履行代表职责的能力。同时，各级党组织必须尊重和保障党代表大会代表的权利，并对保障代表充分履行职责作出了具体规定。

第二，实行党代会代表提案制。长久以来，人大代表有建议权，政协委员有提案权，而党代表却没有享有相应的权利，这与"以党内民主带动人民民主"的要求是不相符的。党的十八大提出实行党代表提案制，是党与时俱进精神品质的重要体现。所谓"党代会代表提案制"，是指党代表大会召开期间，党代表以书面形式提出属于党代会职权范围内的意见和建议的制度。在党的十八大召开之前，已经有部分地区开始了党代表提案制的试点。2011 年，湖南省第十次党代会实行了代表提案制，会议代表共提交提案 229 件，立案 181 件。中共湖南省委规定承办单位限期书面答复领衔代表，否则要向领衔代表作出书面说明。截至 2012 年上半年，提案办结率超过七成。2012 年，浙江省第十三次党代会也实行了党代会代表提案制，明确 10 名以上代表联名或代表团可以向大会提出属于同级党代会职权范围内的提案。基于这些成功的探索，党的十八大报告提出实行"党代会代表提案制"是完全能够成为现实的，它将促进科学决策、民主决策。党代会代表提案制是任期制和党代会常任制的延伸和保障，将提案工作列为党代会重要组成部分，并建立相应的提案办理和反馈机制，将极大促进落实党代会代表的表达权、参与权、决策权、监督权。

35. 为什么要提高工人、农民代表比例？

答：党代表，是指在一个政党内部经过组织程序决定参加该政党的各级代表大会或代表会议的代表。党的代表大会代表来自各行各业，反映社会各界的呼声与愿望。但毋庸讳言，在代表结构与组成上，一直存在党政领导干部代表比例相对较高，而基层代表尤其是一线工人、农民、农民工与专业技术人员代表比例相对较低的问题，这无疑不利于在更大程度上反映基层社会生活实际，也不利于更多更好地反映普通民众和普通党员的愿望与诉求。

作为党的最高权力机关，其职责主要是听取和审查中央委员会的报告；听取和审查中央纪律检查委员会的报告；讨论并决定党的重大问题；修改党的章程；选举中央委员会；选举中央纪律检查委员会。党的代表大会是党员主体地位实现的最重要途径。在党内，凡是正式党员（正在受留党察看处分的除外），都有被选为党的各级领导机构成员（中央和地方委员会委员、候补委员有党龄的要求）和各级党的代表大会代表的权利。这是党员基本权利之一，党的任何一级组织都无权随意剥夺党员的这种权利。基层代表包括一线工人、农民代表，无疑具有同领导干部代表同等的权利。

自党的十六大以来，党的代表大会代表构成发生诸多变化，突出特点就是生产和工作第一线党员比例提高。党的十七大代表共计2217名，一线党员占28.4%，其中省（区、市）和中央企业（在京）都超过了30%，比十六大时有所提高。党的十八大代表共计2270名，基层党员占30.5%，比十七大时提高了2.1个百分点，其中工人党员代表由十七大时的51名增加到169名，占代表总数的

7.4%，比十七大时提高 5.1 个百分点；省（区、市）和中央企业（在京）代表中，工人党员占 10.4%，比十七大时提高了 7.1 个百分点。在这些实践探索的基础上，党的十八大第一次以党代表大会报告的形式明确了要提高工人、农民代表比例，这一举措将更有利于完善党的代表大会制度，使党的代表大会成为落实党员主体地位的主阵地。

提高工人、农民代表比例，是加强党的基层组织建设的需要。基层党员代表比例的增加，会使党的基层工作更加深入有效地开展。基层代表参加党的代表大会或代表会议后，能够在第一时间把党作出的重大战略部署和决策带回到基层，传达给基层的党员群众，对基层工作的顺利开展具有最直接的指导意义。基层党代表将更好地促进党的决策正确而有效地在基层贯彻落实，促进党的基层工作更加高效、质量更高地开展。

提高工人、农民代表比例，是保障党员主体地位的需要。基层党员代表比例的增加，会使基层党组织的活力和能量进一步得到提升。基层党员是基层党组织的骨干力量，大学生村官、农民工、新经济组织中的优秀党员代表，对中国的改革发展有着最直接、最现实的体会和感受。提高基层党员的代表数量，将会极大地激发出他们参与党内生活的热情和主动性，他们强烈的工作积极性将会不断提升基层党组织的生机与活力，进而扎扎实实地推动基层党建工作水平的逐步提升。

提高工人、农民代表比例，是巩固党的执政地位的需要。党的执政基础在基层，党的力量源泉在群众。生产和工作一线党员代表比例的提高，将会增强基层党员和群众对党的信心。让基层的声音更响，充分体现了党扎根基层的鲜明导向，有利于党接地气、得民心、顺民意，使党的执政根基更加牢固。基层党员代表比例的增加，会使基层声音得到更加充分的传达。来自生产和工作一线的党员代表，长期生活、工作在基层，代表不同群体的心声。他们肩负着不同群体的重托，了解社情民意，能够把广大人民群众的意见、要求和改革、发展、稳定等方方面面的情况了解清楚并集中起来，带到党的代表大会或代表会议，反映给党中央，积极为贯彻落实科学发展观、构建社会主义和谐社会建言献策。

党的十八大党代表的选举，实现了"两升一降"：基层代表特别是一线工人、农民和专业技术人员代表的比例比上一届有所上升；妇女代表比例比上一届有所上升；党政干部担任党代表的比例要比上一届有所下降。"两升一降"，意味着代表的结构更加优化。而良好的代表结构，有利于各方面意愿的充分表达，有利于广大党员民主权利的全面实现，更为充分地发挥民意反映与监督职能，促进依法治国水平与社会公平正义，同时也将会对我国的民主发展进程与政治文明进步起到积极的推动与促进作用。

36. 为什么要落实和完善党的代表大会代表任期制？

答：党的十七大提出，完善党的代表大会制度，实行党的代表大会制度任期制，选择一些县（市、区）试行党代表大会常任制。党的十八大指出：落实和完善党的代表大会代表任期制。这是在总结多年试点经验基础上提出的完善党的代表大会制度的重大举措，对党内民主建设具有重要的推动作用。

党的代表大会制度是党的根本制度，也是党内民主最基本的实现形式。党的各级代表大会代表是党的各级代表大会活动的主体。代表的整体素质和作用的发挥情况，直接关系到党代会职权的行使，关系到党内民主建设的整体水平。中国共产党对完善党的代表大会制度、充分发挥党代会代表作用的探索由来已久。从党的一大到六大，党的全国代表大会基本坚持每年召集一次。党的二大到六大的党章都明确规定，党的全国代表大会每年召集一次。党的七大在修改党章时，考虑到在当时情况下党的全国代表大会年会制难以执行，改为在通常情况下，每三年召集一次。新中国成立以后，由于党的工作环境、任务和自身状况对党内民主建设提出了更高的要求，中央提出了实行党的代表大会常任制的设想。党的八大把实行党代会常任制写入党章。1958 年 5 月，召开党的八大第二次会议，这是党代会常任制的一次有益探索。

党的十一届三中全会以后，随着改革的逐步深入和社会主义民主政治的不断发展，中央有关部门重新对党代会常任制进行研究。党的十六大报告提出，扩大在市、县进行党的代表大会常任制的试点，积极探索党的代表大会闭会期间发挥代表作用的途径和形式。党的十六届四中全会也对此项工作作出部署。党的十八大进一步提出了"落实和完善党的代表大会代表任期制"的要求。

党代会代表任期制，是指党代会的代表一经选举产生，其任期与一届党代会相同，在该届党代会的任期内始终具有代表资格、行使代表权利、履行代表职责、发挥代表作用的制度。党代会代表常任制的主要特点：一是党代会代表经过选举产生后，其代表资格贯穿于在一届党代会任期的始终，非因法定原因和经过法定程序不得被剥夺党代表的资格；二是党代会代表在其任期内行使代表职权、发挥代表作用的时间是不中断的。党代会代表任期制作为党内民主的一项制度设置，是党员主体地位得以实现的重要制度保障。

党代会代表任期制的实行，有利于切实保障党员民主权利。一方面，党代会代表任期制的实行是以党代表任职条件和产生方式的改革为前提的。这种改革有利于保障当选党代会代表的履职能力和代表意识。另一方面，党代会代表任期制不仅详细规定了代表所具有的各项权利，如参与决策权、批评质询权、民主评议权、监督检查权、视察调研权等，而且详细规定了这些权利得以行使的具体方式和制度保障，如代表提案制度、代表视察制度、民主评议制度等，这就为党员主体地位的实现提供了权利保障和制度保障。

党代会代表任期制的实行，为党员主体地位的实现提供了切实可行的途径。党代会代表任期制的实行增强了党代会代表的主体地位，进而保障了广大党员的主体地位。在党代会代表任期制条件下，党代会代表的素质和主体意识因制度的设计而得到提高，其代表权利也得到了制度上的保障，因此其主体地位相比非任期制会大为增强。任期制条件下党代会代表权利的充分行使，主体地位的稳步增强，实质上是保障了代表所在选区党员的民主权利。这就会在客观上增强广大党员对党代会代表任期制的认同。代表主体地位增强的客观效应、代表与广大党员沟通的主观努力以及广大党员对党内制度认同的增强，会增强广大党员参与党内事务的积极性和主动性，落实广大党员的民主权利，从而增强党员的主体地位。

37. 为什么要试行乡镇党代会年会制？

答：党代会年会制，顾名思义即由全体党员通过民主方式，选举从中央到地方的各级代表，每年一次召开各级各地党的代表大会。党的十八大提出要试行乡镇党代会年会制，这一决策是有历史依据和现实依据的。

从历史依据来看，党内曾经实行过年会制。中国共产党建党初期是坚持年会制的，党的二大到六大的党章都明文规定实行年会制，实践中一大到六大大体上也都是坚持年会制。六大到七大相隔17年之久主要是因为战争原因。党的七大修改党章时考虑到年会制难以贯彻，才改为党代会每隔三年召开一次，其间可开党代表会议。1948年解放战争正酣，无法举行党代会，1949年新中国成立后，各项工作百废待兴，党代会的召开又被延期。党的八大把实行党代会常任制作为一项"根本的改革"，八大党章规定党的全国的、省一级的和县一级的代表大会每届任期分别为 5 年、3 年和 2 年，且三级代表大会均每年开会一次，但由于种种原因，这一规定没有得到坚持。

从现实依据来看，党代会年会制对于坚持和发扬党内民主，进一步完善党代表大会制度，具有特别重要的意义。党代会的年会制，是党的组织建设方面的重大政治设计和制度创新。在八大《关于修改党的章程的报告》中，邓小平专门就党代会常任制问题做了说明，指出党的民主集中制的基本要求之一，是党的各级代表大会的定期召集和充分发挥作用，为把党的民主生活提高到更高的水平，八大的党章草案决定采取一项根本的改革，就是把党全国的、省一级的和县一级的代表大会，都改作常任制，多少类似各级人民代表大会那样。邓小平指出："代表大会常任制的最大好处，是使代表大会可以成为党的充分有效的最高决策机关和最高监督机关，它的效果，是几年开会一次和每次重新选举代表的原有制度所难达到的。按照新的制度，党的最重要的决定，都可以经过代表大会讨论。党的中央、省、县委员会每年必须向它报告工作，听取它的批评，答复它的询问。代表由于是常任的，要向选举他们的选举单位负责，就便于经常地集中下级组织的、党员群众的和人民群众的意见和经验，他们在代表大会会议上，就有了更大的代表性，而且在代表大会闭会期间，也可以按照适当的方式，监督党的机关的工作。因此，我们相信，这种改革，必然可以使党内民主得到重大的发展。"①可以说，这是迄今为止对党代会年会制和党代会常任制最完整和最经典的表述。

党代会年会制可以逐步实行，分阶段、有步骤地渐进，像经济体制改革那样，一步一步地探索前行。在时间上、地域上、级别上，先试点，总结完善，再逐步推广，由党的各级委员会制逐步过

---

① 《邓小平文选》第一卷，人民出版社 1994 年版，第 233 页。

渡到代表大会制，以扩大民主的基础。同时推进相关的配套改革，包括闭会期间各级党代会代表对党的机关工作的监督机制的建立、民主选举的普遍推行、党内弹劾制度的建立，以及根本改变"会而不议、行而不动"的弊端等。不可否认，党代会年会制的实行，在操作技术上，有许多问题要解决，更要花费大量的时间、财力和精力。党的民主的实行和发展是需要代价的，党的组织建设必须有制度和程序来保证。

党的代表大会制度是党的一项根本性的组织制度，是党内民主运行的体系保障。按照规定，党代会闭会期间，由全委会履行职权，常委会行使执行权，纪委行使监督权。但由于此前，党代会的召开周期都是"按届开"，基层是三至五年一届，在党代会闭会后，就不再发挥作用了。为使党员在党代会闭会期间，仍能继续发挥作用，党的十七大实行了党代表任期制。在党代会常任制的基础上，乡镇试行党代会年会制后，党代表的沟通、参与作用将得到更全面的发挥，同时，还能充分发挥党代表的监督作用，监督全委会、常委会的各项工作。目前中国共产党党员已达到8200多万人，因此党的代表大会制度的改革实践，需要自下而上逐步推动，积累经验。乡镇级党员数量不多，有条件试行党代会年会制；县市级目前的重点在于继续完善党代会常任制，而县市级以上则应理顺全委会、常委会的关系，强化全委会决策和监督作用。

38. 深化县(市、区)党代会常任制试点工作还需要克服哪些难题？

答：实行党代会常任制是完善党代表大会制度的一个改革取

向，是发展党内民主的突破口，是改善和加强党的领导，提高党的执政能力和领导水平的重要举措。党的十一届三中全会以后，特别是党的十六大提出扩大市、县进行党的代表大会常任制的试点以来，全国有数十个市、县进行了党代会常任制试点，取得了一定的成效，与此同时，也出现了一些问题和不足。

试点工作中出现的一个很重要的问题，就是一些新增设的党内机关与原有党内体制之间的关系明显紧张。这种紧张关系主要表现在两个方面，一是新设党内机关同原有党内机关在功能上的冲突，二是新设机关的运行同尚未改革的党内传统体制设置难以兼容。这个问题的显露，表明党代会常任制试点工作已经涉到了深水区，遇到了深层次问题。

有的县级地方党委在试点工作中，为解决党代会在大会闭会期间发挥作用的问题，专门制定了新的党代表大会工作办法，在原有党内机关设置不变的同时，在党代表大会下新设监督委员会、代表工作委员会和决策咨询委员会。其中，监督委员会在非同级党委委员、纪委委员的代表中通过无记名方式选举产生，主要受代表大会委托行使日常监督职能；代表工作委员会由大会主席团提名，大会表决通过，负责处理代表的提案办理、开展活动、组织测评、通报情况、指导选举、联络服务等工作；决策咨询委员会由大会主席团提名，大会表决通过，负责组织有关专家、学者、社会各界知名人士对需要由常委会、全委会和代表大会作出决策的重大问题进行调查研究，提供科学的参考依据，对决策实施情况进行评估和意见反馈。

设计者们的初衷是很明确的，即试图在制度和机制的层面解决原有体制下党内主要领导者权力过于集中和党员权利弱化的问题。然而，实际运行中的效果却并不那么如人意。以党内监督为例，《中国共产党党内监督条例（试行）》规定，党内专门监督机关是党的各级纪律检查委员会，它们受同级党委和上级党委的领导。而在试点中的党代表大会下新设监督委员会，其在监督职能和隶属关系上，都与原有体制存在冲突。按照党代会授予的职权，监督委员会主要是对县（区、市）委委员、纪委委员工作履职的情况进行监督。实际上，这种规定若不同党内监督条例中的相关规定结合起来，则很难形成实际有效的监督，若结合在一起，则又有机构设置重叠之嫌。因此，监督委员会如何与原有的党内监督机构协调，如何理顺其与同级党委和上级党委的关系，就成为一个敏感而关键的环节。再以代表工作委员会为例，这个新设机关就挂在组织部，实际上还由原有机关来运作，并无实质性变化。决策咨询委员会在改变传统党内决策方式问题上，没有也不可能有更大的作为，因为，在试点工作中，形式上由代表大会、全委会执行的地方经济、文化、社会发展、人事等重大问题决策的权力，仍然牢牢掌握在"一把手"手中，地方决策仍然是"一把手"推动型，而非真正的民主决策型。

试点工作中反映出的另一个更难解决的问题，也许更能折射出新举措与原有体制的深层矛盾，那就是"人走政息"和"政绩工程"现象。毋庸讳言，中国共产党的原有体制存在明显的对上负责特征，这也是下级服从上级的原则性要求，原本无可厚非。但是，在党代会常任制试点工作中，却暴露出新举措与这一原则间的内在冲突。在下面搞试点工作的人虽然不乏自觉的改革者，但跟上级的支持也密切相关。这样，上级领导者的注意力如果发生了变化，就会直接影响到下面试点工作的实践者。同样，试点工作的实践者如果因"工作需要"而调转，则原有的试点工作就存在"搁浅"的极大可能性。此外，在对上负责的体制下，一些地方很难通过经济发展取得明显政绩的领导者，往往会顺应"上面"的某种精神，另辟蹊径，试图从党的代表大会常任制的试点这类工作上，找到彰显自己工作成绩的亮点，这就难免会使这种试点工作变味走样。

可见，县（市、区）党代会常任制试点工作面临诸多难题。如果知难而退，那么党的代表大会制度改革就会停滞不前，而且之前的所有努力也会付之东流；因而只有迎难而上，深化县（市、区）党代会常任制试点，在探索中吸取教训，总结经验，才能推动改革的进程。

39. 为什么要实行党代会代表提案制？

答：所谓"党代会代表提案制"，是指党代表大会召开期间，党代表以书面形式提出属于党代会职权范围内的意见和建议的制度。党的十八大提出实行党代表提案制，是党与时俱进精神品质的重要体现。

党的十八大提出"党代表提案制"，使推进党内民主有了新渠道。发扬和推进党内民主建设，有一个科学化的问题，有一个循序渐进的过程。在提出"党代表提案制"之前，党选择了一些地区行党代会常任制试点，推出了保障党员主体地位系列措施，普遍实行党的代表任期制，正是基于这些探索和基础，如今在全党实行"党代表提案制"，才有了足够的根基、土壤和氛围，才连贯了推进党内民主的通道。提出并实行"党代表提案制"，是水到渠成之举。

党的十八大提出"党代表提案制"，使落实科学决策有了新抓手。党代表提案制度是党代表任期制的延伸和保障，实行代表提案制度，把提案工作列入党代会重要议程，建立相应的提案办理和反馈制度，有利于激励和发动广大党代表围绕科学发展进行积极调研、认真思考、建言献策，有利于落实党代表的表达权、参与权、决策权、监督权，有利于促进党委决策的科学化和民主化，对于全面落实十八大提出的强国战略、富民思路、发展规划，具有十分重要的现实意义。

值得关注的是，有的地方还试行"党员提案制"，即创造性把党员的建议导入党务内部的议事决策制度，党委对一些重大事项，在作出决策之前要考虑党员的意见。实践表明，"党员提案制"作为基层民主制度的创新机制，有利于巩固党的领导，有利于在人民群众中树立威信，进而减少决策失误与提高党的领导与民众之间的亲和性，发展了人民民主。而人民民主与党内民主的共同建设，二者形成相互联系、相互促进、共同发展的局面要求我们既要看到党内民主对人民民主的示范和带动作用，又要正视人民民主对党内民主的渗透、影响和推动作用。只有党内民主与人民民主之间的有效互动、共同发展，才是党有效领导下的中国民主政治发展的重要动力资源，中国民主政治建设才能获得持续的进步和有序的发展，才能日益走向规范和成熟。

"党员提案制"，是推进党内民主建设，充分尊重党员的主体地位的实践和探索。一方面，由于党内民主的实质是党员参与和管理党内各项事务的权利，因此积极推进党内民主建设，必须紧紧抓住落实党员民主权利这一实质展开；另一方面，由于整体的基本权利是主体得以存在和发展的根本，所以党员的主体地位必然地与党员的民主权利紧密相关，而党员民主权利享有的多少与党内民主的发展进程紧密相连。正因为如此，党员作用的发挥，一是来自党员的政治使命感；二是来自党员的主动性和积极性，而这直接有赖于党内民主的发展。党的十八大报告指出："保障党员主体地位，健全党员民主权利保障制度，开展批评和自我批评，营造党内民主平等的同志关系、民主讨论的政治氛围、民主监督的制度环境，落实党员知情权、参与权、选举权、监督权。"作为积极推进党内民主建设的重点，既抓住了问题的实质，又为检验党内民主发展程度提供了重要判断标准，更为我们指明了党内民主发展的前进方向。

40. 为什么要完善党内选举制度？如何规范差额提名、差额选举？

答：党员的选举权，是党员享有的一项重要的民主权利，主要是指党员有根据自己的意愿选举党的各级组织的领导成员和各级党的代表大会代表的权利。党员的被选举权是指党员有被选举为党的各级领导机构成员和各级党的代表大会代表的权利。在党内，选举权和被选举权被赋予了每个符合条件的正式党员，任何组织和个人不得侵犯党员的这种正当权利。

但在实践中，由于党内选举制度的不完善，选举往往不能充分体现选举人的意志和意愿，因部分选举流于形式，党员的选举权和被选举权不能得到充分实现，这主要表现在以下方面：

一是候选人的提名方式存在缺陷，不能充分体现选举人的意志。《中国共产党地方组织选举工作条例》规定，党代表、委员会委员、书记、副书记等候选人的产生都必须经过充分酝酿讨论，在广泛听取意见的基础上，根据多数人的意愿确定。但在实际操作中却往往缺乏实施细则或流于形式。有些地方总是由上级提出候选人名单，然后由基层党组织开会进行表决，致使党员无法行使提名权。

二是候选人的介绍制度不完善，选举人的知情权不能得到有效保障。有些地方选举提供的候选人信息不全面，给选举人的知情权带来一定影响，甚至造成选择偏差；而有些地方的选举，掺杂了领导者的"意图"，在介绍候选人时会明显带有主观性的介绍，这不仅剥夺了选举人的知情权，而且还会在一定程度上误导了选举人，使他们难以作出客观公正的选择。

三是选举程序不规范，在一定程度上制约了党员的选举权。一方面，差额选举的范围和比例较小。目前，党内出现了差额选举比例失调现象，主要表现在差额比例较小、差额范围狭小、差额级别偏低。这样就容易造成少数人选少数人的现象。另一方面，选举的监督制度不健全，造成选举过程中常常出现拉选票、干扰选举现场等恶劣现象。

要切实保障党员的选举权和被选举权，就必须改革和完善党内现有选举制度，规范差额提名和差额选举。首先，实行差额提名和差额选举，候选人数多于应选人数，使党员或者党代表有选择的余地，便于党员或者党代表进行比较，真正按照自己的意愿好中选优。提供多个候选人供选举人选择，是选举的应有之意。其次，实行差额提名和差额选举，为选举注入了竞争机制，便于优秀人才脱颖而出，有利于打破干部能上不能下和论资排辈的种种弊端。再次，实行差额提名和差额选举，对干部提出了更高的要求，是一种激励和鞭策，有利于更好地发扬长处，克服缺点，树立全心全意为人民服务的思想。又次，实行差额提名和差额选举，还有利于推动干部管理部门改进工作，更加认真负责地选拔干部，加强对干部的教育、管理和监督，加强廉政和勤政建设。

规范差额提名、差额选举，应从以下两个方面着手：

一是改革和完善候选人推荐制度。要在党内进行充分酝酿的基础上，扩大候选人提名的民主推荐范围，采取多种推荐方式相结合的形式，例如可以将群众推荐、党员推荐和党组织推荐三者相结合，将自上而下和自下而上的推荐相结合，组织推荐和自我推荐相结合。当然，倡导多种推荐方式相结合，并不是鼓励那种不负责任或带有明显主观偏好的推荐行为。党组织要明确规定党员和群众提名的原则和比例，采取任何形式提出的候选人都必须以书面方式向大会主席团和同级党委提出，然后经过资格审查和群众信任投票后，才能被确定为候选人。在对候选人进行介绍的过程中，除了要介绍候选人的基本经历外，更重要的还在于对候选人的德能勤绩等方面进行考察，并结合提名过程中的民意基础，对候选人做出客观公正的评价。各地区还可以因地制宜，制定适合本地区经济社会发展状况的各种推荐方法或实施细则。

二是改革和完善竞争性选举制度。一方面，在选举中要扩大差额比例和范围，减少在差额选举中的差额名额安排的组织意图，保证差额选举必须是公正公平的真正的"差额"，而不是为体现领导意志而进行的形式上的"差额"。另一方面，在党内选举过程中，应该引入竞争环节。例如，候选人应该在选举人中进行自我介绍和自我推荐，选举人也可以对候选人进行提问和质询，候选人之间也可以通过公开的辩论来展示自己。在选举中引入竞争环节，有利于增加选举的透明度，使选举人对候选人有更加全面的了解，从而减少投票的盲目性。通过竞争性选举产生的干部，其产生方式是自下而上的，这些干部知道必须对选举他们的党员和群众负责，这样党员的主体地位也能得到充分体现。

41. 为什么要强化全委会决策和监督作用？

答：党的十八大报告强调，要强化全委会决策和监督作用。要完善党的地方各级全委会、常委会工作机制，发挥全委会对重大问题的决策作用。贯彻这一精神，充分发挥党的各级地方全委会的作用，是党的建设面临的重大课题，也是加强、改进领导体制和运行机制的重大要素。

强化全委会的决策和监督作用，是完善领导体制的关键。近些年来，各地普遍推行了减少副书记职数、扩大党政领导班子成员交叉任职、建立常委分工负责制的改革。此种改革，为进一步完善地方党委工作机制，优化党政班子结构，提高工作效率，发挥好党委总揽全局、协调各方的作用奠定了基础。围绕新的领导体制，构建新的工作运行机制，强化全委会的议事决策与监督功能，已成为加强地方党委领导班子建设的现实课题。

强化全委会的决策和监督作用，是提高执政能力的保证。党的各级地方全委会在推进改革、扩大开放、促进发展和维护稳定中肩负着重大责任。只有充分发挥党的各级全委会的作用，才能保证改革和发展健康顺利进行。党的各级全委会是在党的代表大会选举基础上建立起来的，作为一种集体领导制度，是党内民主的产物，是在党的代表大会闭会期间实现民主决策和民主监督的基本形式和制度，全委会的功能与作用的充分发挥是落实执政兴国的第一要务，是实现、发展和维护人民群众根本利益的保证，也是保证为人民掌好权、用好权的关键因素。

因此，强化全委会的决策和监督作用，既是"执政为民"的内在要求和重要体现，也是实现"执政为民"的根本保证。党的地方全委会要做到科学决策、民主决策和依法决策，必须在加强思想政治建设、作风建设的同时，进一步突出组织建设和制度建设，做到组织正规化、程序规范化、制度经常化。

坚持民主集中制的原则和制度，是处理好全委会与常委会关系，实行党内民主和党的集中相统一的基本准则。只有明确全委会的领导地位，才能保障全委会从一般例会变为有名有实的一级领导机构和监督机关。为了发挥全委会的领导监督作用，可以增加召开全委会的次数，审议党委纪委工作报告，对任用干部、重大决策和自身建设的情况作出评议。同时，应扩大全委会的议事决策范围，不仅要讨论决定本部门本单位年度或半年工作计划，听取和审查常委会例行工作报告，而且可以研究解决党委自身建设存在的问题及其他重大问题。如果重大问题的决定由人数较少的常委会扩大为由人数较多、结构更合理、代表面更广的全委会决定，党委决策将更加科学民主。此外，还应强化全委会有效的监督职能，通过建立相关制度，安排常委会定期向全委会报告工作、接受审议；常委每年都要向全委会述学述职述廉；常委会作出的重大决策，事后要接受全委会咨询和评议；需要常委会研究的重要议题，必要时事先征求全委会意见等，从而把常委的工作始终置于全委会及时有力的监督之下。

42. 为什么要完善常委会议事规则和决策程序？

答：在各级党代表大会和委员会会议闭会期间，作为由同级委员会选举出的党委常委会是领导机构，其主要职责是用干部和做决策。在总结一些地方党委探索经验的基础上，党的十七届四中全会通过的《中共中央关于加强和改进新形势下党的建设若干重大问题的决定》明确提出完善党委常委会议事规则和决策程序。党的十八大对此加以重申和确定，意义重大。

完善常委会议事规则和决策程序，有利于科学界定党委全委会和党委常委会之间的职权边界。党的十八大一如既往地强调发挥全委会对重大问题的决策作用，完善常委会议事规则和决策程序。这就意味着完善党委常委会议事规则和决策程序，应当在发挥全委会对重大问题的决策作用、党委常委会向全委会定期报告工作并接受监督的前提和框架下进行思考，意味着凡是全委会拥有和行使决策权的事项具有排他性，党委常委会就不能拥有和行使其决策权，除非党委全委会授权给党委常委会行使。从目前的实际情况来看，各级地方党委全委会主要采取全权委托授权的方式，体现在地方党委常委会议事决策规则中：地方党委常委会研究确定本地方经济社会发展和改革开放的战略部署、指导方针和重大决策，对全区经济建设、政治建设、文化建设、社会建设和党的建设等方面的重要问题作出决定。这不利于发挥全委会对重大问题的决策作用。制定和完善地方党委全委会决策议事规则，明确党委全委会议事决策的范围和程序，改变过去对常委会全权委托授权为有限委托授权，对地方经济社会发展战略确定和调整等重大问题决策必须保留在全委会决定，不能用常委会决策替代全委会决策。地方党委常委会只能在执行地方党委全委会决定的层面进行具体决策。

完善常委会议事规则和决策程序，有利于提高议事和决策的客观性、科学性。近年来，为了完善党的地方领导体制的工作机制，党的地方各级常委会陆续制定和颁布了地方党委常委会议事（决策）规则，跟过去没有任何规则相比较而言，是一个进步，但在一定程度上走入了"自己给自己制定规则"的逻辑误区，带来的直接后果是严重影响议事（决策规则）的客观性、科学性。比如，有的地方规定，地方党委常委会议题只能由县（市、区）委书记提出和决定（确定）；有的地方规定在地方党委常委会讨论和决定重大问题时，常委们必须认真准备、积极发言、提出自己的看法、意见、建议和方案，这一规定确实体现了民主决策的原则和精神，但是，关于如何进行"民主集中"，却规定由会议主持人来集中大家的意见、由会议主持人来正确集中大家的意见或由会议主持人来集中大家正确的意见，而会议主持人都规定是市委（州委）书记、县（市、区）委书记。这些规定赋予了书记们太大的"自由裁量权"空间，使得体现民主决策原则和精神的科学规定的执行完全取决于书记的民主素质的高低和民主作风的好坏，其不确定性和风险性太大。要纠正目前地方党委常委会议事（决策）规则存在的这些问题，只有完善常委会议事规则和决策程序，例如由地方党委全委会来讨论、制定和通过、颁发地方党委常委会议事（决策）规则是一种比较行之有效的可行办法。

43. 为什么要完善地方党委讨论决定重大问题和任用重要干部票决制？

答：完善地方党委讨论决定重大问题和任用重要干部票决制，

是党的十八大报告提出的一项具体要求。票决制的提出和实践，是对传统党委议决制决策模式的重大超越。党委票决制是党的全委会或常委会在决定各级党组织的重大问题时，实行党委委员或常委一人一票，让委员或常委既有权充分表达自己的意见，又能平等地行使自己一票的权力，最后以得票超过法定票数的候选人或方案获得通过，形成决定并当场公布的一种党委决策的制度安排。

在中国共产党的历史上，曾采用鼓掌通过、举手投票、记名投票、无记名投票等形式来表达党员意志、体现党内民主。但由党代表选举产生的党的委员会，却很少采用票决的形式决定党的重大问题。党的十一届三中全会以来，基于发展党内民主的需要，党在对"文化大革命"严重背离党的集体领导造成严重危害的反思中，分析了党委书记过度集权的决策体制的弊端。邓小平尖锐地指出："权力过分集中的现象，就是在加强党的一元化领导的口号下，不适当地、不加分析地把一切权力集中于党委，党委的权力又往往集中于几个书记，特别是集中于第一书记，什么事都要第一书记挂帅、拍板。党的一元化领导，往往因此而变成了个人领导。"①在反思过程中，党委的决策体制和机制需要进行改革的呼声出现，一个具体体现就是实行党委票决制。

票决制的提出和实践是对传统党委议决制决策模式的重大超越。党委议决制和党委票决制的区别主要有以下几点：

一是贯彻民主集中制的程度不同。在票决制中，书记的一票和委员或常委的一票价值相同，这便于每个党委委员或常委自由、民主地表达意愿，在此基础上按照少数服从多数的原则形成正确的集中。而议决制在进行表决时，书记的意见与其他委员或常委的意见价值往往是不相当的，极易出现书记个人集权、个人决定重大问题，以集体领导的名义掩盖个人专断的实质的情况。因此，在贯彻民主集中制的程度上，票决制要明显地优于议决制。

① 《邓小平文选》第二卷，人民出版社1994年版，第328页。

二是运作程序的差异。票决制在运作程序上可以分为先后相继的、缺一不可的两步，第一是"议"，第二是"决"。而议决制虽然也强调"议"和"决"两个程序，但它的讨论和表决或者经常混在一起，或者出现缺失，"议而不决"、"决而不议"、"以议代决"的情况不同程度地存在。

三是形成决议的依据不同。票决制形成决议的依据是党委成员一人一票的表决结果，得票超过法定票数的人选或议题才能得以通过，并形成决议。得不到法定票数的人选或议题即使党委书记再坚持也没有用。而议决制形成决议的依据主要是党委书记或其他主要领导根据党委成员的讨论集中而成的意见，不依靠党委成员的集体投票表决。

四是制约权力的程度不同。票决制以一人一票的投票方式进行表决，客观上形成了对党委主要领导人的权力制约，防止了权力专断或权力过分集中情况的出现。而议决制在讨论决定中，经常会出现主要领导人的意见左右决议形成的情况，造成少数人说了算和少数人的集权，不能对少数人的权力形成有效的制约。

实行票决制，落实了民主集中制"少数服从多数"的原则，使民主集中制原则成为一种可量化、可操作的制度。在票决时，每个委员或常委只有一票，最后得票按少数服从多数的原则进行决策。这就从制度上杜绝了少数人说了算的情况，提高了干部任用的民主化水平。

票决制提高了党委决策的科学化程度。票决制的最大特点是"议"、"决"分离，在"议"的基础上进行"决"，每个党委委员或常委都能够根据自己平时掌握的情况充分地发表意见。通过这样的"议"，大家能够从不同角度、不同层面了解和掌握每个拟任用人选或决策方案的真实情况，为党委集体的最后表决提供了基本依据，从而提高了党委决策的科学性。

票决制使干部选拔阶段的民主化向决策任用阶段进发。在议决制模式选拔任用干部的状态下，干部工作中的民主化主要体现在对干部的民意测验、民主测评、民主考察、民主推荐、考察预告等选拔阶段的民主上。实行票决制把党委的民主投票结果作为是否任用干部的唯一标准，这就将干部选拔任用工作的民主化从选拔阶段推进到任用阶段，从而提高了干部选拔任用工作的民主化水平。

票决制为党委成员充分表达个人意见创造了宽松的环境，有利于加强党委内部的监督。实行票决制解决了党委成员在党委会上"不敢说"和"不愿说"的两大难题。它以较为完备的制度明确了决策程序和决策要求，建立起一种能为班子每位成员充分表达个人意见提供平等机会、创造宽松环境的新机制，同时也为班子成员之间的相互监督提供了制度化的手段。

票决制促进了党委选人标准的转变。实行票决制的情况下，干部任用的决定由党委集体以一人一票投票的方式做出，这一方面堵塞了一些人跑官要官的渠道；另一方面也减少了干部任用的随意性和盲目性，为党委转变选人标准，真正做到"用好的作风选人，选作风好的人"打下了坚实基础。

票决制弥补了议决制之不足。党委议决制是指党委在决定各级党和社会的重大问题特别是干部任免时，由党委书记带领党委成员对议题首先进行讨论，在讨论的基础上，或书记提出一个决策建议大家议论，如果没有意见就算通过；或大家以口头的形式对议题表示意见，一般是书记先表态或最后表态，最后以"书记表态影响下"的多数党委成员的意见为根据作出决策。票决制在讨论组重大问题、作出重大决策或决定重要人士任免时，由党委集体以一人一票投票的方式作出决定，从而弥补了议决制的不足。

44. 如何扩大党内基层民主？

答：扩大党内基层民主，根本在于提高党员的民主意识。发展党内民主的目的，就是要最大限度地激发党的创新活力，归根到底，就是要充分调动党员参与党内事务的积极性、主动性和创造性。但是，由于部分基层党组织立足于"管"，习惯于"统"，对民主的宣传不够，集中强调得多，民主坚持得少，组织意图强调得多，群众意愿尊重得少，党员义务要求得多，党员权利落实得少；有的基层党组织负责人官僚作风严重，搞"一言堂"，个人说了算，致使党员的主体地位得不到充分体现，一定程度上削弱了党员民主参与热情。因此，必须把提高党员的民主意识作为当前的一项重要任务，着力营造坚持民主、促进和谐的浓郁氛围。

扩大党内基层民主，重点在于增强党员的整体素质。目前，基层党员特别是农村党员呈现出年龄老化、作用弱化、思想僵化、整体素质偏低的现象，有的党员对民主的认识出现偏差，认为民主只是形式，是骗人的东西，是掩人的把戏，集中才是目的；有的党员认为党内民主对自己的影响不大，事不关己、高高挂起，对党内活动漠不关心；有的党员表达民主意愿人情化、利益化严重，习惯见风使舵，看势行事，使党员民意表达不客观，民主决策水平不高，党员的主体地位体现很少。因此，要加强对党员学习教育的激励，努力营造浓厚的学习氛围；要充分整合教育资源，创新教育方式，做到理论与实践相结合，全面增强党员的党性修养、理论素养和实践技能，提高广大党员的议事能力，从而提升党内基层民主的整体水平。

扩大党内基层民主，核心在于落实党员的民主权利。落实好党员的民主权利，必须充分尊重党员的主体地位。只有党员的主体地位和权利得到充分肯定和保障，党员的价值才会得到实现，主体意识才会得到增强，党员才会自觉地行使权利、履行义务，增强荣誉感和责任感，更好地发挥先锋模范作用。只有发展党内民主，充分调动广大党员参与党内事务的积极性、主动性和创造性，广泛集中全党智慧，才能使我们党坚持正确的政治方向，作出科学的决策，永葆生机和活力。

扩大党内基层民主，关键在于完善党内的民主制度。发展党内基层民主，增强党的创新活力，关键在于制度的保障和创新。因此，要以建立完善党内民主制度为重要抓手，坚持以创新党务公开形式和扩大党务公开范围为重点深化党务公开；以改进候选人提名制度和选举方式为重点改革党内选举制度；以发挥代表作用为重点试行乡镇党代会年会制和县（市、区）党代会常任制，进一步建立和完善党内情况通报制度、情况反映制度、重要决策征求意见制度、党员和党代表议事制度，着力营造有利于各抒己见、畅所欲言的民主讨论氛围，使党员和基层党组织对党内重大事务有更多的知情权、参与权、选择权、决策权和监督权，为发展党内基层民主提供重要的制度保证。

45. 为什么要完善党员定期评议基层党组织领导班子等制度？

答：基层党组织建设好不好、有没有成效，关键在于基层党组织领导班子。如何衡量领导班子是否具有高素质？党员定期评议基层党组织领导班子等制度是一种很有效的检验制度，它可以起到教育、管理和监督领导班子成员作用，能够更有针对性地搞好领导班子的思想作风建设。完善党员定期评议基层党组织领导班子等制度，对于推进基层党组织建设起着很重要的意义。

富有成效的民主评议需要基层党员、群众的积极参与。近几年来在一些基础党组织的民主评议活动中，"批评与自我批评"的作风坚持得不是很好，评议中讲优点多，讲缺点少，对不足的批评并没有达到触及灵魂的作用，许多基层党员、群众对民主评议抱着一种无所谓的态度，没有认真对待，出现了一些被动应付、走过场的现象，致使民主评议的质量受到影响。一个重要的原因就是基层党员、群众对民主评议作用抱有怀疑心理，党员、群众难以看到评议结果对领导干部使用的影响，因而易于产生"年年评议，年年如此"的厌烦心理。一直以来，在一些地方基础组织中，对领导干部的任免遵循着一个潜规则"能上不能下"，即使是在民主评议中不合格，往往是任期满后调个单位重新担任领导职务，除非是有了违纪违法的行为。只有将民主评议结果真正作为领导干部任免的一个最重要的依据，使领导干部的任免权真正掌握在基层党员、群众手中，基层党员、群众才会认真对待、行使自己的权力。

基层党员、群众不认真对待民主评议的另一个原因，就是对民主评议结果处理时效的不满意。参加评议的人员都有这样的心理，希望评议后，组织上能对评议结果及时作出反应，如果这一愿望多次不能兑现，参加评议的人员积极性便会受挫。一个基层领导干部的任期是三四年，即使是评议不合格，也是照样任期满后才会调整，这样看不出评议的作用在哪里。如果说改革任免时间，一旦在民主评议中被评为不合格，就应该将不合格的成员在短时期内免除领导职务，再经民主程序推选出新的领导成员，这样才能不断激发党员、群众参评的积极性。

完善评议制度必须完善评议标准的设置。基层党组织在设置领导班子成员评议标准时，基本上是以德、能、勤、绩为基础来进行综合评价，按优秀、合格、不合格三个档次进行测评。基层党员、群众在对其一年的工作评议时的依据往往是评议对象的述职报告，述职报告常常几千字，甚者上万字，其中有许多空话、套话，真正反映评议对象工作成绩的却寥寥数语，党员、群众一般只能根据总的印象进行测评，对过细的内容很难有全面而准确的了解。为了让党员、群众准确的评议，可让评议对象按照年初建立的岗位责任制的要求，即各个岗位上的领导班子成员应按其所承担的主要职责和工作目标简单具体明确地介绍自己一年做了哪些工作，在单位工作中起了什么作用。只有这样，党员、群众才会对评议对象的工作有清晰的认识，才能进行准确的评议。

加强民主评议结果的后处理力度。后处理相对于"预处理"。为了保证民主评议领导班子成员取得实效，应将督导制度移植到领导班子评议中来。在基层民主评议工作完成以后，为了体现激励和教育、警示作用，民主评议的结果应向党员、群众公示，上级党组织应对基层领导班子民主评议工作进行检查、验收。民主评议的结果有三种：优秀、合格、不合格。优秀说明领导班子成员在认真工作，这种结果是最好的，这就需要上级部门对他们进行表彰，将优秀领导干部的事迹通过多种形式加强宣传，促进其发扬成绩，把好的东西坚持下去。合格则说明还存在着一定的差距，需要领导班子成员认真审视一年的工作，是哪一点、哪一项工作不够完善，在下一阶段如何来进行改进，克服不足，提高个人素质，改善工作情况，将党和群众交给自己的工作做得更好。不合格这种结果说明存在着很严重的问题，这就需要在评议后对班子成员一年来的工作进行严格审查，重点是思想道德、财务状况，找到群众不满意背后的真相，才能依纪、依法对不合格领导干部进行查处，真正发挥民主评议的作用。

46. 为什么要推行党员旁听基层党委会议、党代会代表列席同级党委有关会议等做法？

答：推行党员旁听基层党委会议、党代会代表列席同级党委有关会议等做法，能够广泛凝聚广大党员的智慧，促进党委民主决策、科学决策，使党的各项工作顺民心、得民意，不断巩固党的执政基础，是促进党务公开、推进党内民主的重要举措，是加强党的执政能力建设、先进性和纯洁性建设的必然要求。

推行党员旁听基层党委会议、党代会代表列席同级党委有关会议等做法是认真落实党员的知情权、参与权和监督权，切实保障党员主体地位，充分发挥党员在党内生活中的主体作用的需要。

第一，保障党员的知情权。党员享有知情权，是发展党内民主，保障党员权利的逻辑起点。如果党员无法很好地行使知情权，不仅参与党内事务的能力被自然削弱，也难以激发广大党员的积极性、主动性和参与性。因此，必须健全党务公开制度，切实保障党员的知情权。保障党员的知情权，一是要大力推进党内重要事项通报制、党内重要事项研讨制、党代表或党员听证制、党员意见征集制等制度的建设，适当扩大各级党的代表大会会议文件征求意见稿的征求范围；二是要不断提高党组织工作的开放度和透明度，逐步做到事关党的重大问题都要以适当的方式在适当的时间向党内公开，给广大党员参与党内事务、发挥党员主体作用提供必要条件。

第二，保障党员的参与权。党员参与党内事务，是推进党的决策科学化、民主化，增强党的生机和活力的重要条件。各级党委应当充分听取党员和基层党组织的意见，同时鼓励党员广泛参与党的大政方针的决策过程，营造党内畅所欲言的民主讨论氛围。

第三，保障党员的监督权。党员是党内监督的主体和力量源泉，实践证明，党员监督权的有效落实能够激发党员参与党内事务的热情。然而从实际情况来看，虽然党章和党内有关制度明确了党员对党内领导机关、领导干部的监督权，但是缺乏具体明确的操作性规定，党员难以切实行使监督权。必须建立健全党内监督各项制度，结合实际增强规章制度的可行性与可操作性，切实保障党员监督权的有效行使。

47. 为什么要增强党内生活原则性和透明度？

答：在深化改革扩大开放和发展社会主义市场经济的条件下，如何从提高党的战斗力和凝聚力出发，改变党内生活中党性原则弱化的现象，不断增强党内生活的原则性，是摆在各级党委和每位党员干部面前一个亟待解决的重要课题。

近些年来，我们党在建设中国特色社会主义的伟大实践中，十分重视自身建设，并取得了很大进步，这是应充分肯定的。但毋庸讳言，由于国际国内诸多因素的影响，党内生活中原则性弱化问题也显得较为突出，甚至在一些地方的少数领导班子和干部中已发展到较为严重的地步。党内生活原则性弱化的表现，反映在少数领导班子中：一是遇事从本单位和小团体的利益出发，违背局部服从全局的原则，只考虑本单位利益，不顾及长远和全局；对上级的政策规定，与自己有利的就执行，无利的就不执行，搞"上有政策，下有对策"，甚至集体违纪，闯红灯。二是在领导班子研究和决定重大问题时，不严格按民主集中制原则办事，民主不充分，集中缺依据，个人说了算，做出偏离甚至违反上级规定的错误决策和决定。三是党内缺乏积极的思想斗争，民主生活会批评与自我批评开展不起来，即使批评也是轻描淡写谈情况，转弯抹角提希望，党内生活缺乏严肃性。四是处理问题不较真碰硬，怕影响单位和班子的团结，怕得罪人；对失职渎职、搞腐败和不正之风的人，不严格按党纪条规办事，失之于软，失之于宽，等等。反映在党员干部个体上：有的在关系党和国家命运与前途的重大原则问题上，立场不坚定，旗帜不鲜明，或者人云亦云，随波逐流；有的在处理上下级的关系上，按上级领导的口气说话，投其所好，观眼色行事，报喜不报忧，"不怕群众不满意，就怕上司不如意"，甚至把正常的上下级关系变成人身依附关系；有的在工作中拉拉扯扯，吹吹拍拍，不讲大局讲关系，不讲原则讲义气，宁可原则不遵守也不让个人感情关系受影响；有的在履行工作职责中，不给好处不办事，给了好处乱办事；有的为了拉选票，一味迎合一些人的错误意见，想方设法满足一些人的不合理要求，用损害人民根本利益的办法讨好一部分人；有的违背在党纪国法面前人人平等的原则，把自己看作"特殊党员和公民"，一听监督就"躁"，一听批评就"跳"；有的违背表里如一、言行一致的原则，当面是一套，背后是一套，说的是一套，做的是另一套，等等。这些问题的存在，严重侵蚀了党的肌体，败坏了党的风气，影响了党的领导班子和干部队伍的威信，降低了党组织的战斗力和凝聚力。对此，广大党员和人民群众看在眼中，急在心里。改变党内生活中的原则性弱化问题，确实到了应该引起重视、非抓不可的时候了。

与此同时，我们也要看到，在总体上党内生活透明度不断提升的同时，一些地方党组织也存在着党内生活不公开不透明的问题，带来严重的后果，必须认真加以解决，增强党内生活透明度。

第一，增强党内生活透明度是实现党内民主的需要。一些地方党组织存在的党内生活不公开不透明的现象与党内民主背道而驰。党内民主是指党员和党组织的意愿、主张的充分表达和积极性、创造性的充分发挥。党内民主包括民主选举、民主决策、民主管理、民主监督四大部分。中国共产党所有党员不论职务高低，都享有党章规定的权利并应履行其义务；党的各级领导机关应由选举产生；党的各级委员会实行集体领导和个人分工负责相结合的制度；党内讨论决定问题实行少数服从多数的原则；党员有权了解和直接参与党内事务的权利。而党内生活不透明甚至暗箱操作影响党内民主的实现，不利于党的创造力的发挥。增强党内生活透明度，有益于实现党内民主。

第二，增强党内生活透明度是保证党内活动公正公平的需要。一些地方党组织存在的党内生活不公开不透明的现象，影响着公开公平公正原则的实施。公开公平公正原则有着一种必然的联系，公开透明是公平公正的基础和前提，公平是公开要达到的结果，是公正的前提，公正是公开透明的目的和结果。离开公开透明，很难谈公平和公正。只有首先公开透明，并建立相应的制度保障，才能进一步实现公平和公正。如果不公开不透明，党员无法监督党组织和领导，这就很难保证党内活动的公正和公平，同样不利于发挥党员的积极性主动性创造性。

第三，增强党内生活透明度是反腐败斗争的需要。一些地方党组织存在的党内生活不公开不透明的现象，是腐败分子得以腐败的温床。腐败是一种历史现象，它的主要表现是贪赃枉法、行贿受贿、敲诈勒索、权钱交易、挥霍人民财富、腐化堕落等现象。出现这些现象的一个重要原因是缺乏监督，缺乏透明度。这种暗箱操作行为的滋长，为一些别有用心的人提供可乘之机，使这些人得以利用手中掌握的权力和他掌管的社会公共资源谋取私利，通过不同的手段和方法，化公为私、徇私枉法、贪污受贿，攫取人民的财富，产生腐败。而增强党内生活透明度，让权力在阳光下运行，有助于惩治和预防腐败。

第四，增强党内生活透明度是密切党群关系的需要。在党内，党员在党的建设中居于主体地位。但由于体制不健全，存在着党内生活不透明的情况，其知情权得不到落实，也影响了参与权、监督权的行使，在我国，人民是国家和社会的主人，是公共权力的授权者，是公共财产的所有者和监督者。中国共产党是执政党，人民对各级党组织的重大情况有权知晓和监督，否则就会影响党和政府在人民中的威信和公信力，损害党群关系。而增强党内生活透明度，有助于密切党群关系，增强普通党员和民众对党组织的信任，从而团结在党组织的周围，共同做好改革和发展工作。

48. 为什么要深化干部人事制度改革，建设高素质执政骨干队伍？

答：党的十八大提出深化干部人事制度改革、建设高素质执政骨干队伍的要求，同时指出，坚持和发展中国特色社会主义，关键在于建设一支政治坚定、能力过硬、作风优良、奋发有为的执政骨干队伍。深刻领会十八大这一要求，对进一步深化干部人事制度改革和全面提高党的建设科学化水平具有重要意义。

改革开放以来，党积极推进干部人事制度改革，创造性地提出干部队伍要革命化、年轻化、知识化、专业化，即"四化"方针，明确了新时期干部队伍建设的根本指导方针。党的十二大通过的党章首次将干部"四化"方针确立为党的干部队伍建设的指导方针，其后历次党的全国代表大会修改后的党章都对此予以坚持和强调。进入新世纪，党积极推进干部工作的科学化、民主化、制度化，颁布实施《深化干部人事制度改革规划纲要》和《党政领导干部选拔任用工作条例》等系列政策法规，逐步形成了相互配套、有机衔接、较为完备的干部人事工作制度体系。2009 年 12 月，党再次颁布实施《2010—2020 年深化干部人事制度改革规划纲要》，坚持民主、公开、竞争、择优，全面深化干部人事制度改革，干部人事改革工作呈现整体推进的新局面。

改革开放以来，我国干部人事制度改革取得了显著成效，极大地调动了各级各类干部的主动性、积极性、创造性，增强了干部人事工作活力，全面提高了干部队伍素质，为中国特色社会主义事业提供了坚强的组织保障。当前及今后一个时期，面临新形势新任务，我们要继续深化干部人事制度改革，为夺取中国特色社会主义新胜利、全面建成小康社会，努力建设一支政治坚定、能力过硬、作风优良、奋发有为的执政骨干队伍。

深化干部人事制度改革，是深入贯彻落实科学发展观、实现全面建成小康社会宏伟目标的迫切需要。深入贯彻落实科学发展观、全面建成小康社会，是当前和今后一个时期我们党的中心任务，是党的政治路线在现阶段的集中体现。党的组织路线是为党的政治路线服务的。政治路线确定之后，组织工作就要及时跟进。只有进一步深化干部人事制度改革，建设高素质执政骨干队伍，才能为实现党的中心任务提供坚强的组织保证。

深化干部人事制度改革，是发展社会主义民主政治的迫切需要。坚持走中国特色社会主义政治发展道路、建设社会主义民主政治，是中国特色社会主义事业总体布局的重要组成部分。随着我国经济社会的不断发展，人民群众政治参与积极性不断提高，深化政治体制改革、发展社会主义民主政治的要求日益迫切。而干部人事制度改革是政治体制改革的核心内容，只有切实落实人民群众选择人民公仆的权利，尊重和保障广大党员对执政骨干的选择权，才能充分调动党员、群众政治参与的积极性，推动社会主义民主政治健康发展。

深化干部人事制度改革，是增强我国政治竞争力、体现制度优越性的需要。随着经济全球化不断深入发展，我国不仅要应对激烈的经济竞争、科技竞争、文化竞争，而且要应对激烈的思想竞争、制度竞争、政治竞争。国际金融危机暴露出西方政治经济制度的缺陷，显示出中国特色社会主义制度的优越性。但是，一种制度的优劣，不仅要看其产生的历史必然性和现在的表现，而且要看其适应时代要求和人民愿望进行自我革新的能力。干部制度竞争力是国家政治制度竞争力的核心要素。我们要在激烈的国际政治竞争中赢得主动，就要进一步深化干部人事制度改革，为培养造就高素质的执政骨干队伍提供优良的制度保障。

深化干部人事制度改革，是解决干部工作中的突出问题、提高选人用人公信度的迫切需要。改革开放以来，我国干部人事制度取得了重大进展，但一些深层次矛盾和问题还未得到根本解决。譬如，干部选拔任用的民主机制尚不健全，"少数人在少数人中选人"问题没有根本改变，少数人特别是"一把手"个人说了算的现象在一些地方和部门依然存在，民主推荐、民主测评的科学性和真实性还不够高，反映民意、尊重民意不够与民意失真现象同时存在；干部选拔任用中拉票问题比较突出，实际工作中存在简单以票取人现象，导致一些干部怕丢票，不敢坚持原则和大胆负责；干部竞争择优机制不够完善，优秀年轻干部脱颖而出的渠道还不够畅通，干部能上不能下、能进不能出的问题仍未得到有效解决；干部约束激励机制不够有力，一些地方和单位干部管理失之于宽、失之于软，对"一把手"缺乏严格有效的监督；选人用人上的不正之风屡禁不止，整治吏治腐败的任务仍很艰巨。这些问题尽管不是主流，但已经严重影响了选人用人的公信度。解决当前干部人事工作中的突出问题，必须进一步深化干部人事制度改革，不断提高干部人事工作的科学化水平。

49. 为什么要坚持党管干部原则?

答: 党管干部，是党的领导在干部工作中的重要体现。无论党内干部、还是党外干部，无论党政机关干部、还是国有企业事业单位或人民团体干部，都要接受各级党委（党组）及其组织部门的领导和管理。其主要内容：一是由党的组织部门来实施干部的选择、使用、调动和日常监督；二是由各级党委来决定干部的使用；三是党对使用干部和干部用权的全过程进行监督，保证党的路线方针政策得到贯彻落实，保证党的目标得以实现。党管干部原则是对干部工作实行领导和对干部队伍进行管理所必须坚持的原则。

党对干部工作实行领导，是党的性质和执政地位决定的，是实现党的领导的组织保证。党管干部的核心内容，就是要求各级党组织抓好党的组织路线、干部政策的贯彻执行，坚持用人标准，并按照民主集中制的组织原则，选拔、任用德才兼备的优秀干部。

坚持党管干部原则，是我国干部人事制度的鲜明的政治特色。用人权是最重要的执政权之一，放弃党管干部原则就等于放弃党的领导、放弃党的执政地位。坚持党管干部原则对坚持党的领导、巩固党的执政地位有着重大意义，是干部人事制度改革沿着正确方向前进的根本保证。干部人事制度改革的每一项措施，都应有利于加强而不是削弱党的领导，有利于巩固而不是动摇党的执政地位。因此，党管干部原则是干部人事制度改革必须始终坚持的基本原则，任何时候都不能动摇。

坚持党管干部原则，在新形势下需要创新党管干部方法。创新党管干部方法，就是要遵循现代化人力资源管理的客观规律，把党的组织优势同市场机制有机结合起来。创新党管干部方法必须坚持群众公认原则，扩大人民群众在干部选任工作中的知情权、参与权、选择权和监督权，实行干部工作中的民主化、科学化、制度化。所谓民主化，就是要落实人民当家做主的权利，保障群众对干部的选拔任用，充分享有相应的权利；所谓科学化，就是要遵循干部人事管理的客观规律，建立公开、平等、竞争、择优的用人机制，实行宏观管理与分类管理相结合的管理体制，广泛采用先进的方法和手段；所谓制度化，就是要以制度建设为根本，建立健全干部人事管理的法律法规体系，实行依法管理。其核心和要义就是不断扩大民主，实行广泛的群众参与，建立群众公认与组织管理相结合的科学管理体系和机制。

50. 为什么要坚持五湖四海、任人唯贤？

答：在选人用人上，是坚持五湖四海、任人唯贤，还是任人唯亲，拉山头，搞小圈子、小团体，是区分马克思主义政党与非马克思主义政党的重要标准。中国共产党除了人民利益，没有自己的特殊利益。党的性质和宗旨，决定了党在选人用人上能够做到五湖四海、任人唯贤，能够克服一切剥削阶级政党选人用人的狭隘偏私和局限，用崇高的事业感召人才、培养人才、造就人才，为一切忠于人民、扎根人民、奉献人民的人们提供施展才华的宽广舞台。事实反复证明，坚持五湖四海、任人唯贤是调动广大党员干部积极性，营造心齐气顺、风正劲足良好氛围，有效防止选人用人不正之风，不断增强党的创造力、凝聚力、战斗力的重要保证。邓小平曾经深刻指出，能容忍各方面、团结各方面是一个关键。"小圈子那个东西害死人呐！很多失误就从这里出来，错误就从这里犯起。"①

坚持五湖四海、任人唯贤的选人用人原则，是中国共产党的性质和宗旨的必然要求。90多年党的发展历程告诉我们，始终坚持这一崇高原则，为赢得人才优势、赢得人民拥护和支持提供了重要保证，也是党领导革命、建设和改革谱写一个又一个光辉篇章的重要经验。中国特色社会主义道路能不能越走越宽广，中华民族能不能实现伟大复兴，很大程度上取决于我们能不能不断培养造就大批优秀人才，取决于我们能不能让各方面优秀人才脱颖而出、施展才华。1944年毛泽东在《为人民服务》一文中就曾指出："我们都是来自五湖四海，为了一个共同的革命目标，走到一起来了。"他强调，

① 《邓小平文选》第三卷，人民出版社1993年版，第301页。

所有干部"都是一个父母生的"，都是党的宝贵财富。他就选举时要不要照顾各个方面、要不要照顾山头的问题明确回答，要照顾才好。中国革命有许多山头，即有许多根据地，白区也有许多块，这就是中国革命的实际，离开了这个实际，中国革命就看不见了。有山头不是坏事，坏的是山头主义、宗派主义。改革开放以来，党深刻总结中外政党执政兴衰的历史经验，认为一个地方、一个单位，如果小圈子盛行，势必正气不彰、人心不齐、事业不振。强调要坚持任人唯贤，坚持公道正派，反对任人唯亲；按照革命化、年轻化、知识化、专业化方针选拔干部；深化干部人事制度改革，完善干部选拔任用机制；提出坚持五湖四海、任人唯贤的原则和德才兼备、以德为先的用人标准。这对于开创人才辈出、人尽其才、才尽其用的生动局面，使党的事业始终保持蓬勃朝气，起到极大的促进作用。

贯彻党的十八大精神，推动科学发展，实现全面建成小康社会的宏伟目标，夺取中国特色社会主义新胜利，迫切需要把各方面优秀人才集聚到党和国家事业中来，迫切需要各级党委、组织人事部门以更宽的视野、更高的境界、更大的气魄，广开进贤之路，及时发现、合理使用各方面优秀干部。要坚持凭实绩使用干部，让能干事者有机会、干成事者有舞台，不让老实人吃亏，不让投机钻营者得利，让所有优秀干部都能为党和人民贡献力量。

51. 为什么选人用人要坚持德才兼备、以德为先？

答：坚持德才兼备、以德为先的用人标准，是党在长期执政条件下保持干部队伍的先进性和纯洁性的根本保证。德与才是干部素质不可或缺的两个方面，有德无才，难以担当重任；有才无德，则将贻害党的事业。经过30多年改革，我国干部队伍的年龄结构、知识结构、专业结构都发生了历史性变化。现在一些干部出问题，主要不是出在才上，而是出在德上。坚持德才兼备、以德为先，突出德的首要标准，抓住了当前领导班子和干部队伍的关键。我们党的干部标准是德才兼备、以德为先，德的核心是党性。党的十七届四中全会通过的《中共中央关于加强和改进新形势下党的建设若干重大问题的决定》指出：坚持德才兼备、以德为先用人标准。把干部的德放在首要位置，是保持马克思主义执政党先进性和纯洁性的根本要求和重要保证。党的十八大报告在阐述干部人事制度改革时再次重申了这一标准。德才兼备、以德为先的标准具有很强的现实针对性，我们要把它贯彻到干部人事工作的全过程中去。

德才兼备、以德为先的用人标准，是新时期党的干部工作的重要指导方针。深刻理解和全面贯彻这一用人标准，具有极其重要的意义。用什么样的标准选人、是否把干部的德放在首要位置，是判断一个政党先进性的重要标准。选拔任用干部要注重才能，更要注重品德，使各级领导权特别是党和国家领导权牢牢掌握在忠于党、忠于国家、忠于人民的干部手中，对于确保党的先进性和纯洁性，具有决定性作用。干部队伍的素质如何，直接影响着党的先进性和纯洁性。

第一，坚持德才兼备、以德为先的用人标准，是全面提高干部队伍素质的需要。现在的干部学历层次比较高、知识面比较宽、思想比较活跃、开拓创新精神比较强，但由于部分干部缺乏严格党内生活锻炼和重大政治风浪考验，党性修养、作风养成和道德品行有所不足，许多干部出问题往往不是出在才上，而是出在德上。群众有意见，也主要是对干部德的表现不满意。因此，为保持党的先进性和纯洁性，必须坚持德才兼备，突出以德为先的用人标准。

第二，坚持德才兼备、以德为先的用人标准，必须正确把握干部德的重点。党的十七届四中全会通过的决定提出了当前和今后一个时期干部德的重点：一是是否忠于党、忠于国家、忠于人民。二是是否确立正确的世界观、权力观、事业观。世界观、权力观、事业观，是领导干部的修德之本。三是是否真抓实干、敢于负责、锐意进取。领导干部要坚持一切从实际出发，说老实话、办老实事，埋头苦干、不事张扬；坚持原则、敢抓敢管，面对困难、勇挑重担，出现失误、勇于负责；始终保持积极进取的精神状态，以改革创新精神研究新情况解决新问题，不断取得新成绩。四是是否作风正派、清正廉洁、情趣健康。在目前社会环境比较复杂的情况下，这方面显得尤为重要。

52. 为什么考察干部要坚持群众公认、注重实绩？

答：群众公认、注重实绩原则，是 2002 年中共中央印发的《党政领导干部选拔任用工作条例》明文规定的选拔任用党政领导干部必须坚持的原则之一，是党的群众路线和马克思主义认识论在干部工作中的体现和运用。它所要回答和解决的是干部由谁评价和如何评价的问题。

群众公认，就是为大多数群众所认可和拥护。坚持群众公认原则，是党的群众路线和群众观点在干部工作中的生动体现，也是我们党代表中国最广大人民根本利益的必然要求。坚持群众公认，就是要在干部工作中充分相信和依靠群众，扩大干部工作中的民主，落实群众对干部选拔任用的知情权、参与权、选择权和监督权。坚持群众公认原则，一是选拔任用干部要经过民主推荐，凡是多数群众不拥护不赞成的，不能提拔任用；二是考察干部要充分走群众路线，广泛听取各方面的意见；三是拟提拔的干部要在一定范围内进行公示，进一步听取意见；四是对群众举报、申诉的干部选拔任用工作中违纪违规行为，要认真核实处理。

注重实绩，就是注重干部在履行岗位职责的实践中所取得的实际成效，注重干部在执行党的基本路线的实践中取得的成绩。选拔任用干部注重工作实绩，目的在于发扬求真务实的作风，使干部少说空话、多做实事，反对形式主义、弄虚作假、言行不一的不良行为，在干部队伍中形成扎实工作、奋发向上的良好风气。

全面客观地评价干部，既要看干部在任内做出的成绩，又要看前任留下的基础和起点；既要看干部取得的眼前看得见的工作实绩，又要看干部抓基础性长期性工作的力度；既要看干部工作环境和条件的优劣给工作带来的影响，又要看干部在现有基础上的作为；既要看干部平时的工作能力，又要看干部在重要时期、重要工作、重大事件中的决断魄力和应对能力；既要看干部抓物质文明建设的实绩，又要看干部抓精神文明建设的成效。要注意发现那些埋头苦干、任劳任怨、政绩突出而不事张扬的人，善于识别那些投机取巧、沽名钓誉、弄虚作假的人，切不可被表面现象所迷惑。

坚持注重实绩原则，要注意把握以下几点：一要坚持德才与实绩的辩证统一观。二要制定科学的实绩考核标准和可操作的实绩指标体系。三要对干部的实绩进行科学分析、准确评价。四要正确处理物质文明建设实绩与精神文明建设实绩、个人作用与集体作用等关系。

53. 在干部工作中如何全面准确贯彻民主、公开、竞争、择优方针？

答：全面准确贯彻民主、公开、竞争、择优方针，扩大干部工作民主，是党的十八大提出深化干部人事制度改革的重要方针。全面准确贯彻民主、公开、竞争、择优方针，深化干部人事制度改革，有利于开阔选人视野，拓宽用人渠道；有利于形成平等竞争的环境，促进优秀人才健康成长；有利于贯彻德才兼备、以德为先的用人标准，保证用人质量；有利于接受群众监督，防止干部选拔任用的不正之风。

第一，扩大民主是深化干部人事制度改革的基本方向。随着我国经济社会的发展进步，人民群众政治参与的积极性不断提高，只有坚定不移地扩大干部工作中的民主，进一步落实广大干部群众对干部选拔任用的知情权、参与权、选择权、监督权，才能保证选好人、用好人。

(1) 要加强民主教育，增强干部群众尤其是领导干部的民主意识。一是对扩大干部工作的目的、意义和要求进行宣传教育；二是加强领导干部的群众观教育，使领导干部认识到，民心向背事关事业成败，只有紧紧依靠群众、团结群众，保证人民群众选择管理党和国家事务的公仆，保证人民群众对干部拥有推荐权、选举权、监督权和罢免权，才符合广大人民的根本利益；三是对群众进行正确行使民主权利的教育和引导，使群众本着对党和国家负责，对人民负责的积极态度，客观公正地对干部做出评价。

(2) 要将发扬民主贯穿于干部工作的各个环节，尤其是选人用人这个环节。一要实行研究决定干部预告制，坚持信息公开；二要积极推广党委讨论任免干部无记名投票表决制；三要逐步实施党政领导班子正职拟任人选和推荐人选，由上一级党委常委会提名，全委会审议并无记名投票表决制度试点工作。

(3) 要保障和落实干部群众的知情权、参与权、选择权、监督权。知情权是指群众了解、知悉干部人事工作的基本程序和重大事件、重要情况的权利。参与权是指群众直接参与干部人事工作有关环节的权利。这些环节主要包括干部考察、干部选举、干部推荐考评、干部监督、参加干部人事工作有关会议。选择权是指群众按自已意愿对干部人选做出取舍的权利，主要包括：选举干部、推荐干部、表决干部，根据有关法律法规对不称职不胜任的干部进行罢免。监督权是指群众对干部是否遵守有关法律法规、是否认真履职、是否起模范带头作用，干部人事部门是否按章办事等进行监督检查的权利。主要监督方式有质询、批评、检举揭发、控告、申诉、申辩等。

第二，公开是扩大民主的前提条件，是古今中外选拔和培养优秀人才的有效途径。公开，是指干部的选拔、任免、考核、奖惩等方面要面向社会公开，让群众知晓。党的十一届三中全会以后，党在干部的选拔、任免、考核、奖惩等方面进一步健全了民主程序，出台了若干规定，提高了干部人事工作的透明度。在深化干部人事制度改革中，必须总结这些经验，进一步确立公开原则。具体来说，在干部的录用方面，要进行公开考试，将报考的资格条件、考试范围和方式、考试结果等通过媒体向社会公开；在晋升职务，要公开标准和程序，晋升人选要广泛征求群众意见。无论是选任、委任还是聘任领导干部，都要走群众路线，通过民主推荐、民意测验或民主评议，让群众更多参与；在考核方面，要根据不同领导职务的不同特点，制定科学的考核体系和标准，采用领导和群众相结合的方法，全面考核干部的德、能、勤、绩、廉；各项管理都要有制度规定，接受人民群众的监督。

第三，竞争是选贤任能的有效途径。竞争原则是在深化干部人事制度改革中确立的一项新原则。过去干部人事制度一个大的弊端是缺乏竞争机制，因而存在"干多干少一个样"、吃"大锅饭"的情况。随着社会主义市场经济的发展，企业之间、劳动者之间的竞争，不仅使企业增强了活力，而且为优秀企业家脱颖而出创造了条件，这为政治体制改革提供了新鲜经验。企业的生存和发展靠竞争，人才的成长也要靠竞争。把竞争机制引入干部人事制度，有利于调动干部的主动性、积极性和创造性，使有才能的人能充分发挥自己的作用，从而形成一种人才成长的激励机制。干部制度改革中建立的考试考核制度、奖惩辞退制度等，就体现了优胜劣汰的竞争机制。竞争机制可以破除干部人事制度中论资排辈等陈腐观念，为大批优秀人才的脱颖而出创造条件、开辟道路。只有竞争才能打破论资排辈、平衡照顾，实现优胜劣汰，使优秀人才迅速成长。因此，深化干部人事制度改革，要完善竞争的制度规定，坚持有序竞争、平等竞争，避免无序竞争、恶性竞争。

第四，择优是干部人事制度改革的目的。择优原则与竞争原则密切相关。竞争是择优的最佳方法，择优是竞争的最终目的。择优原则是指在选人用人上要坚持德才兼备的标准，不合格者不能提拔和使用。通过择优选拔和使用干部，不仅有利于提高各级干部的素质，使党和国家的干部队伍得到优化，而且也有利于提高行政效率，保证党和国家各项工作的高效运转。择优，就是要在干部任用程序中差额比较、选贤任能，把政治坚定、人品和能力经得起实践检验、人民群众认可的优秀干部选拔到各级领导岗位上来，把各方面优秀人才集聚到党和国家事业中来。

建立健全有利于优秀人才脱颖而出的竞争择优机制，应当包括"进"、"管"、"出"三个环节，由相互联系而又相对独立的几个部分构成，包括公开平等的竞争机制、奖优罚劣的激励约束机制，以及能进能出能上能下的淘汰更新机制。

54. 如何完善干部考核评价机制?

答：面向未来，推动我国经济社会科学发展，关键在各级领导班子和领导干部，这就必须发挥干部考核评价机制的风向标、指挥棒作用。考核是干部选拔任用和管理监督的基础环节，也是干部人事制度改革的重点和难点之一。考核是干部管理的基础，考核结果是选准用好干部的基本依据。2009 年 10 月，中共中央办公厅印发了《关于建立促进科学发展的党政领导班子和领导干部考核评价机制的意见》（中办发［2009］30 号），同时，为了深入贯彻落实《意见》，经中央批准，中央组织部印发了三个与之配套的"办法"，即《地方党政领导班子和领导干部综合考核评价办法（试行）》、《党政工作部门领导班子和领导干部综合考核评价办法（试行）》、《党政领导班子和领导干部年度考核办法（试行）》。中央要求，健全促进科学发展的党政领导班子和领导干部考核评价机制，要以落实"一个意见、三个办法"为重点，着力提高考核评价工作的科学化水平。2012 年前在省、市、县全面实施，到 2015 年初步建立符合不同区域、不同层次、不同类型领导班子和领导干部特点的考核评价体系，形成比较完善的考核评价机制，不断提高考核评价工作的科学化水平。党的十八大报告进一步提出完善干部考核评价机制，促进领导干部树立正确的政绩观的要求。

完善干部考核评价机制，建立健全促进科学发展的干部考核评价机制，必须贯彻以下几项原则：一是坚持服务和促进科学发展。立足为科学发展选干部、配班子、建队伍、聚人才，把落实科学发展观的实际成效作为考核评价的基本依据，推动领导班子和领导干部围绕科学发展改进工作、提高水平、增强能力。二是坚持德才兼备、以德为先。正确把握德与才的辩证关系，始终把政治标准放在首位，注重品行，崇尚实干，突出考核领导干部的政治品质、思想作风、党性修养和勤政廉政。三是坚持注重实绩、群众公认。贯彻民主公开的要求，重视在推动科学发展的实践中考核评价干部，充分体现群众对干部考核工作的知情权、参与权、表达权和监督权，引导干部创造经得起实践、群众和历史检验的政绩。四是坚持客观公正、简便易行。干部考核评价要努力做到实事求是、科学分析，讲求实效、力戒繁琐，实行定性与定量相结合，全面准确地考核评价。

今后一个时期，完善干部考核评价机制目标是，以促进科学发展为目的，以综合考核评价为载体，以考核结果运用为关键环节，努力把平时考核、年度考核与换届考察、任职考察结合起来，把考核评价与干部选拔任用、培养教育、监督管理、激励约束结合起来，全面加强对党政领导班子和领导干部的考核工作，建立有机联系、相互配套并有效运行的干部考核评价机制。

55. 如何健全干部管理体制，从严管理监督干部？

答：干部管理，是指根据党的组织路线和经济、社会发展的要求，按照党和国家的方针、政策、法规，采取多种形式，通过多种途径对各级干部实施管理，包括选拔、任用、教育、监督、奖惩等内容。健全干部管理体制，从严管理监督干部是党的十八大关于深化干部人事制度改革提出的一项重要要求。

健全干部管理体制，必须建立和完善科学的干部管理机构与职能设置：（1）各级党委的组织部门是党委统管干部工作的职能机构，对干部工作方针政策的制定和执行，负有提供决策意见方案和指导、检查、监督的责任；对党委管理范围内的领导班子和领导干部，负有综合、协调，加强宏观管理的责任。（2）党委其他职能部门根据党委的授权，可以管理其分管的业务系统的干部。即对党委制定的干部工作方针政策和组织部制定的统一的干部工作计划、措施如何在本系统贯彻执行，负有检查指导的责任；在组织部的综合管理下，对本系统中属于党委管理的干部，负有考察、培养和提出任免、调整建议的责任。（3）中央和地方各级人民政府设置的相对独立的人事工作机构，在政府的领导下，负责管理行政领导干部的任免、干部的吸收录用、军队专业干部的安置、国家行政机关工作人员的奖惩等工作。(4)中央和各级地方政府的职能部门内设置的干部人事机构,在部门党委(党组)和行政班子的双重领导下,承担本部门所辖单位领导干部的管理工作。(5)企事业单位内部设置的组织和人事工作机构,在本单位党委和行政班子领导下,负责管理本单位的干部人事工作。这些干部管理机构,要在坚持党管干部原则的前提下,既按照干部管理权限分级负责,又加强各部门之间的协同配合。组织人事部门要在充分发挥自身职能作用的基础上,加强与人大、政协、宣传、纪检、监察、政法、信访、审计、统计、新闻媒介等部门的联系,各部门之间要加强经常性的联系,随时沟通信息、交流情况。

从严管理监督干部主要从以下六个方面着手:

第一,坚持和完善党政领导干部职务任期制。领导干部职务任期制,是按照有关法律法规确定干部在领导职位的任职届(期)数和任职年限,任职期满后必须退出现任岗位或免去现任领导职务。实行领导职务任期制,是推进领导干部能上能下的重要途径,实现干部能上能下正常化和制度化,促进领导干部队伍新老交替和新陈代谢。这方面当前需要着力解决的问题主要包括:严格执行任期、连任限制和最高任职年限的规定;严格控制选任制领导干部尤其是地方党政主要领导干部法定任期内的职务变动,保持领导班子和领导干部任期内稳定,确因工作需要党政领导干部在一个任期内调整职务的,一般不得超过一次;建立任期目标责任制,强化任期考核;探索扩大任期制的适用范围。

第二,完善干部交流回避制度。干部交流制度是培养、锻炼干部,增长干部才干,促进干部成长的重要措施。干部回避制度是保护干部、保证干部廉洁从政的重要制度。当前完善干部交流回避制度需要着力做好以下几项工作:一是加大干部交流力度。干部交流应突出重点,增强计划性、针对性,注意与领导班子换届调整相结合。干部交流可以在地区之间,部门之间,地方与部门之间,党政机关与国有企业事业单位、人民团体、群众团体之间进行。二是健全定期干部轮岗制度。健全党政机关内部管理人、才、物和执纪、执法等岗位干部的定期轮岗制度，有助于推进机关干部跨部门跨单位交流，对促进干部成长和增长干部才干、保持干部廉洁亦有重要积极作用。三是加强干部挂职锻炼培养。有计划地选派公务员在一定时间内到下级机关或者上级机关、其他地区机关以及国有企事业单位担任一定职务，经受锻炼，丰富经验，增长才干。实践证明这是一条培养锻炼党政干部的有效途径，需要进一步坚持和完善。四是坚持干部任职回避和公务回避制度，完善公务员回避办法。要严格执行关于党政干部任职回避和公务回避的有关制度，并在实践中不断完善。

第三，创新干部教育培训制度。加强和改进干部教育培训，提高干部素质和能力，是党的十八大提出的一项重要任务。要加强领导班子和领导干部能力的培养，提高运用科学发展干事创业的水平。要以提高培训质量和效益为重点，全面推进干部教育培训理念、内容、方式和体制机制的改革创新。加强和创新干部教育培训，必须从下述几方面着手：完善干部教育培训管理体制，创新干部教育培训方式方法，增强教育培训实效；健全党委（党组）学习制度，完善组织调训制度，规范干部在职自学制度；建立健全干部教育培训的计划生成、自主选学、考核评估和资源整合等机制；充分发挥党校、行政学院、干部学院在干部教育培训中的主渠道、主阵地作用。

第四，健全干部双重管理体制。双重管理是指上级业务主管部门党组（党委）和地方党委按照中央有关规定及干部管理职责，以一方为主、一方协助的管理方式，对部分部门、单位的干部进行共同管理。干部双重管理是干部工作管理形式的创新和发展，是基于日益复杂的社会变化而对干部管理所采取的新举措，对建立一支高素质的干部队伍有着重要作用。建立干部双重管理体制，把领导干部置于上级主管部门管理的同时，并置于地方党委的监督之下，有利于全面、客观、准确了解掌握干部的情况，为干部管理工作起到积极作用。当前这方面必须消除"条块分割"等原因造成的管理权限的交叉、疏漏等弊端，围绕调动地方党委和垂直管理部门在双重管理干部工作中的积极性，进一步完善干部双重管理办法，科学界定双重管理的标准和范围，合理划分主管方与协管方的权限和职责，进一步理顺干部双重管理体制，建立和规范双重管理运行机制。

第五，加强领导干部日常管理和监督。加强领导干部管理监督特别是党政"一把手"的监管，是从严治党、严格干部管理监督的重点所在和关键环节。必须坚持严格管理和关心爱护相结合，严格干部日常管理监督，抓早、抓小，防患于未然，关键是不折不扣落实相关制度。必须加强上级党组织对领导干部的监督，健全领导班子成员之间的监督。既要强化上级监督，也要强化领导干部的自我监督，还要强化干部群众对领导班子的监督以及领导班子内部的监督。必须坚持和完善各级领导班子领导干部的民主生活会制度，强化制度建设，切实提高民主生活会的质量，使之成为领导干部改进工作和作风、提高领导水平和依靠自身力量解决问题能力的有效途径。必须坚持和完善领导干部述职述廉制度，进一步改进述职述廉的方式方法，提高其管理监督的实际效果。必须坚持和完善对党员领导干部进行诫勉谈话和质询制度，发挥这一制度在预防和制止党员领导干部违反党纪国法等错误行为的功效。必须坚持和完善领导干部经济责任审计制度，正确运用审计结果。必须推行和完善党政领导干部问责制，要明确划分权责，构建问责体系，推进配套建设，优化外部环境，特别是要着力建设新型"问责文化"，努力做到"问责一人、教育一片"的实际效果。必须建立健全质询、罢免或撤换等制度，探索有效发挥党代会代表、人大代表、政协委员监督的途径和方法，积极发挥群众监督、舆论监督的作用。

第六，加强干部选拔任用工作全过程监督。干部监督工作只有顺应形势发展的需要，紧紧抓住干部监督的关键环节，大力推进干部人事制度改革，牢牢把握干部监督工作的主动权，从干部监督工作思路、方法和机制上实现创新，才能形成对领导干部全方位、多层次的监督体系，才能全面提高干部监督工作的整体水平和效果。加强干部选拔任用工作的监督主要从以下几方面着手：坚持和完善干部选拔任用工作监督检查办法，严格贯彻落实中央下发的《党政干部选拔任用工作条例》、《党政领导干部选拔任用监督检查办法（试行）》、《党政领导干部选拔任用工作责任追究办法（试行）》、《地方党委常委会向全委会报告干部选拔任用工作并接受民主评议办法（试行）》、《市县党委书记履行干部选拔任用工作职责离任检查办法（试行）》；坚持和完善干部选拔任用工作有关事项报告制度，认真落实《党政领导干部选拔任用工作有关事项报告办法（试行）》有关规定；坚持和完善干部任用前征求纪检监察机关意见制度、干部监督工作联席会议制度、干部选拔任用工作"一报告两评议"制度；探索实行市县党委书记干部履行干部选拔任用工作职责离任检查制度；探索有效发挥巡视工作对干部选拔任用工作监督作用的途径和方法；健全组部部门干部选拔任用工作内部监督机制；建立健全干部选拔任用工作全程纪实制度。

56. 为什么要加强党政正职、关键岗位干部培养选拔?

答：党政正职是各级党委（党组）、政府的主要负责人，是党委（党组）领导班子、行政领导班子的"班长"，肩负着所领导的党政机关、部门和地方全面领导和全面负责的重大职责。一个地方、部门和单位事业的兴衰、工作局面的打开、党风廉政形势等，主要取决于党政正职领导干部的素质、能力和作风。可以说，党政正职领导干部和关键岗位干部对党和国家事业具有决定性作用，党政正职和关键岗位干部培养选拔关系到党和国家的前途命运，意义极为重大。因此，新形势下加强和改进干部队伍管理、提高组织工作科学化水平，必须统筹兼顾、突出重点，既要按级别管理，又要根据干部岗位的重要性来考虑干部工作布局和战略重点。

2009年党的十七届四中全会通过的《中共中央关于加强和改进新形势下党的建设若干重大问题的决定》提出，按照政治上强、具有领导科学发展能力、能够驾驭全局、善于抓班子带队伍、民主作风好、清正廉洁的要求，选好配强党政正职领导干部。2011年，中央又专门印发关于加强市(地州盟)党政正职管理的文件，进一步强化了重要岗位干部重点管理的科学理念，丰富了重点管理的制度体系。党的十八大则明确提出加强党政正职、关键岗位干部培养选拔的要求。

总之，党政正职权力大、责任大、影响大，加强对党政正职和关键岗位的管理，做到重点配备、重点教育、重点考核、重点监督，对于推动经济社会又好又快发展、实现党和国家长治久安，具有十分重要的意义。

57. 如何优化领导班子配备和干部队伍结构？

答：优化领导班子配备和干部队伍结构，注重从基层一线培养选拔干部，拓宽社会优秀人才进入党政干部队伍渠道，这是党的十八大深化干部人事制度改革、建设高素质执政骨干队伍提出的一项具有重大战略意义的举措和要求。

优化各级各部门领导班子配备和干部队伍结构，是加强干部队伍建设的需要。注重从基层一线培养选拔干部，拓宽社会优秀人才进入党政干部队伍渠道，体现了党中央以更宽的视野、更高的境界、更大的气魄、广开进贤之路，坚持五湖四海、任人唯贤，把各方面优秀人才集聚到党和国家事业中来的坚定不移的用人导向。通过注重基层一线培养选拔干部和拓宽社会各方面优秀人才进入党政干部队伍渠道，达到优化领导班子和干部队伍结构的目的，是落实"四个尊重"方针和敢为事业用人才战略思想的重要举措，是形成人才辈出、人尽其才、才尽其用生动局面的必然要求。

优化领导班子配备和干部队伍结构，要坚持做到"四讲"，主要围绕年龄、学历、专业结构等方面加大对干部的调整配备，形成班子成员年龄、经历、专长、性格互补的合理结构，增强班子整体功能和合力。一是讲搭配，优化年龄结构。着眼于激发领导班子活力，使班子中既有"老当益壮"的老干部，"中流砥柱"的中年干部，又有"奋发向上"的年轻干部，形成较为合理的年龄梯次结构。二是讲素质，优化学历结构。围绕提高干部队伍的整体素质，鼓励和支持干部参加各种学历教育，进一步提升干部的学历层次。三是讲实际，优化专业结构。根据地方特色或部门、单位业务性质配备的领导班子，各成员相关专业能互相补充、相得益彰，发挥整体优势，使领导班子的专业结构趋于合理。四是讲和谐，优化性格结构。按照"气质相容、性格互补"的原则，在每次调整配备领导班子时，充分考虑班子成员与"班长"之间是否曾经共过事，特别是共事期间是否有隔阂、有恩怨，力求使班子成员达到有效配置，形成最佳工作合力。同时，从工作需要出发对有关领导班子给予调整，增加和谐因素，增强了班子团结合作的整体功能。

当前贯彻中央关于优化领导班子配备和干部队伍结构的要求，尤其需要着力培养造就大批优秀年轻干部。源源不断培养大批优秀年轻干部，是关系党和国家事业薪火相传、兴旺发达的根本大计。加大培养年轻干部力度，重点加强年轻干部党性修养和实践锻炼，使他们切实做到忠诚党的事业、心系人民群众、专心做好工作、不断完善自己。要鼓励年轻干部到基层工作，有计划地安排年轻干部到艰苦地区、复杂环境、关键岗位砥砺品质、锤炼作风、增长才干。要建立来自基层一线党政领导干部培养选拔链，大力选拔任用经过艰苦复杂环境磨炼、重大斗争考验、实践证明优秀、有培养前途的年轻干部，将他们配备到各级领导班子中去。此外，还要注意扎实抓好后备干部队伍建设，加强女性干部、少数民族干部、党外干部以及来自社会优秀人才的选拔、培养、任用，做到系统培养、择优使用、优化班子配备。同时，要合理使用各年龄段干部，切实解决领导班子、领导干部任职年龄层层递减的问题。

58. 为什么要注重从基层一线培养选拔干部？

答：注重从基层一线培养选拔干部符合干部成长规律。干部锻炼在基层、提高在基层、作为在基层。基层是党政领导干部成长的摇篮。基层一线的干部与人民群众距离最近。长期在基层工作的干部，能够和人民一道感受困难与艰辛，这样不但能够培养他们与人民群众的血肉感情，而且能够培养他们坚持党的根本宗旨，全面贯彻党的路线、方针、政策的良好政治品德；不但能够丰富他们应对复杂局面的经验，更能够培养他们推动科学发展的能力。建立来自基层一线党政领导干部培养选拔链，大力选拔经过艰苦复杂环境磨炼、重大斗争考验、实践证明优秀、有培养前途的年轻干部，扎实抓好后备干部队伍建设。总之，必须把注重从基层一线培养选拔干部作为一项重要准则贯穿于干部工作的始终。正如胡锦涛所说："凡是在各种领导岗位上有所作为、成绩突出的干部，都是注重实践锻炼特别是基层实践锻炼，在丰富生动的实践中成长起来的。这已经成为一种规律性的现象"。① 这一规律，古往今来，概莫能外。

---

① 《十四大以来重要文献选编》中，人民出版社1997年版，第1087页。

注重从基层一线培养选拔干部是党的基本要求。党章明确规定，党的干部要经得起各种风浪的考验，要有丰富的实践经验。无论是革命战争年代还是和平建设年代都是如此。尤其是在全面建成小康社会、夺取中国特色社会主义新胜利的形势下，对党员干部最大的考验就是对其带领人民群众建成小康社会的能力的考验，最大的实践经验就是其带领人民群众建成小康社会的经验。《党政领导干部选拔任用工作条例》作为选拔党政干部的重要法规，更进一步明确规定，提拔担任党政领导职务应当具备的条件之一就是要有基层工作经历。《深化干部人事制度改革规划纲要》把坚持和完善从基层一线选拔干部制度，作为党政干部制度改革的重要突破项目之一，提出了若干目标要求。贯彻落实这些目标要求，必须进一步疏通渠道、加大力度，打破体制性障碍，建立健全从基层一线遴选和培养党政领导干部的机制，促进形成重视基层的干部工作导向。党的十七届四中全会明确提出，要建立来自基层一线党政领导干部培养选拔链。这是新形势下深化干部人事制度改革、改善干部队伍结构、建设高素质干部队伍的重要战略部署。它要求各级党委组织部门进一步树立重视基层的用人导向，让优秀人才到基层去，让机关干部从基层来，注重在基层一线储备、历练、考察、选拔干部，切实改变党政机关干部来源单一、经历单一的状况，从源头上为各级党政机关提供高素质的人才队伍。

注重从基层一线培养选拔干部是中国共产党的成功实践。从党诞生那天起，就十分重视从基层一线培养选拔干部。在战争年代，不论是党的领导人还是军队的领导人大多来自一线，都有丰富的基层工作经验和领导工作才能。中国革命的胜利，和党的这一用人准则有直接关系。在社会主义建设年代依然如此。只有同人民群众相结合，在推动社会主义物质文明和精神文明协调发展的实践中经受锻炼，积累经验，提高素质，增长才干，我们的干部才能健康成长，才能有所作为。改革开放30多年之所以能取得伟大成就，也得益于我们在干部的培养选拔中仍然坚持了这一准则。实践证明，经过基层一线培养锻炼的干部，做群众工作的能力、处理实际问题的能力、应对复杂局面的能力都会得到明显提高。他们进入党政机关后，在制定政策、开展工作的时候，能够更加贴近基层、贴近群众、贴近实际，十分有利于提高党政机关的工作水平。由于基层干部是党的路线方针政策和法规在基层的组织者，在基层一线培养干部，对于加强基层工作，推动当地科学发展，促进社会和谐发挥着重要作用。基层是改革、发展、稳定的前沿阵地，是许多创新工作的发源之地，也是培养领导干部的第一阶梯和主要阵地。因此，要鼓励年轻干部到基层到艰苦地区锻炼。注重从基层一线培养选拔干部，这既是党的成功实践，也是党的优良传统，不但需要继承，更需要发扬。

注重从基层一线培养选拔干部，是党的事业的长远之计。面对世情、党情、国情发生的变化，党要不断开创中国特色社会主义事业新局面，必须有一支站在时代前列、理想信念坚定、综合素质高、同人民群众有血肉联系的干部队伍。而这样的干部队伍只能在丰富生动的实践中成长起来。邓小平早就指出，我们党最大的优势是密切联系群众，最大的危险是脱离群众。要想避害趋利，就必须坚持从人民群众中，从基层一线，从实践中培养选拔那些和人民群众有鱼水感情的干部。这样党才能始终成为立党为公、执政为民、求真务实、艰苦奋斗、清正廉洁、富有活力的马克思主义执政党，才能成为中国特色社会主义事业的坚强领导核心。因此，注重从基层一线培养选拔干部，不但是党的干部队伍建设的重要手段，也是保证我们事业长久的重要战略。

党的十八大报告中指出："优化领导班子配备和干部队伍结构，注重从基层一线培养选拔干部，拓宽社会优秀人才进入党政干部队伍渠道。"注重从基层一线培养选拔干部，不仅是造就高素质干部队伍和人才队伍的重要举措，而且是深化干部人事制度改革的重要准则，更是以改革创新精神推进党的建设新的伟大工程的重大战略举措。

59. 为什么要拓宽社会优秀人才进入党政干部队伍渠道?

答:"国以才兴,政以才治"。人才问题是党和国家事业发展的关键问题,党政领导干部是整个人才队伍的重要组成部分。加强党政领导干部队伍建设,是实施人才强国战略的重要任务。打造一支高素质党政领导干部队伍,是当前各级各部门一项重要而迫切的任务,改革和创新干部人事体制机制,吸引和集聚社会优秀人才进入党政领导干部队伍,更是重中之重。拓宽社会优秀人才进入党政干部队伍渠道,有其重要的现实意义。

拓宽社会优秀人才进入党政干部队伍渠道,是巩固党的执政基础的战略之举。巩固党的执政基础需要一大批德才兼备、政治素质高、业务能力强,能全面贯彻落实党的路线、方针、政策的党政领导干部。从拓展执政资源、巩固执政地位的角度来看,党要始终代表最广大人民的根本利益,就必须时刻保持广泛的阶级基础和社会基础,特别是应选拔来自不同阶层、团体、区域、性别的社会优秀人才,把扩大人才的政治包容性作为一项重要战略来抓,让人才从内心感受到党的气度和胸襟,使他们紧紧团结在党的周围,与党同心同德,积极投身党领导的社会主义现代化事业。随着我国社会主义市场经济的发展,社会优秀人才规模日趋庞大,能否畅通社会优秀人才进入党政领导干部队伍渠道,吸纳更多社会优秀人才进入党政领导干部队伍,使他们紧紧团结在党的周围,与党同心同德,积极投身党领导的社会主义现代化事业,将直接关系到党的执政基础和执政地位的巩固。

拓宽社会优秀人才进入党政干部队伍渠道，是造就高素质干部队伍的长远之计。当前，一些机关干部由于缺乏必要的基层工作经历和多岗锻炼、决策思维受限、综合协调能力不强、不会做群众工作、处理复杂问题能力低下等与新形势新任务不相适应的问题日益凸显。而社会优秀人才不仅能力素质较高，实际工作经验也很丰富，选用社会优秀人才进入党政干部队伍，可以有效弥补现有党政领导干部队伍在素质结构、经历结构方面的缺陷，而且还会带来新思路、新方法，促进机关作风转变和效能提升。同时，也是落实干部选拔任用的规定性要求、提高干部工作科学化水平的有效之策。《党政领导干部选拔任用工作条例》规定：党政领导干部可以从党政机关中选拔任用，也可以从党政机关以外选拔任用。让更多的社会优秀人才进入党政干部队伍，可以有效改变"在少数人中选人"的封闭性选人用人方式，实现好中选优、优中选强、强中选适，真正提高干部工作科学化水平，造就高素质干部队伍。

拓宽社会优秀人才进入党政干部队伍渠道，是推进民主政治建设的有效之策。随着社会主义市场经济深入发展，社会优秀人才队伍规模日趋庞大。他们在事业发展的同时，政治诉求也明显增强。能否通过合理的制度安排，吸纳更多社会优秀人才进入党政干部队伍，使他们紧紧团结在党的周围，积极投身中国特色社会主义事业，直接关系到党执政地位的巩固和执政使命的实现。在社会结构大变迁的历史背景下，必须主动顺应社会主义民主政治发展趋势，切实拓展党政机关与社会的链接通道，为新兴社会群体的政治参与提供有效途径，并将其纳入政治体系，以提高党的社会影响力和凝聚力。这就必然要求在选人用人上创造更加开放的制度环境，让更多的社会优秀人才进入党政领导干部队伍，有序拓宽社会群体的政治参与渠道，不断扩大党的执政基础，促进社会和谐。因此，畅通社会优秀人才进入党政领导干部队伍渠道，能够让更多的社会优秀人才进入党政领导干部队伍，从而有效拓宽社会群体的政治参与渠道，有效提升选人用人公信度，是促进社会和谐稳定的有效之策。

拓宽社会优秀人才进入党政干部队伍渠道，是时代要求、现实之需，体现的是"五湖四海"的开放胸怀，彰显的是"不拘一格"的大胆气魄，反映的是"民主公平"的用人导向。将社会人才中的优秀分子吸收到党政干部队伍中来，既是扩大党的执政基础、巩固党的执政地位的客观需要，也是优化干部队伍结构的必然要求，是推进民主政治建设的有效途径。不断提高党的执政能力、畅通社会优秀人才进入党政干部队伍渠道，努力建设一支善于引领科学发展、善于构建社会和谐、善于联系服务群众的党政干部队伍，广开进贤之路，把社会各方面优秀人才吸收进党政干部队伍，是破除社会阶层固化、优化干部队伍结构的有效途径和重要举措，是增强党的执政能力和水平的必然选择，对推动经济社会又好又快发展具有重大而深远的意义。人才是第一资源，是国家发展的宝贵战略资源。全党同志和全社会都要坚持尊重劳动、尊重知识、尊重人才、尊重创造的重大方针，牢固树立人人皆可成才的观念，敢为事业用人才，让各类人才都拥有广阔的创业平台、发展空间，使每个人都成为对祖国、对人民、对民族的有用之才，特别是要抓紧培养造就青年英才，形成人才辈出、人尽其才、才尽其用的生动局面。

党的十八大报告指出："优化领导班子配备和干部队伍结构，注重从基层一线培养选拔干部，拓宽社会优秀人才进入党政干部队伍渠道。"这一战略举措，必将开辟出一条选人用人的新航道，给领导班子和干部队伍建设带来积极而深远的影响。

60. 如何加强和改进干部培训？

答：党中央高度重视、不断推动干部教育培训工作深入开展。

进入新世纪，面对新形势和新任务，胡锦涛深刻指出，全面贯彻落实科学发展观，实现经济社会全面协调可持续发展，关键在于各级领导干部，在于不断提高他们的素质和能力。党的十六大以来，党中央从党和国家事业长远发展的高度出发，提出了大规模培训干部、大幅度提高干部素质的战略任务。党的十七大也明确要求，要以改革创新精神全面推进党的建设新的伟大工程，继续大规模培训干部、大幅度提高干部素质，着力建设高素质干部队伍。党的十八大再次明确要求，加强和改进干部教育培训，提高干部素质和能力。这些论述和要求，为我国领导干部培训制度的改革和完善指明了发展方向，注入了强大动力。

第一，要注重政治理论教育，切实提高领导干部综合素质。全面建成小康社会，对各级领导班子和干部队伍的素质能力提出了新的更高要求。围绕建成小康社会，大力加强素质能力培训，是当前干部教育培训工作一项重要而迫切的任务。

一要把思想理论武装作为首要任务。思想理论素质是领导素质的灵魂。干部教育培训要把思想认识统一到党的理论创新成果上来，做到理论创新每推进一步，理论武装就跟进一步。要适应全面建成小康社会的要求，以马列主义、毛泽东思想、邓小平理论、"三个代表"重要思想、科学发展观、树立社会主义荣辱观和加强党的执政能力建设、先进性和纯洁性建设等重大战略思想的教育培训为重点，推进政治理论进教案、进课堂、进头脑，引导和帮助广大干部提高思想政治水平，从理论和实践的结合上研究新情况、解决新问题、谋划新发展，不断开拓理论和实践的新境界。

二要加强对干部执政能力素质的培训。综合管理类干部要突出公共管理学、领导科学和社会学等知识的培训，提高公共管理和公共服务的能力。专业技术类干部要按照专业领域要求，突出相关专业知识和技术以及职业资格的培训，提高专业技术能力。行政执法类干部要加强行政执法、市场监管等方面的专门知识和行政法律法规培训，提高依法行政的能力。

三要突出业务知识培训。《干部教育条例》明确要求，要积极开展政策法规、业务知识、文化素养培训和技能训练，促进领导干部素质和能力的全面提高。

四要加强培训机构体系化建设，健全优势互补，要根据不同层次、不同岗位的需要，组织干部认真学习履行岗位职责所需要的现代科学文化知识、管理知识、市场经济知识以及反映当代世界发展的各种新知识，以适应当前加快经济发展、全面建成小康社会的需要，着力提高各级干部管理社会事务、协调利益关系、开展群众工作、激发社会创造力、处理人民内部矛盾、维护社会稳定的本领，促进社会和谐发展；

第二，要努力创新培训内容和方式方法，不断提高培训的实效性。在培训内容上，突出培训的针对性和适用性，将培训内容从单一的理论教育变为综合素质开发，通过开设写作、电脑操作等业务教育培训，增强干部的业务能力和履行职责的能力。通过增设经济、法律、财会、企业管理等技能培训和讲座，培养干部一专多能，积极提高领导干部推动科学发展、全面建成小康社会、应对复杂局面、处置突发事件、依法执政、总揽全局等能力；在培训形式上要体现四个结合，即脱产学习与在职自学、专题讲座相结合，课堂教学与社会调研、考察学习、专题研讨相结合，传统教学手段与电化教学、远程教学、网络教学相结合。在培训方法上，根据干部特点，综合运用讲授式、研究式、案例式、模拟式、体验式等多种教学方法，有利于促进培训质量的提升。

第三，要加强法制建设，形成较为完备的培训法律法规制度体系。在新世纪，党和国家相继出台了《党政领导干部选拔任用工作条例》和《公务员法》，对干部教育培训的规范化和法制化作了规定。2006 年 1 月，中央颁布了《干部教育条例》，就指导思想、基本原则、管理体制、培训内容、培训机构、考核与评估等涉及领导干部教育培训工作的各个方面作出规定，这是深化干部制度改革，推进干部教育培训工作科学化、制度化、规范化的重大进展，标志着党的干部教育培训事业进入一个新的发展阶段。同时，各部门、各地区不断健全完善党政领导干部在职学习制度、党委（党组）中心组学习制度，制定出台具体规划、措施，有效推动了干部教育培训工作的深入开展和全面落实。一要抓培训机制建设，提高培训工作实效性。二要建立干部任职资质制度。依照各级各类干部岗位职务，定期开展干部任职资质测试。测试不合格的干部，不能提拔使用。三要建立干部培训与使用相结合的管理制度。对拟选拔任用干部进行资格预审时，要将参训情况作为重要条件之一，使党的干部教育培训工作，真正体现出其必要性和权威性。

总之，新世纪的新形势和新任务，对干部队伍的理论素养、知识水平、业务本领和领导能力提出了新的更高要求，干部教育培训工作是推动干部学习的一条重要途径，是建设高素质干部队伍的一个重要环节。因此，加强和改进干部培训，必须探索、创新和运用干部教育培训新理念，积极探索干部培训新思路，不断提升干部培训质量和实效。

61. 为什么要加大培养选拔优秀年轻干部力度？

答：年轻干部是党和国家的希望，肩负着承前启后、继往开来的历史重任。源源不断培养大批优秀年轻干部是关系党和国家事业的根本大计。加大培养选拔优秀年轻干部力度，事关党的事业薪火相传、继往开来，事关党和国家的长治久安。年轻干部是我们党的事业的生力军和接班人。面对国际国内的新形势、新任务、新挑战，培养选拔优秀年轻干部显得十分重要和紧迫。

从党的历史看，培养选拔年轻干部是我们党的光荣传统，也是宝贵经验。党在革命、建设、改革的各个历史时期始终高度重视培养选拔年轻干部工作，重视培养造就接班人。以毛泽东同志为代表的老一辈无产阶级革命家从战略高度培养了一批又一批治党治军的年轻领导骨干。毛泽东强调：有计划地培养大批的新干部，就是我们的战斗任务。新中国成立后，毛泽东对培养造就革命事业接班人作出了一系列重要论述，采取了许多措施。党的十一届三中全会之后，邓小平同志针对干部队伍青黄不接、年龄严重老化的严峻形势，指出抓紧培养选拔年轻干部，是决定我们党和国家命运的问题，做不好要犯历史性的大错误，并鲜明地提出干部队伍"四化"方针，扎实推进干部队伍的新老合作与交替。党的十三届四中全会以后，江泽民同志从确保老一辈无产阶级革命家开创的社会主义事业代代相传、确保我国社会主义现代化建设取得最后成功、确保党和国家长治久安的战略高度，全面而深刻地论述了培养选拔年轻干部的重要性和紧迫性，提出了许多重要思想和要求。十六大以来，以胡锦涛同志为总书记的党中央强调源源不断培养造就大批优秀年轻干部，是关系党和人民事业继往开来、薪火相传的根本大计，指出：从长远和战略上看，培养和造就出优秀年轻干部、保证党的事业后继有人是更重要的任务。做不好工作，是不称职的领导者；带不出好干部，同样是不称职的领导者。各级党委要增强战略意识和忧患意识，立足当前、着眼长远，科学谋划、提早布局，切实把年轻干部培养选拔工作摆到重要位置抓紧抓好。习近平同志在全国培养选拔年轻干部工作座谈会上也指出，大力培养选拔年轻干部事关党和国家的长治久安，干部队伍新老交替与合作是一个永无完结的历史过程，培养选拔年轻干部必须常抓不懈。

党成立90多年来，正因为在不同历史时期培养和造就了一批又一批、一代又一代适应革命、建设和改革需要的年轻领导骨干和宏大的干部队伍，带领广大人民群众贯彻执行正确的政治路线，才战胜了各种艰难险阻，始终保持强大的凝聚力、战斗力和创造力，不断从胜利走向胜利。

从日益激烈的国际竞争背景来看，培养选拔大批优秀年轻干部是党和国家事业不断发展、立于不败之地的重要保证。当今和未来的世界竞争，说到底是人才的竞争，既是各类科技人才的竞争，也是各方面领导人才的竞争。我们的国家在激烈的国际较量与角逐中何以取胜，我们的民族在世界民族之林中何以立足，关键在党、关键在人。能否培养造就出大批优秀年轻干部，是关键中的"关键"。当前，世界多极化和经济全球化的趋势在曲折中发展，科技进步日新月异，综合国力竞争日趋激烈，世界力量对比发生了新的深刻变化。包括经济实力、科技实力、国防实力、民族凝聚力在内的综合国力的较量与竞争，比以往任何时候都激烈和富有挑战性。在这样的形势下，培养和造就高素质的干部队伍和人才队伍，特别是培养选拔大批德才兼备、充满朝气的优秀年轻干部，我们才能在复杂多变的国际环境中，把握方向，沉着应对，趋利避害，经受住各种风浪和困难的考验，领导人民把改革开放和社会主义现代化建设不断推向前进。

从国内形势和任务看，培养选拔大批优秀年轻干部是推动经济社会又好又快发展、实现"十二五"规划各项任务的现实需要。当前，我国改革发展重要战略机遇期和社会矛盾凸显期并存，对各级领导班子和干部队伍建设提出了新要求。在新的历史条件下，领导干部必须有坚强的党性和良好的思想政治修养，具备领导科学发展、驾驭复杂局面、维护社会稳定的能力。实践证明，年轻干部朝气蓬勃、思想解放、富有改革创新精神，在攻坚克难、推进改革开放和各项事业发展中发挥着重要作用。加大培养选拔年轻干部工作力度，对于改善各级领导班子结构、增强领导科学发展的能力，提高干部队伍的整体素质，具有十分重要的意义。应当看到，面对执政考验、改革开放考验、市场经济考验、外部环境考验，面对精神懈怠的危险、能力不足的危险、脱离群众的危险、消极腐败的危险，培养选拔年轻干部的任务显得尤为重要而紧迫。胡锦涛同志在庆祝中国共产党成立 90 周年大会上指出，要以更宽的视野、更高的境界、更大的气魄，广开进贤之路，把各方面优秀干部及时发现出来、合理使用起来。一大批德才兼备、实绩突出，想干事、能干事、干成事的优秀年轻干部走上领导岗位，为各级领导班子增添了生机活力，为他们施展才华和抱负创造了条件。要抓住时机，以高度的政治责任感和历史使命感把培养选拔优秀年轻干部的任务落到实处。

总之，建设中国特色社会主义是一项前无古人的伟大事业，实现中华民族伟大复兴需要几代人的不懈奋斗，社会主义制度的发展和完善更是一个长期的历史过程。只有源源不断地培养造就优秀年轻干部，才能保证党的事业后继有人，实现党所肩负的历史使命。各级应当本着对党、对人民、对历史、对未来高度负责的精神，来做好这项工作。

62. 为什么要重视培养选拔女干部和少数民族干部？

答：中国共产党章程规定：党重视培养、选拔女干部和少数民族干部。这是中国共产党的一贯政策。

第一，重视培养选拔女干部是开发人才资源，实施人才战略的重要内容。强调实现全面建成小康社会宏伟目标，要把人才问题摆到突出的战略位置，人才是最宝贵的资源，要高度重视和大力开发人才资源。而领导人才是社会主义现代化建设事业继往开来、开拓前进的关键因素。妇女占人口一半，她们中间蕴藏着丰富的人才资源。在各级党和国家机关、各行各业、各类企事业单位中，已有一定数量的女干部担任了领导职务，她们为社会主义现代化建设事业作出了重要的贡献。改革开放以来，党和国家取得的重大成就，与广大女干部的努力和贡献是分不开的。培养选拔女干部也是优化领导班子结构的需要，女干部有自身的特点和优点，一个领导班子中有男有女，可以优势互补，使领导班子结构更加合理与完善。

第二，培养选拔女干部是促进妇女进一步解放，发展社会主义民主政治的需要。妇女享有与男子平等的政治权利，参与国家和社会事务的管理，是全面提高妇女地位、实现妇女进一步解放的重要标志。同时，这也是发展社会主义民主政治的重要标志，是社会主义优越性的体现。培养选拔女干部，使更多的女性走上领导岗位，可以提高广大妇女参与政治的意识，激发她们参与政治的热情，为社会主义民主政治的发展打下良好的群众基础。

第三，妇女参政状况已经成为衡量一个国家社会文明进步的重要尺度，越来越受到世界各国的重视。联合国第四次世界妇女大会通过的《行动纲领》指出："如果各级决策进程没有妇女的积极参与，没有吸纳妇女的观点，就不可能实现平等、发展与和平的目标。"我国是社会主义国家，党和政府一贯重视提高妇女地位，促进妇女解放，发挥妇女作用。随着我国现代化进程不断加快，我们理应充分发挥社会主义制度的优越性，使妇女参与国家和社会事务管理的程度不断提高，在国际上树立社会主义国家的良好形象。党一定要把培养选拔女干部的工作作为一项长期的战略任务，切实摆上重要位置。要适应时代进步和党的事业发展的需要，不断提高认识，自觉地长期做好重视培养选拔女干部这项工作。

少数民族干部，是党和政府联系少数民族群众的重要桥梁和纽带，是做好民族工作的重要骨干力量。做好培养、选拔、使用少数民族干部的工作，建设一支政治坚定、业务精通、善于领导改革开放和社会主义现代化建设、深受各族群众拥护的高素质的少数民族干部队伍，对于加快少数民族和少数民族地区经济社会发展，推进我国民族团结进步事业，维护祖国统一和社会稳定，具有决定性的意义。

首先，大力培养选拔少数民族干部，是确保党的路线、方针、政策在民族地区全面贯彻落实的需要。毛泽东同志曾经指出：要彻底解决民族问题，完全孤立民族反动派，没有大批从少数民族出身的共产主义干部，是不可能的。少数民族干部是党和政府联系少数民族群众的桥梁和纽带，少数民族干部来自本民族人民群众，同本民族人民群众联系密切。他们了解本民族的特点及本民族人民群众的愿望和要求，了解本地区的地理环境、自然条件、物产资源和经济发展中所遇到的困难和问题、优势和劣势，有加快发展本民族和本地区经济文化等各项建设事业的强烈愿望和要求。他们在解决民族问题上，在处理民族地区局部利益与国家的整体利益关系上，在维护民族地区少数民族群众的各项合法权益方面，有着不可替代的作用。要通过千百万少数民族干部，把党的路线、方针、政策贯彻到少数民族当中去，动员和调动广大少数民族人民群众的社会主义现代化建设的积极性，并组织和带领少数民族人民群众全面建成小康社会，促进各民族的共同繁荣和发展。

第二，大力培养选拔少数民族干部，是振兴民族地区经济和实现全国经济协调发展的需要。中华民族的振兴，离不开少数民族的振兴。只有培养造就一支德才兼备的少数民族干部队伍，才能更好地促进民族地区生产力的发展。当前，我国实施的西部大开发，既是逐步缩小地区差距，实现全国经济协调发展的重要措施，也是大力培养一大批优秀的少数民族干部的一个重要渠道。

第三，大力培养选拔少数民族干部，是巩固和发展团结稳定的政治局面的需要。我国是一个统一的、多民族的社会主义国家。在我国，民族问题将长期存在，现阶段民族工作的任务依然十分繁重。要粉碎国内外民族分裂分子的图谋，正确处理民族问题，集中精力搞好经济建设和改革开放，把中国特色社会主义伟大事业不断推向前进，必须有一个稳定的政治环境，有一支能够坚决执行党的基本路线、在思想上政治上同党中央保持高度一致的少数民族干部队伍。通过他们的工作，把少数民族和民族地区广大人民群众凝聚起来，为发展民族团结进步事业和实现各民族共同繁荣，做出更大的成绩。我们党一直把培养、选拔少数民族干部作为加强各民族的团结，促进少数民族的经济发展和社会进步，加快社会主义现代化建设的一项根本措施来抓。

历史证明，建设一支政治上跟党走、群众中有威望、工作上有实绩的高素质少数民族干部和人才队伍，是建设中国特色社会主义现代化国家和各民族共同繁荣发展的基础和保证。培养选拔少数民族干部是党的干部政策的一个重要方面，也是党长期工作的一条基本经验。做好这项工作，对于加强党的领导，增强各民族的团结，加快民族地区发展，实现国家稳定，全面建成小康社会和实现社会主义现代化，具有十分重要的意义。

63. 为什么要鼓励年轻干部到基层和艰苦地区锻炼成长？

答：要鼓励年轻干部到基层和艰苦地区锻炼成长，将优秀年轻干部送到艰苦地区、复杂环境、基层一线、关键岗位去锻炼，是深化干部人事制度改革的重要举措，是中青年干部锻炼成长的有效途径。

让年轻干部在艰苦环境中锻炼成长，有利于提高他们适应环境、解决实际问题的能力。困难和挫折往往更能锻造一个人的坚强性格和顽强的意志品格，更能提高一个人处理实际问题的能力。新时期的年轻干部不可能再重复革命先辈经受过的逆境与磨难，但必须牢固树立在实践中学习提高、在艰苦环境中锻炼成长的自觉意识，培养自己经得起逆境和磨难考验的思想和心理素质，这是年轻干部能够成大器、担重任的基本前提。对年轻干部而言，实践是最好的老师，把他们放到工作和生活条件相对艰苦、任务重、压力大、矛盾多的农村等基层一线环境中磨炼，既为基层输送了急需人才，也有利于培养、增进干部与基层群众的密切联系，从而促其在今后工作中自觉转变作风。

基层工作经验对年轻干部成长很重要，把年轻干部选派到基层，是培养干部、识别干部、考察干部、锻炼干部的重要途径。年轻干部在基层锻炼两三年，会增强处理复杂问题的综合能力。同时，两三年的时间，也可以考察出年轻干部的人品、境界和能力，有助于下一步的选拔使用。要关心爱护，帮助他们解决实际问题，特别是当他们遇到困难和挫折时，给予热情鼓励和支持。要客观评价，对他们取得的成绩，给予充分肯定，对取得显著实绩的，给予提拔重用。要大力宣传，形成正确的舆论导向，营造良好的社会氛围。广大年轻干部要珍惜每个锻炼机会，自觉到党和人民最需要的地方去，到艰苦复杂的环境中去接受挑战和考验，在实现社会价值的同时实现个人价值，向党和人民、也向自己的人生交上满意的答卷。

鼓励年轻干部到基层工作，有计划安排年轻干部到艰苦地区、复杂环境、关键岗位砥砺品质、锤炼作风、增长才干。"艰难困苦，玉汝于成"，越是条件艰苦、困难较多，越能磨炼人的意志，越能培养吃苦耐劳、坚韧不拔的优秀品格和脚踏实地、艰苦奋斗的优良作风，培养大公无私、无私奉献的自我牺牲精神，坚定理想，砥砺意志，陶冶情操。年轻的同志到艰苦复杂环境中去经受一番摔打磨炼，能够更好地砥砺思想品格和精神境界，对于增强党性修养，树立正确的世界观、人生观、价值观，是大有裨益的。基层并不是简单的行政级别或是地域指向，基层是跟群众联系最紧密、最直接、最充分的地界。在这个地界上，群众利益诉求集中、问题和矛盾复杂、情况多变、创新活跃、条件比较艰苦。基层是社情民意的"源头"，是服务群众的"窗口"，是维护稳定的"前沿"，是经济建设的"主战场"，是学以致用的"大学校"，是磨砺成才的"大熔炉"。越是艰苦复杂的地方越需要年轻干部去奋斗,越是奋斗越能锻炼人、越能长本事、越能够成就事业。这是一个相当艰苦、艰难的过程,但也是成才、成功的必由之路。基层和艰苦地区是实践的前沿,实践长才干,历练出人才。基层一线锻炼了年轻干部勤勉扎实、敢拼善战的工作作风,形成了苦干实干的良好氛围。

坚持"基层一线锻炼干部,基层一线出干部,为基层一线配优秀干部",鼓励年轻干部到基层和艰苦地区锻炼成长,有利于年轻干部进一步拓宽思路,开阔视野,熟悉基层和农村情况,增强全局观念和发展意识;有利于帮助年轻干部克服轻率浮躁思想,提高驾驭全局和复杂局面的能力,积累经验,增长才干,从而在实践中更好更快地锻炼成长。基层工作天地广阔,蕴藏着丰富的知识和无穷的智慧,既是干部健康成长的"加油站"、增长见识的"大课堂",又是考验干部能否做到执政为民的"试金石"。把到基层补课作为干部走上重要岗位的一个不可或缺的坚实台阶,将培养出更多堪当重任的栋梁之才,为全面建成小康社会提供坚强的组织和人才保证。

年轻干部应当高兴地到农村去、到一线去、到条件艰苦的地方去,在艰难困苦的历练中成长成才。经过艰苦复杂环境磨炼、重大斗争考验、实践证明优秀、有培养前途的大批年轻干部能够不断涌现出来,党和人民事业就大有希望。

64. 为什么要全面做好离退休干部工作?

答:习近平同志在全国老干部工作先进集体和先进工作者表彰大会上的讲话中明确指出:尊重老干部就是尊重党的光荣历史,爱护老干部就是爱护党的宝贵财富，学习老干部就是学习党的优良传统和作风，重视发挥老干部作用就是重视党的重要政治资源。

要全面做好离退休干部工作，首先是因为离退休干部是党和国家的宝贵财富，广大老干部在中国革命、建设、改革各个历史时期都作出了巨大的历史性贡献，是建立新中国、建设中国特色社会主义事业的功臣。现在老干部虽然离开了工作岗位，但仍在关心国家大事，维护改革、开放、发展、稳定的大局，他们在加强党的建设和关心教育下一代工作中仍是一支重要力量。

离退休干部工作作为干部工作的重要组成部分，是一项政治性非常强的工作。老干部工作部门担负着党赋予的组织凝聚老干部、关心照顾老干部的重大职责，必须把离退休干部工作放在党的组织工作、干部队伍建设工作这一大系统中去研究、去把握。

全面做好离退休干部工作，是深入贯彻落实科学发展观的要求。科学发展观的第一要义是发展，核心是以人为本，发展的最终目的是造福人民。就做好离退休干部工作来说，要坚持按照科学发展观的要求，自觉地把全面做好离退休干部工作放在推动科学发展的大局中来思考和谋划。要坚持落实以人为本的要求，把实现好、维护好、发展好老干部的根本利益作为工作的出发点和落脚点，主动作为，积极帮助他们解决实际困难和问题，着力解决好关系老同志切身利益的紧要问题和突出问题，让广大离退休干部共享改革发展成果。要尊重老同志对党对事业的历史责任感和社会责任感，重视发挥老同志的作用，为老同志老有所为、安度晚年创造良好条件。

全面做好离退休干部工作是推动社会主义和谐社会建设的要求。老干部工作既属于党的建设范畴，也属于社会建设范畴，也是和谐社会建设的一个重要方面。落实老干部的各项政治待遇、生活待遇，是党和国家的要求，也是建设社会主义和谐社会的内在要求。随着我国社会老龄化的加速发展和离退休干部队伍实际情况发生的变化，离休干部整体已进入高年龄期、高发病期，退休干部队伍越来越大，其平均年龄越来越高，离退休干部的服务管理工作面临新情况新问题，只有妥善解决好这些问题，才能更好地建设和谐社会。要通过我们的具体工作，把党的温暖、组织的关心带到老同志身边，让他们共享改革开放成果、极大提高幸福感和满意度的同时，激励他们积极成为构建和谐社会的重要力量。

全面做好离退休干部工作事关改革、发展、稳定、和谐大局。离退休干部工作不是中心，但牵动中心；不是大局，但影响大局。一方面，发挥离退休干部在全面建成小康社会中的参谋和促进作用，是全面做好离退休干部工作的重要内容。在现实生活中，不少离退休老干部从工作岗位上退下来后，继续为党、为社会、为人民发挥余热、作出了力所能及的新贡献。在我国改革发展进入关键阶段的新形势下，全面做好离退休干部工作，有利于充分发挥离退休干部在贯彻落实科学发展观、促进全面建成小康社会中的推动作用，有利于充分发挥离退休干部在实现经济社会发展的参谋作用，有利于充分发挥离退休干部在加强党的执政能力建设、先进性和纯洁性建设中的促进作用。另一方面，离退休干部是老龄化社会中最积极、最富有生气、最有影响力的重要组成部分。他们工作经验丰富、群众基础深厚，同社会各界接触机会较多，了解社会真实情况直接。全面做好离退休干部工作，有利于充分发挥离退休干部在构建社会主义和谐社会中的推动作用。

全面做好离退休干部工作是尊重历史、承前启后、继往开来的重要工作。我们党历来重视离退休干部工作，各时期领导集体都对做好离退休干部工作作过重要论述。党的十六大以来，党中央继承和发扬这一光荣传统，从战略和全局的高度，就认真做好离退休干部工作作了一系列重要论述和部署。党的十七大报告强调要全面做好离退休干部工作，突出了离退休干部工作的地位和作用，阐明了离退休干部工作是尊重历史、承前启后、继往开来的重要工作。党的十八大报告再次强调全面做好离退休干部工作。我们一定要贯彻落实好科学发展观以人为本的要求，切实把离退休干部工作作为一件大事来抓，认真研究和解决离退休干部工作遇到的新情况和新问题，真正做到政治上尊重离退休干部、思想上关心离退休干部，生活上照顾离退休干部，进一步把中央和省委关于离退休干部工作的各项政策措施落到实处。

离退休干部为我国的革命、建设、改革作出了重大贡献，建立了卓越功勋，没有广大离退休干部的长期英勇奋斗和艰苦创业，就不可能有我们今天的幸福和中国特色社会主义事业蓬勃发展的大好局面。因此，全面做好离退休干部工作不仅仅是一个工作问题，更是一个与构建社会主义和谐社会紧密相关的政治问题。

65. 为什么要坚持党管人才原则？如何坚持？

答：党的十八大报告强调，"坚持党管人才原则，把各方面优秀人才集聚到党和国家事业中来"。这是党基于对自身历史方位变化和领导方式转变的准确判断而作出的重大决策。党要取得事业的成功，不仅要靠全党同志特别是党内千百万优秀人才的不懈努力，而且在很大程度上取决于党能否把各方面的优秀人才真正团结在自己的周围，使他们自觉地投身到党和国家事业中去。只有坚持党管人才原则，才会有统一协调的步调，才会有明确一致的目标，才会形成推动事业发展的合力。

坚持党管人才原则，是党所肩负的历史使命和历史任务所提出的必然要求，也是党所承担的执政责任所在，更是党和国家各项事业兴旺发达的重要保证。正是在这个意义上，十八大强调广开进贤之路，广纳天下英才，是保证党和人民事业发展的根本之举。用"根本之举"这样的提法，足以说明集聚各方面优秀人才在党的工作全局中的重要位置。党管人才，是党爱人才，党兴人才，党聚人才，是解放人才的重要体现。

坚持党管人才原则，"管"的重心在"聚人才、创条件"，强调在全社会形成"尊重劳动、尊重知识、尊重人才、尊重创造"的浓厚氛围，通过制定人才成长政策、优化人才发展环境，千方百计地做好发现、培养、凝聚人才的工作，真正做到集聚优秀人才，凝聚民族复兴力量，努力形成人尽其才、才尽其用、用当其时和人才辈出的局面。党管人才，是人才工作沿着正确的方向前进的根本保证。

坚持党管人才原则，一是有利于加强党对人才工作的集中统一领导，统筹、搞活、用好社会各类人才资源，为全面建成小康社会提供智力支持和人才保证；二是有利于坚持和加强执政党对人才发展事业的领导，把各类优秀人才吸纳进党的组织或紧密团结在党的周围，更多吸引海内外优秀人才投入到全面建成小康社会的宏伟大业中来，这决定着党的执政基础的巩固，决定着党的执政能力和执政水平的提高；三是有利于党做到用事业造就人才、用环境凝聚人才、用机制激励人才、用法制保障人才，为一切有志成才的人提供更多发展机遇和更大发展空间。

坚持党管人才原则，体现了新的历史条件下我们党对执政规律的科学把握，对人才资源重要价值的深刻理解，为人才工作健康发展提供了根本保障。那么，如何坚持党管人才原则呢？

首先要制定政策，就是要在准确把握人才情况和认真总结人才工作规律的基础上，把握人才工作的正确方向，完善人才工作的大政方针，明确发展目标，坚持分类指导，研究制定人才工作的发展规划，推进人才法制建设。其次要整合力量，就是要形成党委统一领导，组织部门牵头抓总，有关部门各司其职、密切配合，社会力量广泛参与的人才工作新格局，充分发挥人才工作各相关部门的职能作用，整合开展人才工作的各种积极因素，形成开展人才工作的强大合力。再次要营造环境，就是要动员全党全社会高度重视人才工作，努力营造"尊重劳动，尊重知识，尊重人才，尊重创造"、有利于优秀人才脱颖而出的舆论氛围，形成鼓励人才干事业、支持人才干成事业、激发人才干大事业的良好环境。最后要提供服务，就是各级党组织和领导干部要以爱才之心、识才之智、容才之量、用才之艺，把人才工作的重点更多地放在搞好服务上来，积极主动、满腔热情地为吸引、培养和凝聚人才当好"后勤部长"，通过诚心诚意办实事，尽心竭力解难事，坚持不懈做好事，去感召和凝聚各类人才。各级党的干部要全面体现爱才之心、识才之智、容才之量、用才之艺。立足于一个"管"字。党管人才，要做到真管、管好。要管大局，加强对人才的宏观管理，管好全局，抓好大事，着力解决好人才队伍建设的关键性问题。

坚持党管人才，要搭好人才建设的舞台，就要通过人才工作机制的创新，努力实现管理方式的"三个转变"：管理重点由直接管理向注重指导、协调、服务转变，管理手段由单纯的行政手段向法律、经济与行政手段相结合的开放式管理转变，管理目标由"为我所有"向"为我所用"转变。要紧紧抓住培养、吸引、用好人才三个环节，通过人才资源的合理配置，努力搭建"四个平台"：一是搭建更大的竞争选择平台，为各类人才的流动和实现个人价值提供更多的机会；二是搭建更大的成长发展平台，促进各类人才的协调发展；三是搭建更大的保障激励平台，进一步完善服务体系；四是搭建更大的创新实践平台，提供更多更好的创业条件。制度是带有根本性、全局性、稳定性和长期性，作为执政方式的一个新境界，党管人才应该为坚持、改善、加强党的领导和实施人才强国战略，提供新的路径和制度平台。要健全和完善人才工作咨询决策机制、协调落实机制和监督约束机制，加强各部门、单位间的联系与协调，形成齐抓共管人才工作的强大合力。重点做好制定政策、整合力量、营造环境、提供服务的工作，通过事业、环境、机制、法制四个方面，形成人才竞争力的活力机制，让事业造就人才，让机制激励人才，让环境凝聚人才，让法制保护人才。

在各级党委的共同努力下，坚持党管人才原则，改进党管人才方法，就能调动各级各部门和社会各界发现人才、培养人才、使用人才、保护人才的积极性，形成加快人才发展的整体合力，我国的人才发展必将再上新台阶！

66. 为什么要创新基层党建工作，夯实党执政的组织基础？

答：党的十八大提出了"创新基层党建工作，夯实党执政的组织基础"的要求，这是由党的基层组织的地位和作用以及党的基层组织建设面临的突出问题决定的。党的十八大报告指出："党的基层组织是团结带领群众贯彻党的理论和路线方针政策、落实党的任务的战斗堡垒。"《中国共产党章程》第三十一条明确规定："党的基层组织是党在社会基层组织中的战斗堡垒，是党的全部工作和战斗力的基础。"这些都是对党的基层组织的地位和作用的精辟论述。可以从如下几方面把握基层党组织的地位和作用：

党的基层组织是党的整个组织体系的基础。党的力量来源于组织，党的战斗力、凝聚力和创造力，取决于党的组织是否严密巩固和全体党员能否行动一致。中国共产党是按照民主集中制原则组织起来的统一整体。根据民主集中制的组织原则和组织制度，党建立了中央组织、地方组织和基层组织这一组织系统。党的基层组织遍布在全国各地、各个部门、各条战线，直接联系着8200多万党员，是把党员组织起来的最直接形式，是党的整个组织体系的基础。它对于党的存在、巩固和发展具有基础的意义，一旦"基础不牢"，就会"地动山摇"。

党的基层组织是党的力量的源泉，党的基层组织是党的生长地。无产阶级政党是在人民群众之中产生、发展和壮大的，因而始终把自己活动的基础放在基层生产单位和群众之中。党的基层组织是党开展各项工作、完成党的各项任务的最终依托。党对党员的发展、教育、管理和监督要通过基层组织来实现；党的基层组织是党员履行义务、行使权利的重要场所；党的一切主张、各项任务都要通过基层组织去完成。而且，基层组织建设的实践经验，也是党治国理政智慧的重要源泉。江泽民同志曾指出："党的战斗力，党的力量，表现在哪里？我看首先表现在近三百万个基层党组织的战斗堡垒作用。不然，中央的领导作用从哪里来？如果党的基层组织统统都淡化了，我看总书记就一定会变成'空头司令'。"①

党的基层组织是党联系群众的桥梁和纽带。人民群众的拥护和支持是党的力量源泉和胜利之本，能否始终保持和发展党同人民群众的密切联系，直接关系到党和国家的盛衰兴亡。党与群众联系的主要途径和方式，就是通过基层组织发挥桥梁和纽带作用。一方面，党的基层组织处于党联系群众的前沿阵地，是党的各级领导机关了解群众愿望、倾听群众呼声的重要渠道。另一方面，党的基层组织又是群众认识和了解党的"窗口"，人民群众往往是从自己身边的党的基层组织来认识、了解和评价党的。党的基层组织可以把党的路线方针政策及时宣传、贯彻到群众之中，化为群众的自觉行动，同时又能把群众的愿望和新期待及时反映到各级党的领导机关中去，使党做出正确决策，从而可以直接为群众办好事、做实事，并通过自身模范的行动树立党的威信，真正发挥自身在党密切联系群众中的桥梁和纽带作用。

党的基层组织是实现党的领导的基础。党的领导，主要是政治、思想和组织领导，根本上是制定和贯彻正确的路线方针政策。正确的路线方针政策制定后，就要依靠广大基层党组织去宣传、动员、教育、组织和团结党员群众去付诸实践，否则，党的路线方针

---

① 《十三大以来重要文献选编》中，人民出版社 1991 年版，第 582 页。

政策就很难变成广大党员和群众的共识和一致行动，党的领导就要落空。陈云在《党的支部》一文中指出，支部是党的最基层组织，也是党的基本组织。党的一切口号、主张、政策，依靠支部才能具体深入到群众中去。依靠支部在群众中日常的宣传组织工作，才能使广大群众团结在党的口号、主张、政策之下，进行革命运动。也就是说，党的基层组织是党对人民群众实施领导的基本单位，是实现党的领导的组织基础。

综上所述，党的组织的发展壮大、党的战斗力的形成、党内各项活动和工作的顺利开展、党群关系的密切，这些都是事关党的生死存亡的重大问题，而党的基层组织在这些方面都发挥着最重要的基础性作用。党必须高度重视基层党建工作，夯实党执政的组织基础。

在新形势下，要充分发挥党的基层组织的战斗堡垒作用，夯实党执政的组织基础，就必须创新基层党建工作。这是由党的基层组织建设面临的新情况新问题决定的。

一是市场经济的挑战。在市场化的过程中，新经济组织、新社会组织的大量涌现，使基层党建工作出现了盲区和空白点；在改革过程中，党员队伍出现大范围流动与重组，过去的"单位人"变成了现在的"社会人"，给基层党员的教育和管理带来了困难。市场经济条件下，受经济利益驱动，一些党员政治信念动摇和理想淡化，迫切要求加强和改进党员的教育工作，等等。

二是社会意识多元化的挑战。基层党组织的一个基本任务是教育党员和群众。在改革开放和发展社会主义市场经济下，人们的思想观念、价值观念具有多元化和多变性的特点。在这种情况下，各种思想意识、文化观念、价值观念，包括西方国家的政治观点以及宗教等，通过互联网等媒介在全球范围自由、高速地传播，使主流文化价值观受到严重的冲击。这对基层党组织采取什么方式方法更加有效地教育引导党员坚定理想信念提出了新挑战。

三是党的基层组织还存在不少与新的形势任务不相适应的问题。当前，党的基层组织和党员队伍的总体状况是好的，但也存在不少不适应新形势新任务要求、不符合党的性质和宗旨的问题。这些问题严重削弱了党的先进性和战斗力，迫切要求改进和加强党的基层组织建设。

上述情况表明，传统的基层党建模式已不能适应新的形势和任务的需要。必须正确分析基层党组织建设面临的新挑战，从社会变革的实际出发，创新基层党建工作理念，推进基层党建工作组织创新、内容创新、管理创新、方式和制度创新，这是提高基层党组织建设科学化水平、夯实党执政的组织基础的必然要求。

$67.$ 什么是党建工作责任制？如何落实党建工作责任制？

答：党建工作责任制是一项明确地方党委、部门党组（党委）抓基层党建工作责任的制度。这一制度规定了地方党委、部门党组（党委）抓基层党建工作的总体要求、主要原则、主要责任和工作目标，其目的是形成责任明确、领导有力、运转有序、保障到位的工作机制，促进基层党建工作科学化、制度化和规范化，不断增强基层党组织的创造力、凝聚力和战斗力。

地方党委、部门党组（党委）抓基层党建工作的总体要求是：以马克思列宁主义、毛泽东思想和中国特色社会主义理论体系为指导，着眼于加强党的执政能力建设、先进性和纯洁性建设，努力形成责任明确、领导有力、运转有序、保障到位的工作机制，促进基层党建工作科学化、制度化和规范化，不断增强基层党组织的创造力、凝聚力和战斗力，为全面推进中国特色社会主义伟大事业提供坚强的组织保证。

地方党委、部门党组（党委）抓基层党建工作的主要原则包括：

坚持党要管党、从严治党；坚持围绕中心、服务大局；坚持分类指导、整体推进；坚持与时俱进、开拓创新。

地方党委、部门党组（党委）抓基层党建工作的主要责任：一是贯彻执行中央和上级党组织关于基层党建工作的决议、决定和指示，研究制定本地区本部门基层党建工作规划、计划、制度和措施，并组织实施。二是建立健全党的基层组织，扩大党的工作覆盖面，领导和指导基层党组织有效开展工作。三是加强基层党组织领导班子建设，选好配强基层党组织书记，及时整顿软弱涣散、不起作用的基层党组织。四是加强党员队伍建设，指导基层党组织做好发展党员工作，注意在生产一线发展党员，注意发展年轻党员，加强对党员的教育、管理、监督和服务，认真做好处置不合格党员工作，引导党员自觉履行义务，保障党员充分行使权利。五是关心爱护基层党务干部，为基层党组织开展工作提供必要的条件。六是做好基层党建工作的督促检查和考核评价。

地方党委、部门党组（党委）抓基层党建工作要达到的主要目标是：组织坚强有力；党员作用突出；工作得到促进；人民群众满意。

落实党建工作责任制需要采取切实的工作措施，主要是：加强统一领导；深入调查研究；建立党员领导干部联系点；开展"创先争优"活动；搞好舆论宣传；强化督促检查。此外还要加强考核。

68. 为什么要强化农村、城市社区党组织建设？

答：党的基层组织是党的全部工作和战斗力的基础，是团结带领群众贯彻党的理论和路线方针政策、落实党的任务的战斗堡垒。农村基层党组织是党在农村全部工作和战斗力的基础，是村级组织和各项事业的领导核心，是党联系农民群众的纽带。城市社区是党在城市工作的基础，社区党建工作是党的基层组织建设的重要组成部分，以服务群众为重点，构建城市社区党建工作新格局，有利于夯实党在城市基层的执政基础，增强党的执政能力，促进城市现代化建设。

农业是国民经济和整个社会主义现代化建设的基础。农民是建设中国特色社会主义的一支基本依靠力量。我国农业要登上新台阶，农村改革要有新进展，农村社会面貌要有新变化，实现"生产发展、生活宽裕、乡风文明、村容整洁、管理民主"这一建设社会主义新农村的目标任务，任务十分艰巨。必须动员各方面的力量，作出艰苦的努力，其中最重要的一项基础工作，就是加强农村基层组织建设。只有进一步建设好全国农村近 60 万个基层组织，才能保证党的路线方针政策的贯彻落实，把亿万农民紧密团结在党的周围，凝聚成建设社会主义新农村的强大力量，推进农村改革的深化、经济的发展和社会的进步。

近些年来，各级党委按照中央的部署，积极推进农村党组织建设，做了大量工作，收到了明显成效。我国农村建设的巨大成就，是农村基层组织和广大基层干部、共产党员的辛勤工作的结果。但同时应当清醒地看到，随着社会主义市场经济的发展，农村基层组织面临着许多新情况，程度不同地存在一些同新形势不相适应的问题。这些问题的存在，同有些地方领导机关忽视基层组织建设有着密切的关系，必须引起高度重视，认真加以解决。

建设社会主义新农村，关键在于加强和改善党在农村的领导。党在农村的方针政策要靠农村基层党组织来贯彻落实，农民群众生活的改善要靠农村基层党组织来推动，党在农民群众心目中的形象要靠农村基层党组织来维护，党建设社会主义新农村的战略任务，要靠基层党组织团结和带领群众艰苦奋斗。正如农民群众所说，"给钱给物不如建个好支部"。然而，农村基层党组织建设还存在的薄弱环节，制约了农村基层党组织作用的充分发挥，必须切实加强农村基层组织建设，以改革创新的精神探索新的历史条件下做好农村基层党组织工作的新思路和新方法。

随着城镇化进程不断加快，城市基层管理体制改革不断深化，城镇社区在城市工作中的地位越来越重要，社区承担的任务日益繁重。新经济组织、新社会组织大量涌现，迫切需要依托社区党组织加强这些组织中的党建工作，不断扩大党在城市工作的覆盖面；越来越多的"单位人"转为"社会人"，大量退休人员、下岗失业人员和流动人员进入社区，迫切需要社区党组织转变管理和工作方式，做好新形势下的群众工作，形成社区群众各尽其能、各得其所而又和谐相处的局面，巩固党执政的社会基础；社区群众的物质文化需求日益呈现出多层次、多样化的趋势，迫切需要增强社区党组织的领导、协调功能和社区的服务功能，全面推进社区建设。

近年来，按照中央的要求，各地结合实际，对社区党建工作进行了积极探索，取得了较大进展，但仍存在一些亟待解决的问题。适应新的形势和任务的需要，把社区党组织建设成为贯彻落实科学发展观的组织者、推动者和实践者，对于大力推进社区建设、满足社区群众和驻区单位的社会需求，对于加快城镇化进程、建设和谐社会，对于建立健全党委领导、政府负责、社会协同、公众参与的社会管理格局，对于巩固党的执政基础、增强党的执政能力，都具有十分重要的意义。因此，必须高度重社区党的建设工作，采取有力措施，认真解决存在的问题，不断开创社区党建工作新局面。

69. 为什么要加大非公有制经济组织、社会组织党建工作力度？

答：非公有制经济是我国社会主义市场经济的重要组成部分，

坚持和完善公有制为主体，多种所有制经济共同发展，是我国的基本经济制度。非公有制经济组织怎样科学发展、和谐发展，事关国家发展大局。社会组织是党和政府联系群众的重要桥梁和纽带，是促进经济发展、社会和谐的积极力量。

党的十四大以来，以建立和完善社会主义市场经济体制为目标的改革，使我国的经济结构、社会结构发生了深刻变化，各种非公有制经济组织、新社会组织大量涌现。我国非公有制经济组织已成为新增就业的主要渠道、财政收入的重要来源、自主创新的重要源泉，是推动我国经济社会又好又快发展的重要力量。在我国，各种社会组织遍布全国城乡，涉及各个领域，初步形成了门类齐全、层次不同、功能互补、覆盖广泛、特色明显的组织体系，在促进经济发展、提供公共服务、反映公众诉求、维护社会稳定、推动精神文明建设等方面起到了不可替代的作用。

各种非公有制经济组织、新社会组织的日益增多，迫切需要从实际出发，在两类组织中加大党建工作的力度。在非公有制经济组织和社会组织中建立党的组织，开展党的工作，加强党的建设，充分发挥党的思想政治优势、组织优势和密切联系群众的优势，是坚持和完善社会主义初级阶段的基本经济制度，保证监督党和国家的方针政策、法律法规贯彻实施，推动非公有制经济组织、新社会组织健康发展，促进这两类组织在推动我国经济社会发展进步中更好发挥作用的需要；也是加强党同非公有制组织和社会组织成员的联系，将党的影响和作用渗透到新的经济社会空间，把新的社会力量组织起来、凝聚起来，紧紧团结在党的周围，扩大党的群众基础的需要。

近年来，各地在非公有制经济组织、新社会组织中积极开展党的工作，进行了有益探索，取得了一定成效。但是，还存在着一些不容忽视的问题，主要是党员人数少，流动性大，党员管理难；企业主支持力度不够，党组织难以发挥作用；党员自身认识模糊，模范作用发挥不够；党组织活力不足，党务干部素质亟待提高。

上述问题，与新形势下党对非公有制经济组织、新社会组织党建工作的要求不相适应。我们要从巩固党的执政地位、保证党的基本路线全面贯彻执行的战略高度，充分认识加强非公有制经济组织、社会组织党建工作的重要性和紧迫性，增强政治责任感，采取得力措施，切实加大非公有制经济组织党建工作的力度。

70. 如何扩大党组织和党的工作覆盖面？

答：规模宏大、组织严密、覆盖广泛的基层组织，是中国共产党丰富的组织资源和坚实的组织基础。随着改革开放的不断深入和市场经济的不断发展，各种新建立的经济组织和社会组织不断涌现，传统的单位体式组织体系出现了"空白"，党的工作出现了"盲点"；随着改革不断向纵深发展，社会经济成分、组织形式、利益分配和就业方式日趋多样化，党员队伍出现大范围流动与重组，部分领域出现了"党员找不到组织，组织找不到党员"的现象，"组织边缘化"党员多起来。党的十八大报告提出，全面推进各领域党的基层组织建设，扩大党组织和党的工作覆盖面。这是我们党适应新形势、新任务的要求，加强党的基层组织建设的重大部署。

做好这项工作的总的要求是：全面推进各领域党的基层组织建设，实现党组织和党的工作全社会覆盖，做到哪里有群众哪里就有党的工作、哪里有党员哪里就有党组织、哪里有党组织哪里就有健全的组织生活和党组织作用的充分发挥。当前和今后一个时期，扩大党组织和党的工作覆盖面，要坚持有利于加强对党员教育管理，有利于发挥党的领导作用、有利于巩固党的执政地位的原则，在按照地域、按照单位为主设置党组织的基础上，积极探索新的更加务实管用的模式和做法，形成与经济社会发展相适应的党的基层组织格局。

第一，创新农村基层组织设置方式。随着农村经济社会形势的变化，农村基层党组织的设置方式也必须作适当的调整和改变。要在坚持按地域、建制村设置的基础上，适应农民新型合作组织和农业社会化服务组织发展的需要，本着地域相邻、行业相近、优势互补、便于管理和发挥作用的原则，积极探索其他设置方式。既可以采取"村村联建"、"村企联建"、"村居联建"党组织等模式，也可以把党组织建立在农民专业合作社、专业协会、产业链和各种联合体上，也可以在外出务工经商人员相对集中点建立党组织。农业、农村、农民问题是全党工作的重中之重，扩大基层党组织在"三农"领域的覆盖，必将拓展党组织与群众的联系，对于夯实党的执政基础，深化农村改革，维护社会的稳定，全面建成农村小康社会，都具有最重大意义。

第二，进一步加大在非公有制经济组织中建立党组织工作的力度。要按照"谁管理、谁负责"或属地管理的原则，凡是具备单独建立党组织条件的，应尽快建立党组织；暂时不具备条件的，要按照"行业相近、地域相邻、方便工作"的原则，联合建立党支部；没有党员的，要采取派驻党建工作指导员和建立党建工作站、党员联络服务站，或依托工会、共青团等组织开展党的工作。国有、集体改制为非公有制企业的，要同步改建或组建党组织。要按照有利于党组织开展活动、有利于促进非公有制经济发展的原则，制定和完善党组织的职责和活动制度，明确党组织开展工作的目标、方针和原则，建设一支高素质的非公有制企业党的工作者队伍。要研究探索非公有制企业党组织发挥作用的有效载体，抓好党员企业主和规模较大、影响较大业主的教育培训，提高他们的政治觉悟，引导他们支持和配合在本企业建立党组织、开展党的工作。在非公有制经济组织中建立党组织，是扩大基层党组织覆盖面过程中的难点，要下工夫切实做好这项工作。

第三，加大在社会组织中建立党组织力度。按有关规定，社会团体的常设办事机构专职人员（包括长期聘用人员）中有正式党员3人以上的，均应及时建立党的基层组织，正式党员不足3人的，可与同一业务主管单位所属的其他社会团体或其他邻近单位建立联合党支部，或将党员组织关系转入其业务主管单位或挂靠单位的党组织，并参加那里的党组织活动。对目前还没有党员的社会组织，上级党组织可以向其选派、输送、推荐条件符合的党员，为建立党组织创造条件；也可采取选派党建工作指导员或先行建立工会、共青团、妇联等群众组织的办法开展党的工作，并为建立党组织创造条件。目前，社会组织中党组织的覆盖面还偏低，要加快在社会组织中建立党组织的步伐。

第四，及时调整、健全社区党组织。凡是有3名以上正式党员的社区，都要单独建立社区党组织。要根据城市基层管理体制改革的实际和社区党员的变化情况，坚持边组建、边调整、边巩固、边提高的原则，确保实现"一社区一支部（总支、党委）"的目标。尤其要重视及时在城市新区、开发区和新建居民区建立社区党组织，并开展党的工作。在调整社区设置时，要同步调整、健全社区党组织。街道、社区党组织要指导、协调、支持驻区非公有制经济组织、社会组织建立党组织。

第五，高度重视教育、科研、文化、卫生、体育等事业单位党组织建设。要按照"谁主管、谁负责"的要求，摸清底数，明确责任，尽快对应建未建党组织的单位，抓紧组建党的组织；对党员人数少的，可以采取联建或挂靠等形式；对没有党员的单位，要通过下派党建指导员等形式，开展党的工作，把符合条件的优秀分子吸收到党内来。

71. 基层党组织如何充分发挥推动发展、服务群众、凝聚人心、促进和谐的作用？

答： 充分发挥推动发展、服务群众、凝聚人心、促进和谐的作用，这是党的十八大根据新的形势和任务对发挥基层组织的战斗堡垒作用作出的新概括和提出的新要求，各层基层组织要深刻领会、全面落实。

第一，充分发挥基层党组织推动发展的作用。发展是我们党执政兴国的第一要务。坚持聚精会神搞建设，一心一意谋发展，对于全面建成小康社会、加快推进社会主义现代化，具有决定性意义。科学发展观的第一要义是发展，促进发展是基层党组织的第一任务。这就要求我们把基层党建放到科学发展大局中去谋划，找准着力点和结合点，坚持用党建来推动科学发展，用科学发展的成效来检验党的工作。党组织的活动要围绕深化改革、促进发展、提高党员素质来展开。党组织对干部、党员的绩效评估、考核要以是否推动了本地区、本部门的科学发展为依据，使基层党组织的创造力、凝聚力、战斗力不断增强。

第二，充分发挥基层党组织服务群众的作用。全心全意为人民服务是我们党的根本宗旨。党的根基在人民、血脉在人民、力量在人民。能不能坚持全心全意为人民服务的根本宗旨，是衡量基层党组织是否具有先进性的根本标尺。基层党组织要始终把服务群众作为重要职责，时刻把群众的安危冷暖挂在心上，从人民最关心、最直接、最现实的利益问题入手，为群众诚心诚意办实事，尽心竭力解难事，坚持不懈做好事。倾听群众呼声、体察群众情绪、反映群众诉求、关心群众疾苦。适应新形势对服务群众工作提出的新要求，创新服务方式、拓宽服务领域、强化服务功能，构建联系和服务群众工作体系。要组织广大党员做好联系和服务群众工作，积极探索和总结推广党员服务群众的好做法、好经验，并使之制度化，为党员服务群众提供科学有效的组织和制度保证。

第三，充分发挥基层党组织凝聚人心的作用。在新的形势下充分发挥基层党组织凝聚人心的作用，要求基层党组织必须优化组织设置，扩大组织覆盖，创新活动方式，使基层党组织成为人民群众信任和拥护、认真贯彻党的方针政策的坚强战斗堡垒，切实做到哪里有群众哪里就有党的工作，哪里有党员哪里就有党的组织，哪里有党的组织哪里就有健全的组织生活和坚强的战斗力。

第四，充分发挥基层党组织促进和谐的作用。在改革不断深化的今天，许多利益关系和社会矛盾往往汇集在基层，这就要求基层党组织必须切实承担起化解矛盾的责任，提高化解矛盾的能力，做好化解矛盾的工作。在化解矛盾的过程中，基层党组织要充分发挥我们党善于做思想政治工作的优势，以群众关心的热点和难点问题为重点，运用沟通协调、说服教育、示范引导和提供服务等方法，让群众全面了解国情、了解党和国家的方针政策、了解本地区本部门的发展目标和工作部署，教育引导群众正确处理个人利益和集体利益、局部利益和整体利益、当前利益和长远利益的关系，以理性合法的形式表达利益诉求、解决利益矛盾，促进社会和谐，自觉维护社会安定团结。要认真研究和把握新形势下群众工作的特点和规律，创新群众工作方式方法，把群众工作做深、做细、做实，切实理顺群众情绪，关心群众生产生活。凡是涉及群众切身利益的问题都要当作大事来对待，凡是群众提出的意见都要真心实意地去听取，凡是群众要求解决而且应该解决的问题都应尽快加以解决，一时解决不了的也要说明原因，提出解决方案，并在今后工作中逐步去解决。要加强对矛盾纠纷的排查和分析工作，及早发现可能发生的各种矛盾，及时妥善地采取措施，努力把问题解决在基层、解决在萌芽状态。

72. 为什么要以党的基层组织建设带动其他各类基层组织建设？

答：以党的基层组织建设带动其他各类基层组织建设，这是以党建促进社会建设的一项重要举措，是党的领导方式和执政方式的创新，是新形势下党的基层组织建设的一项重要任务。

改革开放以来，随着经济体制改革的深化和经济结构、产业结构的调整，以及城市化加速发展，我国的社会结构、阶层结构发生了深刻而巨大的变化，"四个多样化"日趋明显，各个阶层、各个群体的特征更加突出，公民由单位人、村组人转化为社会人，由各阶层、各群体、各行业组成的各类社会组织大量涌现。在这种情况下，党要领导社会组织健康有序发展，最大限度地激发社会活力，其重要途径就是全面推进各领域基层党建工作，以党的基层组织建设带动其他各类基层组织建设。

首先，这是由党的基层组织的地位和作用决定的。党的基层组织是党在社会组织中的战斗堡垒，是党的全部工作和战斗力的基础。我们党是执政党，是社会主义现代化事业的领导核心。实现党的领导，既要靠制定正确的路线、方针、政策，也要靠各级党组织充分发挥作用来保证，最终要通过党的基层组织的大量工作，使之变为广大党员和群众的实际行动。党的基层组织分布在工厂、农村、商店、人民解放军连队和其他社会基层单位。尽管这些基层单位的工作性质、领导体制有所不同，党的基层组织的具体职能、工作方法也不完全一样，但都是党在社会基层组织中的战斗堡垒，都要担负起宣传和执行党的路线、方针、政策的重要职责，都要团结和组织党内外的干部和群众，努力完成本单位的工作任务。党的基层组织的这种作用，是党的领导在社会基层组织中的具体体现，是其他任何社会组织都无法替代的。同时还必须认清，无论党的基层组织的职能任务怎样变化，贯彻执行党的路线方针政策、实现党的领导的功能，仍然是基层党组织的首要职责；无论基层社会组织的领导体制怎样改变，基层组织都是其中的政治领导核心。

截至 2011 年底，中国共产党党员总数达 8260 万名，党的基层组织总数达 402.7 万个，分布在各行各业的社会基层单位。这些基层党组织是实现党的领导的基础环节，是在全社会贯彻党的路线方针政策的组织依托。毛泽东同志曾指出："只要我们党的作风完全正派了，全国人民就会跟我们学。党外有这种不良风气的人，只要他们是善良的，就会跟我们学，改正他们的错误，这样就会影响全民族。"①只要加强党的基层组织建设，使党的基层组织和党员成为带头执行党的路线方针政策的模范，就会影响和带动其他基层组织加强自身建设，使它们在承担自身职责的同时，自觉把党的路线方针政策融会于实际工作之中，从而实现党对全社会的领导作用。

其次，这是促进工会、青年团、妇联发挥作用的必然要求。在新形势下，工会、青年团、妇联组织作为党联系群众的桥梁和纽带，肩负着联系群众、组织群众、引导群众、服务群众和维护群众合法权利，把广大职工、青年、妇女紧密团结在党组织周围，巩固和扩大党执政的群众基础的重要职责。党与工会、青年团、妇联组织的特殊政治关系和共同使命，决定了工会、青年团、妇联工作是党的群众工作的重要组成部分，工会建设、青年团建设、妇联建设是党建工作的重要部分。在加强党的建设的同时，必须重视抓好工青妇组织的建设，不断增强工会、青年团、妇联组织的生机和活力，这是构建社会主义和谐社会的必然要求，也是新时期党的工作

① 《毛泽东选集》第三卷，人民出版社 1991 年版，第 812 页。

的必然要求。党的基层组织处于工会、青年团、妇联基层组织最接近的地位，肩负领导工会、共青团、妇联等基层组织的职责。实践证明，坚持党的基层组织建设带动工会、青年团、妇联基层组织建设，是加强党的执政能力建设、巩固党的群众基础的必然要求，是凝聚各方面力量和智慧，完成本单位工作任务的重要保证。

最后，这是促进党的基层组织和其他各类基层组织共同发展的需要。在基层，除了党组织外，还有其他各类基层组织。在其他各类基层组织中，除了传统的基层组织外，还出现了新经济组织、新社会组织等各类基层组织。社会组织的多样化是社会主义市场经济发展的必然结果，正确引导各类社会组织健康发展，是构建社会主义和谐社会、巩固党的执政基础的必然要求。其他各类基层组织在自身发展和作用发挥上，都需要党的基层组织的带动。党的基层组织带动其他基层组织建设，就是要做好组织建设的示范，就是要用示范的方式巩固政治核心地位。同时，党的基层组织贯彻党的方针政策，需要其他各类基层组织的支持和配合，需要利用其他种类基层组织联系群众、凝聚群众。其他各类基层组织也需要向党的基层组织了解党的方针政策，需要党的基层组织的领导和支持。为此，在推动发展、服务群众、凝聚人心、促进和谐中，必须坚持以党建带动其他基层组织建设，夯实党执政的社会基础。

73. 如何健全党的基层组织体系?

答：党的基层组织是党全部工作和战斗力的基础，是落实党的路线方针政策和各项工作任务的战斗堡垒。根据我国经济社会变化的实际，调整和优化基层党组织设置方式，建立健全分布广泛、管理严密、坚强有力的基层组织体系，是充分发挥基层党组织功能作用，巩固党的执政基础的必然要求。

随着我国经济结构、社会组织结构的深刻变化，传统的垂直型、单一型、地域型党组织设置模式已经严重滞后。在这种情况下，应从有利于党员教育管理、有利于发挥党组织和党员作用、有利于密切联系群众、有利于扩大党组织覆盖面、有利于促进经济社会发展等原则出发，努力把党的组织和工作延伸到社会基层的各个领域，进一步扩大基层党组织的覆盖面。

健全党的基层组织体系，一是要由传统领域向新型领域延伸，在继续完善农村、国有企业、机关、学校等传统领域党组织的设置形式，把非公有制经济和新社会组织作为建立党的组织、扩大党组织覆盖面的重点；二是由实体向网络延伸，把"支部建在网上"，依托网络开展党的活动，加强党员教育管理，使党组织工作形态由有形扩展到无形，工作范围由现实空间扩展到虚拟空间；三是由单位向区域延伸，坚持以"区域不变"应"单位万变"，依托街道社区、工业园区、大型商贸区等建立区域性党组织，做到组织共建、资源共享、活动共搞、党员共管，提高党的基层组织体系的整体效能；四是要抓好重点领域、重要部门、重要单位的基层组织的设置工作，健全党的基层组织体系，就是要切实做到哪里思想最活跃，党的组织就应该延伸到哪里；哪里积聚的人气最旺，党组织就应该影响到哪里；哪里的矛盾最复杂，党组织的作用就应该发挥到哪里。

当前，在完善企业、农村、机关、学校、科研院所、街道社区、社会组织中的基层党组织的同时，还要创新党组织的设置，可以设置以下几种类型的党组织：一是产业型党组织。适应产业化步伐不断加快的新形势，基层党建应该主动把党组织设置到产业化链条的每一个环节，使基层党组织的活动延伸到产业化的每一个角落，探索依托产业链建立党组织的新模式。二是联合型党组织。城乡联合型党组织、村村联建党组织、村企联建党组织，以及党政机关与行政村联建的党组织模式。三是流动型党组织。适应党员流动加大加快趋势，实行"单建"、"联建"、"挂靠"等灵活形式建立党组织，以加强对流动党员的管理。四是功能性党组织。在以地域为主设置党组织的基础上，根据社会工作需要与党员特征相结合、党员自愿选择与党组织指定相结合原则，探索以党员从业分工和趣缘、情缘为基础设置党组织模式，成立专业技术互补、文化层次互补、年龄结构互补、思想观念互补的特色党支部，以适应党员从业结构多元化、职责多样化和党员作用个性化日益明显的新趋势，使党组织机构设置朝着多元化、立体化方向发展，以有效增强基层党组织的影响力。

74. 为什么要加强基层党组织带头人队伍建设？如何建设好这支队伍？

答：基层党组织带头人是指基层单位党委（党总支、支部）书记。加强基层组织建设，最重要的是加强带头人队伍建设。一个村、一个社区、一个企业、一个单位，有一个好的带头人，就能够做到组织强、发展好。江苏华西村几十年经济快速健康发展，老百姓生活幸福、安居乐业，关键是有吴仁宝这个好书记。类似这样的例子很多。显然，加强基层党组织带头人队伍建设，对于发挥基层党组织的作用具有重要现实意义。按照"守信念、讲奉献、有本领、重品行"的要求，建设一支坚强的基层党组织带头人队伍，是基层党组织建设的关键一环。

当前，基层党组织带头人队伍建设工作中还存在许多不适应的问题。党政带头人关系以及基层党组织带头人的职能定位还不很明确；基层党组织带头人工作的积极性、创造性并没有得到有效激发；对这支队伍的知识更新和能力培养重视不够，"重使用、轻培养"的倾向在一些单位仍十分明显。因此，要切实加强基层党组织带头人队伍建设。要在坚持改革开放、推动科学发展、促进社会和谐的大局中，谋划基层党组织带头人的定位；坚持按照以人为本的价值理念，加强制度和机制建设；坚持以改革创新的精神，推进基层党组织带头人队伍建设，使基层党组织带头人在履职过程中充满责任感、使命感和自豪感，创造性地开展工作，增强基层党组织的活力和吸引力，形成创造力、凝聚力和战斗力。

基层党组织带头人队伍建设的总体目标：一是建立和完善基层党组织带头人选拔、培养、使用、考核、激励和发展机制，开创人才辈出、人尽其才的良好局面；二是进一步提升基层党组织带头人队伍整体素质，使基层党组织带头人始终成为坚决贯彻党的路线、方针、政策的楷模，与时俱进、开拓创新的先锋，民主管理、科学决策的榜样，服务群众、构建和谐的骨干；三是大力宣传基层党组织带头人先进事迹，不断完善考核评价标准，营造尊重基层党组织带头人劳动、关爱基层党组织带头人成长的浓厚氛围。

基层党组织带头人队伍建设的主要原则：一是注重服务全局。要站在党的执政能力建设、先进性和纯洁性建设的全局高度，抓好基层党组织带头人队伍建设。通过加强基层党组织带头人队伍，进一步加强基层党组织的自身建设，发挥基层党组织的作用。二是坚持以人为本。真正重视、真情关怀、真心爱护基层党组织带头人，满腔热情地支持和帮助他们做好工作，切实维护他们的各项权益。三是提倡改革创新。要用改革创新的精神研究基层党组织带头人队伍建设的新情况、新问题，总结新经验，创新工作机制，改进工作方法，让这支队伍始终充满生机与活力。

建设高素质基层组织带头人队伍，必须健全相关机制：一是完善和创新基层党组织带头人的选拔机制。二是要健全基层党组织带头人教育培养机制。三是探索和完善基层党组织带头人考核机制。四是建立和健全基层党组织带头人激励机制。

$75.$ 为什么要加强城乡基层党建资源整合？

答：随着我国社会结构深刻变动，城乡联系更加紧密，城乡党建工作要素相互渗透、相互作用、相互影响的情况越来越普遍，工作内容和活动方式的交叉点、共同点越来越多。适应新形势的要求，加强城乡基层党建资源整合，党的十七届四中全会提出要构建城乡统筹的基层党建新格局。党的十八大进一步强调加强城乡基层党建资源整合，凸显了这一问题的重要性和紧迫性。

构建城乡统筹的基层党建新格局，加强城乡基层党建资源整合，是贯彻落实科学发展观的内在要求。统筹兼顾是科学发展观的根本方法。统筹城乡发展、区域发展、经济社会发展是坚持统筹兼顾的基本要求。而要统筹城乡发展，就必须统筹城乡基层党建工作，突破城乡党的建设的二元结构体制，在城乡党建目标任务、组织体系、党员教育管理机制等方面进行统一筹划，有效整合城乡党建资源，凝聚城乡党建合力，推动党的建设实现科学发展。

构建城乡统筹的基层党建新格局，加强城乡基层党建资源整合，是适应经济社会一体化发展的必然选择。随着城乡经济社会一体化步伐的加快，流动党员越来越多，流动范围越来越广、流动频率越来越高。适应新的形势，党的建设必须转变党建思路，打破地域、行业、产业、身份等界限，统筹调整城乡基层党组织设置方式，利用城乡基层党组织之间在人力、资源等方面存在的互补性，建立广覆盖、多功能、优服务的基层党建体系。

构建城乡统筹的基层党建新格局，加强城乡基层党建资源整合，是推动基层组织工作创新的重大举措。树立开放、统筹、均衡的"大党建"观念，在以地域、单位为主设置基层党组织的基础上，按照便于党员参加活动、党组织发挥作用的要求，探索完善基层党组织设置形式，这是对基层组织工作创新的要求。统筹城乡基层党建工作，促进企业、机关、学校、科研院所、社区、新经济组织和其他基层单位与农村的组织和工作联结，调整城乡基层党的组织体系，密切城乡党建工作关系，推行机关、企业、城市社区党组织同农村党组织"结对共建，先锋同行"，从而推动城乡基层党组织互相促进、资源共享、优势互补、协调发展。

76. 为什么要以服务群众、做群众工作为主要任务，加强基层服务型党组织建设？

答：以服务群众、做群众工作为主要任务，加强基层服务型党组织建设，是党的十八大提出的一项重要任务。

第一，以服务群众、做群众工作为主要任务，加强基层服务型党组织建设，是坚持党的群众路线、践行党的宗旨的本质要求。中国共产党是中国工人阶级的先锋队，同时是中国人民和中华民族的先锋队，是中国特色社会主义事业的领导核心。党的性质决定了党的宗旨。为人民服务是党的根本宗旨，以人为本、执政为民是检验党一切执政活动的最高标准。任何时候都要把人民利益放在第一位，始终与人民心连心、同呼吸、共命运，始终依靠人民推动历史前进。群众路线是马克思主义唯物史观，是党的性质和宗旨的体现，也是党的根本的领导作风和工作方法，是党的群众观点的具体化。坚持群众路线，就能保证党与群众的血肉联系，保证党的各项工作的成功。群众路线的实质，就是代表人民群众，为人民谋利益，就是要执政为民。群众路线是我们的事业不断取得胜利的重要法宝，也是党不断焕发生机与活力、永葆先进性的力量源泉。加强基层服务型党组织建设，强调以服务群众、做群众工作为主要任务，集中体现了以人为本、执政为民的要求，是推动党组织和党员坚持党的群众路线、践行党的宗旨的有效载体和有力抓手，是新时期保持党同人民群众血肉联系的客观要求。以服务群众、做群众工作为主要任务，加强基层服务型党组织建设，始终保持与人民群众的血肉联系，实现好维护好发展好人民群众的根本利益，我们的工作就能获得最广泛、最可靠、最牢固的群众基础和力量源泉。

第二，以服务群众、做群众工作为主要任务，加强基层服务型党组织建设，是密切党和群众联系，防范脱离群众危险的必然要求。

新形势下，党面临的执政考验、改革开放考验、市场经济考验、外部环境考验是长期的、复杂的、严峻的。精神懈怠的危险、能力不足的危险、脱离群众的危险、消极腐败的危险更加尖锐地摆在全党面前。不断提高党的领导水平和执政水平、提高拒腐防变和抵御风险能力，是党巩固执政地位、实现执政使命必须解决好的重大课题。党中央多次强调，全党同志必须牢记，密切联系群众是我们党的最大政治优势，脱离群众是我们党执政后的最大危险。从总体上讲，基层党群干群关系的主流是好的，绝大多数党员干部能够继承和发扬党的优良传统和作风，团结带领群众一心一意谋发展，集中精力干事业，取得了社会各项事业的发展。但是现实生活中，有些地方的党员干部坚持群众路线做得不够好，全心全意为人民服务的意识不浓，党群干群关系比较紧张。一些地方的基层党建工作与群众的实际需求对接还不够紧密，得不到基层群众的积极响应，给群众带来的实惠不够。如何树立基层党组织良好形象，防止脱离群众，对加强基层党组织建设提出了新的更高要求。

基层党建工作只有紧紧围绕中心工作，紧密联系实际，坚持为人民服务，以服务群众、做群众工作为主要任务，加强基层服务型党组织建设，真正把基层党建工作打造成为群众满意工程，才能真正得到群众的肯定、支持和拥护，才能夯实党执政的群众基础。

77. 为什么要以增强党性、提高素质为重点，加强和改进党员队伍教育管理？

答：党的十八大强调："以增强党性、提高素质为重点，加强和改进党员队伍教育管理，健全党员立足岗位创先争优长效机制，推动广大党员发挥先锋模范作用。"党的十八大通过的新党章规定，党的基层组织的基本任务是对党员进行教育、管理、监督和服务。在全面建成小康社会和深化改革开放的新形势下，认真贯彻落实党的十八大精神，首先要提高对以增强党性、提高素质为重点，切实加强和改进党员队伍教育管理这项工作重要性的认识。

加强和改进党员队伍教育管理，是实现党在新的历史条件下目标任务的要求。党的十八大描绘了全面建成小康社会、加快推进社会主义现代化的宏伟蓝图，确定了2020年全面建成小康社会宏伟目标。要实现这一战略目标，关键在于我们的党，在于把我们的党建设好。要把党建设好，就必须紧紧抓住党员队伍教育管理这个基础环节，进一步加强和改进党员队伍教育管理工作。只有加强和改进党员队伍教育管理工作，用党的十八大精神统一全党的思想，用新党章管理和规范党员的言行，才能进一步增强广大党员深刻领会十八大关于夺取中国特色社会主义事业新胜利八项基本要求的坚定性和自觉性。只有加强和改进党员队伍教育管理，才能形成全党上下步调一致、奋发进取的强大力量。

加强和改进党员队伍教育管理，是牢牢把握和坚持党的建设主线的客观需要。党的十八大明确提出要牢牢把握加强党的执政能力建设、先进性和纯洁性建设这条主线。党的纯洁性、先进性和执政能力，都与党员队伍的质量密切相关。提高党员队伍质量是保持党的纯洁性的前提条件。保持党的纯洁性归根到底要靠提高党员的素质来保证，没有高素质的党员队伍，保持党的纯洁性也就无从谈起。提高党员队伍质量是保持党的先进性的基本要求。党的先进性与党员的先进性是密切地联系在一起的。党员的先进性是党的先进性的重要基础，党的先进性则是党员的先进性的集中表现。党员严格遵守党章的规定，做合格党员，提高党员队伍质量，发挥党员先锋模范作用，这是保持党的先进性的根本。提高党员队伍质量是提高党的执政能力的必然选择。加强党的执政能力建设关键在于建设一支高素质的党员领导干部队伍，而基础则在于建设高素质的党员队伍。党员队伍的素质越高，就越能密切联系群众，就越能得到群众的信赖和拥护，党的吸引力、凝聚力和战斗力也就越强。

加强和改进党员队伍教育管理，是借鉴苏共由盛到衰历史教训的重要启示。在党员队伍建设方面，一定要正确认识和把握党员队伍的数量与质量的关系。不能盲目地认为党员数量增加必然会增强党的执政能力。在壮大党员队伍过程中，更要注重提高党员的质量，只有高素质的优秀党员，才能全心全意地为党工作、为人民服务，才有助于提高党的执政能力。如果使大量投机者进入党内，不仅不能增强党的执政能力，反倒会损害党的形象，削弱党的执政基础，弱化党的执政能力。

苏共由盛到衰说明：对于一个马克思主义政党来说，党员数量不是无关紧要的，但更应注重党员队伍质量的提高。一个时期以来，我们党一再强调加强新形势下党员发展和管理工作，严格坚持标准、提高发展党员质量，强化党员管理、及时处置不合格党员，就是要提高党员队伍的质量，以夯实共产党执政的组织基础。从一定意义上说，这也是我们党从苏共党员队伍建设的经验教训中得到的深刻启示：党员队伍教育管理工作任何时候都不能放松，只能更加严格管理才能确保党员党性不断增强、党员素质不断提高；从党员队伍的现状上看加强和改进党员队伍教育管理工作的迫切性。

当前，我们党的党员队伍素质总体上同党肩负的历史使命是适应的，同时，世情国情党情发生的深刻变化对党员干部队伍建设提出了许多新课题新挑战，党员发展和管理工作还存在一些不适应新形势新任务新要求的问题。主要表现是：有的党组织对发展党员把关不严，发展党员质量需要提高；党员队伍结构不尽合理，党员管理方式和手段比较单一，流动党员管理机制还不健全；少数党员理想信念动摇、宗旨意识淡薄、组织纪律不强，甚至思想蜕变、腐化堕落等等。这些问题影响着党员队伍的生机活力，影响着党在人民群众中的形象和威信，削弱了党的创造力、凝聚力、战斗力，必须切实加以解决。

党员队伍的质量是政党的决定性因素，决定着政党的性质、力量和作用。邓小平同志曾指出，一个人数少但有战斗力的党比一个人数多而缺乏战斗力的党要强得多。江泽民同志更明确地指出，共产党的力量和作用，主要不在于党员的数量，而在于党员的素质。只有加强和改进党员队伍教育管理，用坚强的党性保证团结，用共同的事业促进团结，自觉维护全党的团结统一，从优秀的青年工人、农民、知识分子中发展党员，提升党员队伍素质形象，充分发挥推动发展、服务群众、凝聚人心、促进和谐的党员先锋模范作用，为党和人民的事业源源不断地发展、培养、输送一批又一批高质量的党员干部队伍，才能巩固全国各族人民大团结，加强海内外中华儿女大团结，促进中国人民同世界各国人民大团结。

以增强党性、提高素质为重点，加强和改进党员队伍教育管理，其目的就是不断提高党员发展和管理工作科学化水平，着力把全方面先进分子和优秀人才更多吸收到我们党内，努力建设一支规模适度、结构合理、素质优良、纪律严明、作用突出的党员队伍，夯实共产党执政的组织基础，为全面建成小康社会、夺取中国特色社会主义新胜利提供坚强组织保证。只有加强和改进党员队伍教育管理，使广大党员更加紧密地团结在党中央周围，才能筑牢团结带领群众贯彻党的理论和路线方针政策、落实党的任务的战斗堡垒，才能增强创新意识、使命意识和忧患意识，求真务实，锐意进取，为不断夺取中国特色社会主义新胜利、创造中国人民和中华民族更加幸福美好的未来而奋斗！

78. 为什么要健全党员立足岗位创先争优长效机制？

答：健全党员立足岗位创先争优长效机制，就是把创先争优活动中涌现的成功做法和积累的经验进行提炼总结，上升到理论高度，形成规范的制度，长期坚持下去。要健全党员立足岗位创先争优长效机制，是党的十八大提出的一项重要任务，对于全面推进党的制度建设，激发基层党组织和党员的内生动力，推动创先争优常态化、长效化具有重要的现实意义。

第一，健全党员立足岗位创先争优长效机制是全面推进党的制度建设的客观要求。制度建设贯穿于党建的方方面面，是党建的重要载体。加强制度建设，是建立健全保持党的先进性和纯洁性长效机制的必然要求，是从严治党的必然要求。加强党的制度建设，必须坚持以党章为依据，坚持实事求是、民主公开原则，严肃党的纪律，加强党员的党性修养，完善党的领导和组织制度，加强党内监督制度，推进党务公开和落实党员权利保障制度。党的十六大以来，党中央把先进性建设作为党的建设的一条主线，先是在全党开展保持共产党员先进性教育活动，明显提升了党的先进性，增强了党的创造力、凝聚力和战斗力。接着，又根据党的十七大的部署，从 2010 年开始在全党开展创建先进基层党组织、争当优秀共产党员活动即创先争优活动。这是在基层党组织中广泛开展并富有成效的一种活动形式。加强党的先进性和纯洁性建设，必须通过不断推进党的思想建设、组织建设、作风建设、反腐倡廉建设好制度建设来实现，其中制度建设带有根本性和长期性。没有规矩，不成方圆。我们党是一个拥有 8200 多万党员，领导着 13 亿多人民的执政党，如果没有一套科学完善的规章制度和健全有效的工作机制来保证基层党组织和党员的先进性，那么始终保持党的先进性将会是一句空话。因此，建立健全创先争优长效机制，形成一整套科学实用的规章制度，是加强党的制度建设，推动党的基层组织和党员先进性的制度化、规范化的根本保障。

第二，健全党员立足岗位创先争优长效机制是激发基层党组织和党员的内生动力的必然要求。唯物辩证法认为，内因是事物发展变化的内在依据，外因是事物变化发展的外部条件，外因通过内因起作用。在基层党建过程中，基层党组织和基层党员的内生动力就是内因，是决定性因素。就党员队伍建设而言，内生动力是基于每名党员自主意识迸发出来的创先进、争优秀的力量，是对远大理想和崇高信念的执著追求，是以充分发挥先锋模范作用为标志的一种内在的原发动力。党员的内生动力是党执政的基础和保障，有效激发党员内生动力是做好基层党建工作的主要任务。开展创先争优活动的根本目的就是激发党员的内生动力和主观能动性，通过活动的开展，有效激发广大党员干事创业的积极性和主动性，最大限度地激活党员的内生动力。在创新争优活动中充分发挥党员的先锋模范作用，就要通过制度建设有效激发并不断增强其内生动力。要注意总结联系和服务群众、发扬党内民主、保持党员队伍先进性的好做法、好措施，并以制度的形式固定下来，坚持下去，形成有利于党员经常创先争优，自觉发挥作用的长效机制。制度建立以后，要切实加大执行力度。要组织党员认真学习制度，自觉维护制度，加强经常性的监督检查，完善配套的管理措施，增强制度的约束力、执行力和公信力，让制度切实发挥应有的作用。

第三，健全党员立足岗位创先争优长效机制是推动创先争优活动常态化、长效化的根本保证。创先争优活动意义重大，必须深入持久地开展下去，而能否健全完善一整套长效机制，则是推动创先争优常态化、长效化的根本保证。推进创先争优活动，既要靠个人自觉，又要靠严格管理；既要靠集中教育，又要靠常抓不懈；既要靠思想教育，又要靠制度保障。创先争优要形成持久的强劲动力，必须注重制度建设，建立健全相关机制，形成有利于创先争优的外部环境和条件，不断激发激励，不断引导提升，努力保障支持，从而推动创先争优深入持久、卓有成效地进行。通过健全党员立足岗位创先争优长效机制，进一步强化党员意识、树立先锋形象，激发基层党组织和党员的工作热情，带头把党的路线方针政策贯彻落实到基层，在推动科学发展、促进社会和谐、服务人民群众、加强基层组织的实践中建功立业。创先争优活动以基层党组织、党员为活动参与对象，利用基层党组织密切联系群众的优势，号召党组织努力做到领导班子好、党员队伍好、工作机制好、工作业绩好、群众反映好，争做先进党组织，号召党员带头遵纪守法、带头弘扬正气、带头服务群众，争做优秀党员，就是从群众的切身利益出发，满足群众的合理需求，为群众办实事办好事，不断树立和巩固全心全意为人民服务的意识。

79. 为什么要严格党内组织生活？

答：党的组织生活是党组织对党员实施教育管理和监督的最经常、最基本的形式。严格党的组织生活，对于贯彻从严治党方针，增强党员组织纪律观念，提高素质和能力，发挥党员的先锋模范作用；对于加强党的组织，发展党内民主，维护党的团结，发挥基层党组织的战斗堡垒作用；对于巩固和发展长效机制，不断增强党的生机与活力，都具有十分重要的作用。

第一，严格党的组织生活，是贯彻从严治党方针，增强党员组织纪律观念，提高素质和能力，发挥党员先锋模范作用的必然要求。治国必先治党，治党务必从严。从严治党，是保持党的先进性和纯洁性、增强党的凝聚力和战斗力的重要保证。党的十八大报告指出，我们工作中还存在许多不足，前进道路上还有不少困难和问题。一些基层党组织软弱涣散，少数党员干部理想信念动摇、宗旨意识淡薄，形式主义、官僚主义问题突出，奢侈浪费现象严重。如果容忍党内各种腐败现象滋生蔓延，势必使整个党蜕变和衰败。为了使党的各级组织和广大党员，特别是党员领导干部经得起执政和改革开放的考验，保持党的先进性和纯洁性，把党建设成为领导中国特色社会主义事业的坚强核心，必须坚持从严治党的方针。党的组织生活是党组织对党员组织学习、进行教育和管理、实施监督的基本形式，是贯彻从严治党方针的重要措施，必须严格制度，狠抓落实。每个党员，不论职务高低，都必须积极参加所在支部和党小组的活动，自觉接受党组织的监督。

第二，严格党的组织生活，是加强党的组织，发展党内民主，维护党的团结，发挥基层党组织的战斗堡垒作用的重要保证。基层党组织是党联系群众的桥梁，是党服务群众的窗口，也是党的建设的重要组成部分。在改革开放和现代化建设进程中，基层党组织团结带领广大党员和群众开拓创新，艰苦奋斗，创造了新的业绩。许许多多共产党员在急难险重的任务面前和关键时刻，冲在前面，舍己为人，展现了工人阶级先锋战士的优良品格和时代风范。这些充分说明基层党组织建设的总体状况是好的。但是，我们也应看到基层党组织面临许多新情况、新问题。随着社会转型和利益关系的调整，消极腐败现象不断侵蚀着党组织的肌体，在部分地区和部门出现了一些不容忽视的问题。如果在党内政治生活中，基层党组织不能坚持正常的批评与自我批评，严格党内组织生活，其危害是巨大的。发挥基层党组织的战斗堡垒作用，必须严格党内生活，严肃党的纪律，弘扬正气，反对歪风，保持党员队伍的先进性和纯洁性，增强基层党组织解决自身矛盾的能力。如果这些要求在实际工作中得到落实，党内的监督、批评与自我批评就能得到发扬，就可以出战斗力、凝聚力，基层党组织就会真正成为战斗堡垒。

第三，严格党的组织生活，对于巩固和发展长效机制，不断增强党的生机与活力，具有十分重要的作用。党内组织生活的实践已经证明，严格党的组织生活是增强党组织的生机活力的重要保证，是党组织有效地教育和管理党员的重要的组织措施。通过党的组织生活充分发挥党员的主动性、积极性和创造性，引导党员自觉加强党性修养，发扬正气，抵制和纠正歪风，是不断增强党性、保持先进性的基本途径。

80. 为什么要健全党员党性定期分析、民主评议等制度？

答： 健全党员党性定期分析、民主评议等制度，是严格党组织生活的重要保证，是从严治党，加强党员教育、管理和监督，保持共产党员先进性的有效措施，是巩固先进性教育成果、落实保持党员先进性长效机制的必然要求，也是党的十八大对基层党建工作提出的具体要求。

第一，健全党员党性定期分析、民主评议等制度，是增强党员意识，加强党性锻炼的重要举措。党员意识是共产党员独特的社会身份、社会地位和社会作用在观念上的反映，是共产党员在对党的纲领与任务的认同、对自己所承担的责任与义务的认同、对党的组织与纪律认同的基础上形成的。党员要有党员意识，这是对一个共产党员最起码的要求。只有始终牢记自己是一名共产党员，才能时刻用党员标准严格要求自己，才能积极行使党员权利，认真履行党员义务，充分发挥先锋模范作用。健全党员党性定期分析、民主评议等制度，有利于党员结合实际改造自己的世界观、人生观和价值观，强化党性锻炼，增强对党的理论和路线方针政策的认同感、对党组织的归属感、对履行党员义务的使命感，从而进一步坚定理想信念，提高思想政治觉悟。

第二，健全党员党性定期分析、民主评议等制度，是正确把握党员队伍建设现状的重要手段。党员队伍建设是党的各级党组织建设的基础。党的创造力、凝聚力、战斗力不仅要靠党的指导思想、路线方针政策的正确，要靠各级党组织作用的发挥，还要靠组成党的肌体的每个细胞的健康和活力。党员是各级党组织最基本的构成要素，基层党组织的创造力、凝聚力、战斗力，在很大程度上取决于党员队伍建设的状况，取决于党员队伍的先锋模范作用发挥得如何。从一定意义说，党的基层组织的地位和作用，正是由党员的行动来体现的。在新的历史时期，要使各级党组织真正成为贯彻落实科学发展观的组织者、推动者和实践者，成为人民群众信任和拥护、认真贯彻党的方针政策的坚强战斗堡垒，担负起直接组织群众、宣传群众、教育群众、服务群众，把党的路线方针政策落实到实处的重要责任，就必须高度重视和不断加强党员队伍建设。建立党性分析制度，有利于解决党员主观世界和客观世界的矛盾，使党员的主观认识与客观事物相一致，使党员队伍能在历史性变化中经受住考验，永远站在时代前列，永葆生机与活力。

第三，健全党员党性定期分析、民主评议等制度，是加强党内制度体系建设、落实保持党员先进性长效机制的必然要求。党性分析评议的目的在于依靠严格有效的组织生活，认真解决影响党员先进性的突出问题，激励党员把学习与工作的劲头鼓起来，把先进性形象树起来，把身边的群众带起来，促使各级党组织圆满完成各项任务。帮助党员自觉地进行党性分析，是各级党组织建设的重要任务。健全党员党性定期分析、民主评议等制度是加强党内制度体系建设的重要内容，其主要任务就是要积极探索新形势下党员管理的新机制和新方法，严格党的组织生活，加强对党员的经常性教育，通过定期或不定期的党性分析，强化党员的党性观念和党员意识，提高广大党员的政治素质和思想水平。这不仅是实现党员自我净化、自我完善、自我提高的重要举措，也是整体提升党的先进性和纯洁性的重要举措。只有通过建立党性定期分析制度，严肃党的政治纪律、组织纪律、经济工作纪律和群众工作纪律，维护群众利益，维护党员权利，维护中央权威，才能增强党的团结统一和蓬勃活力。

81. 如何改进对流动党员的教育、管理、服务？

答：流动党员是指离开本单位或居住地党组织外出务工经商或从事其他正当职业，无固定地点或无法转移组织关系的党员、外地或者外单位流入本地或本单位未转移组织关系的党员。流动党员在较长时间内无法正常参加正式组织关系所在党组织活动。党的十八大提出，要改进对流动党员的教育、管理、服务。这是从新形势下社会主义市场经济的特点和流动党员队伍的实际出发，坚持党要管党、从严治党，进一步搞好党员队伍建设的客观要求，是加强党的基层组织建设的紧迫任务，也是党的建设为经济建设服务的重要内容。

改进对流动党员的教育、管理、服务工作，要以马列主义、毛泽东思想、邓小平理论、"三个代表"重要思想和科学发展观为指导，坚持党要管党的原则和从严治党的方针，从新形势下社会主义市场经济的特点和流动党员队伍的实际情况出发，健全系统、科学、有效的教育、管理和服务机制，进一步提高流动党员的思想政治素质，充分发挥流动党员的先锋模范作用，不断增强党组织的凝聚力和战斗力。

改进对流动党员的教育、管理、服务工作，要认真按照党章和中组部的有关规定，本着有利于党员合理流动，有利于党组织管理，有利于党员发挥作用的原则，加强和改进党的基层组织设置。

改进对流动党员的教育、管理、服务工作，要在基层党组织中逐步建立流动党员教育管理网络，规范流动党员组织关系管理，改进流动党员教育管理工作方法和活动方式，形成党组织与党员联系密切，流动前、流动中、流动后各环节全面加强，流出地与流入地党组织共同着力，教育、管理和服务有机统一的工作机制，使党组织对流动党员教育管理规范有效，流动党员整体素质明显提高，党员意识明显增强，纪律观念明显加强，作用发挥明显进步。

82. 如何提高发展党员质量？

答： 党员是党组织的细胞，党员质量直接影响党的声誉和形象，各级党组织的创造力、凝聚力、战斗力，在很大程度上取决于党员队伍建设的状况。根据新的形势和任务的要求，着眼于保持和发展党员队伍的先进性，党的十八大强调要提高发展党员质量。这是源源不断地把符合条件的各行各业先进分子吸收到党内来，是党永葆蓬勃生机的根本保证，增强党的阶级基础，扩大党的群众基础，提高党的执政能力的迫切需要，全面建成小康社会、加快推进中国特色社会主义现代化建设事业的必然要求。

切实提高发展党员质量，在实践中应紧紧把握加强党的执政能力建设、先进性和纯洁性建设这条主线，坚持党员标准，严格工作程序，健全工作制度，在继续坚持和完善发展党员工作"公开推优"、入党积极分子集中培训、发展党员工作预审等制度的基础上，全面推行发展党员公示、票决、责任追究等制度。

一是严格"推优"。在确定入党积极分子时，坚持组织群众代表和党员投票推荐，对推荐票数达不到半数的不列为发展对象。对拟确定为入党积极分子的人选以书面形式进行公示，广泛接受群众监督，对群众反映有问题并调查属实的，取消其入党积极分子资格。

二是集中培训。对入党积极分子进行集中培训，开设入党积极分子培训班，重点培训党的基本知识和方针政策。培训结束后进行闭卷考试，考试不合格的，暂缓列为入党积极分子和发展入党。

三是规范表决。为避免人为因素对发展党员的干扰，在支部大会讨论接收预备党员或预备党员转正时，实行无记名投票表决，表决通过后，方可发展，从而促进党员真实表达意愿和集体决策的公正性。四是全程监督。对发展过程严格把关，加强政治审查，对入党材料逐项审核，确保程序规范、内容齐全。对预备党员逐一谈话，了解其对党的认识、入党动机和对党的基本知识的掌握，有针对性地指出努力方向，促其不断提高自身素质，做一名合格党员。

83. 为什么要重视从青年工人、农民、知识分子中发展党员？

答：我国是工人阶级领导的、以工农联盟为基础的人民民主专政的社会主义国家。工人、农民、知识分子始终是推动我国先进生产力、先进文化和社会全面进步的根本力量。要重视从青年工人、农民、知识分子中发展党员，对推进我国社会主义全面发展有重要的推动作用。

第一，工人阶级是中国共产党最坚实最可靠的阶级基础。在近代中国社会变革的历程中成长起来的工人阶级，是中国最伟大最先进的阶级，从开始登上历史舞台，这个阶级就发挥着推动社会进步的巨大历史作用。青年工人接受新事物快，具有先进的文化知识和较高的素质，在我国改革开放和经济发展中起着主导作用。胡锦涛同志提出，我国工人阶级要紧紧把握全面建设小康社会、坚持和发展中国特色社会主义这个当代中国工人运动的主题，成为继续解放思想、锐意改革创新的时代先锋，成为推动科学发展、促进社会和谐的行动楷模。习近平同志进一步强调，工人阶级是我国的领导阶级，是我国先进生产力和生产关系的代表，是我们党最坚实最可靠的阶级基础，是全面建成小康社会、坚持和发展中国特色社会主义的主力军。由此，重视从青年工人中发展党员对于彰显党的阶级属性、增强党的阶级基础、保持党的先进性具有十分重要的意义。

第二，农民阶级始终是中国工人阶级在政治上最可靠、最主要的同盟军，是中国共产党坚实的群众基础与执政基础。农民阶级始终是中国工人阶级在政治上最可靠、最主要的同盟军，也是工人阶级队伍发展壮大的最主要源泉。他们是社会主义制度和共产党领导的坚定拥护者，是全面推进中国特色社会主义建设的基本力量和生力军之一，也是我国社会稳定和发展的基础力量。要扩大党的群众基础，提高党的社会影响力，就必须重视在农民中间发展党员，发挥农村优秀分子模范带头作用。积极主动争取这些优秀分子加入自己的组织，有效地组织农民进行社会主义新农村的建设。从这个意义上说，中国共产党必须高度重视在农民阶层中挑选先进分子，发展自己的成员。

第三，作为工人阶级的一部分，知识分子在社会主义现代化建设中发挥着不可替代的作用，承担着重大的社会责任。从共产主义运动的历史看，大批知识分子加入无产阶级的行列，极大地推动了无产阶级革命事业的发展。重视知识分子工作，高度重视发挥知识分子在革命、建设和改革中的重要作用，重视在知识分子中发展党员，这是中国共产党的一贯政策。知识分子作为工人阶级队伍中主要从事脑力劳动的一部分，在社会主义现代化建设中发挥着不可替代的作用，承担着重大的社会责任。现在看得越来越清楚，当今和未来世界的竞争，从根本上说是人才的竞争。抓紧抓好知识分子中发展党员工作，是党中央要求党组织要特别重视的问题。改革开放以来，我们党吸收了一大批优秀知识分子入党，提高了党员队伍的科学文化素质，增强了党领导现代化建设的能力。

总之，在新形势下，为了不断增强党的生机活力，巩固党的阶级基础，必须重视从青年工人、农民、知识分子中发展党员。

84. 为什么要健全党员能进能出机制？

答：如何建立党员的正常退出机制，破解党员能"进"不能"出"的难题，纯洁党员队伍，提升党员素质，这是摆在每个政党尤其是马克思主义执政党面前的重要课题。党的十八大提出要健全党员能进能出机制。这是党中央正视党情，加强党的先进性和纯洁性建设的重要举措。

第一，健全党员能进能出机制是加强党的先进性和纯洁性建设的必然要求。加强党的纯洁性建设始终是马克思主义政党的根本要求、重大任务和永恒主题，在世情国情党情发生深刻变化的新形势下，党员队伍建设也面临许多前所未有的新情况新问题新挑战，党面临的"四大考验"是长期的、复杂的、严峻的。"四种危险"更加尖锐地摆在全党面前。近年来，通过大力开展深入学习实践科学发展观等党内集中教育活动，广大党员的思想水平、能力素质普遍提高。但同时也发现，个别党员的思想和言行背离了党员标准：有的宗旨观念淡薄，随意散布落后观点或负面言论，不服务、不带头，甚至成为工作中的"挡头"；有的自由主义严重，经常不参加组织生活，不按时缴纳党费，不认真完成组织分配的工作任务；有的对坏人坏事和歪风邪气不敢开展批评斗争，在国家和人民生命财产安全受到威胁时视而不见，不愿挺身而出；有的参与封建迷信活动，不讲社会公德，见利忘义，在群众中造成不良影响。在这种情况下，各级党组织只有"刮骨疗毒"，以对党的事业负责、对党员本人负责的精神，认真组织开展评议，坚决克服怕麻烦、怕得罪人的思想和各种消极畏难情绪，加大对不合格党员的处置力度，积极疏通"出口"，努力形成能进能出、吐故纳新的正常机制，才能使党员队伍始终保持旺盛的生机和活力。

第二，健全党员能进能出机制是整党整风由"运动式"转向制度化的重要举措。在党的历史上，1942 年党在延安开展了整风运动，1947 年党将土改与整党结合起来，1951 年党结合土改复查开展整党整风运动。1983 年党的十二届二中全会通过的《中共中央关于整党的决定》指出，从 1983 年下半年开始，用 3 年的时间对党的作风和组织进行一次全面整顿，1989 年 9 月 7 日，中共中央转发中央组织部《关于在部分单位进行党员重新登记工作的意见》。中组部提出要通过清查、清理和重新登记，坚决清除党内的敌对分子、反党分子，清除政治隐患；清除党内的腐败分子，妥善处置不合格党员，保持党的纯洁性和先进性，增强党的战斗力，1998 年在党员干部中开展"三讲"教育活动，2005 年开展保持共产党员先进性教育活动；2012 年中央纪委十七届七次全会倡导切实做好保持党的纯洁性各项工作……全党层面大小整党十余次，每一次都既涉及党员队伍的思想作风整顿，又采取组织措施把不合格者清除出队伍。但是，希望纯洁党员队伍"毕其功于一役"、"一次性解决问题"，这并不现实。有的地方探索通过"半年一分析，一年一评议，两年一登记"，疏通了党员队伍出口，建立起党员正常退出机制。这就是加强党员队伍先进性、纯洁性建设的崭新探索和生动实践。健全党员能进能出机制，能从制度层面解决党员如何正常、及时退出的问题，解决缺乏一以贯之、常态化的纯洁党员队伍的措施和办法这一缺憾。

第三，健全党员能进能出机制是调动党员创先争优积极性，提升党组织战斗力的重要手段。在实践中，不合格的党员之所以难以得到应有处置，主要是因为他们没有明显的违法违纪事实，党组织在"劝退"、"除名"、"自行脱党"等认定的尺度上难以准确把握。这种实际上的党员身份终身制，致使少数党员思想退化，工作退步。不合格的党员虽然是少数，但其影响恶劣。他们直接影响了党员队伍的整体素质，影响了党组织的战斗力。一些地方在推行党员队伍纯洁机制过程中，党组织通过开展党性分析、民主评议和党员登记，引导党员自愿提出登记与否的申请，组织党员群众对党员做出合格与否的评议，召开有关部门参加的联席会议研究，使不合格党员认定有了依据。由于程序严格、公开、合理，不合格党员认定依据充分，作出决议时，充分发挥党员的主体作用，党组织在每个步骤、每个环节都掌握着主动权，被处置的党员心服口服，有效解决了过去"开除党籍"和"个人要求退党"涉及面窄、"劝退除名"和"自行脱党"不宜认定等问题，畅通了党员"出口"。一些被暂缓登记的党员主动改正错误后，不仅可以成为真正合格的党员，而且可以重新发挥先锋模范作用，成为推动当地加快科学发展与和谐社会建设的主力军。党员的责任感、危机感不断增强，党员创先争优、干事创业的热情被进一步激发起来，使得各级党组织凝聚力、战斗力、号召力、创造力更强，形成了推动科学发展、促进社会和谐的强大动力，加快了经济社会发展，凸显出全面建立不合格党员退出机制的时代价值。

85. 如何优化党员队伍结构?

答：政党职能的有效履行，很大程度上取决于其成员的素质及其结构比例。优化党员队伍结构，是任何政党都无法回避的任务。对于执政党而言，优化党员队伍结构直接关系到党的执政能力建设问题。优化内部成员队伍结构，是加强执政党建设的基点。中国共产党是一个拥有8200多万党员的大党，要切实加强党的执政能力建设、先进性和纯洁性建设，确保党始终成为中国特色社会主义事业的坚强领导核心，就必须不断优化党员队伍结构。

党的十六大以来，在党中央的坚强领导下，各级党组织以邓小平理论和"三个代表"重要思想为指导，深入贯彻落实科学发展观，加强党的执政能力建设和先进性建设，继续推进党的建设新的伟大工程，以改革的精神加强和改进党员队伍建设和党的基层组织建设，党员队伍结构不断得到改善，男女党员比例更加协调，党员学历普遍提高，党员也正在向年轻化发展，使党充满创造力、凝聚力、战斗力。新形势下，党员队伍的空前壮大也给加强党的队伍管理提出了新挑战，比如，吸收新的社会阶层中的先进分子加入党组织，就给保持党的队伍的纯洁性提出了新课题；再比如，党员队伍的年轻化、知识化趋势也给增强党的队伍的先进性提出了新要求。

优化党员队伍结构，应从以下几个方面着手：

第一，要积极吸纳优秀的工人、农民、知识分子加入到党员队伍中来，还要兼顾社会新阶层成员，从而不断增强党的阶级基础，扩大党的群众基础，不断提高党的社会影响力。

第二，要提高青年在党员队伍中的比例，吸纳更多的有为青年加入到中国共产党的队伍中来。中国共产党是马克思主义政党，其最高纲领是实现共产主义。要完成这样的历史使命，需要几代人、几十代人长期的努力奋斗。因此，保持党员队伍的蓬勃生机和活力就得尤为重要。中国特色社会主义事业是面向未来的事业，需要一代又一代有志青年持续奋斗。青年人本是整个社会中最少保守、最具活力、最有进取意识、最富创造精神的群体，尤其是改革开放中成长起来的青年人，受旧体制、旧思想、旧习惯束缚少，接受新事物快，发展要求强，敢闯敢试敢冒风险的精神足，把他们中的优秀分子吸收到党内来，就能使党增添青春的活力。因此，积极在青年中发展党员，努力增加党内的年轻化成分，使党员队伍不断增加新鲜血液，是优化党员结构的重要内容。

第三，要关注民族分布情况，优化党员的性别结构。一是要培养少数民族党员干部，把培养少数民族党员干部作为自己的一项基本的任务。二是要注意性别平衡，提高女党员的比重，注意增加女党员的数量，发挥她们的优势和作用，为进一步提升党组织的战斗力，构建和谐党组织服务。

86. 如何认识坚定不移反对腐败的极端重要性？

答：党的十八大明确指出：反对腐败、建设廉洁政治，是党一贯坚持的鲜明政治立场，是人民关注的重大政治问题。这个问题解决不好，就会对党造成致命伤害，甚至亡党亡国。这深刻阐述了新形势下坚定不移反对腐败的极端重要性和紧迫性。

首先，坚定不移反对腐败是党一贯坚持的鲜明政治立场。民主革命时期党就对拒腐防变，有效反对腐败进行了初步探索。社会主义革命和建设时期，党通过发动"三反"、"五反"运动等活动开展惩治腐败的斗争，探索通过制度建设推进反腐败斗争。改革开放新时期，针对新的时代条件下反腐败的严峻形势，党的各届领导集体都高度重视反腐败斗争，党风廉政建设和反腐败工作呈现出良好发展态势，但同时还存在一些薄弱环节。因此，在新的形势下，党必须总结反腐败斗争的成功经验，坚定不移地反对腐败。

其次，反对腐败是人民群众关注的重大问题。反对腐败、建设廉洁政府关系到人民群众的切身利益，关系党的执政基础的巩固和发展。党能否坚定不移地反对腐败，既受到全党上下的高度关注，关系党的生死存亡；又牵动亿万群众，关系人心向背。因此，党必须始终抓好惩治和有效预防腐败。否则，党将会逐步失去党心民心，严重脱离人民群众，失去人民群众的支持和拥护。

再次，反腐败问题解决不好，就会对党造成致命伤害，甚至亡党亡国。腐败现象和不正之风具有严重危害：干扰社会主义市场经济的正常运行，损害公平竞争和市场秩序；违背社会主义民主政治的原则，阻碍依法治国进程；动摇党员干部和人民群众的理想信念，助长不良社会风气；突破社会公平正义，干扰社会管理；违背党的全心全意为人民服务宗旨，损害党的形象，削弱党的战斗力和凝聚力。如果不坚决防范和惩治腐败，党就不能保持先进性和纯洁性，就不能始终成为中国特色社会主义事业的坚强领导核心，夺取中国特色社会主义事业新胜利也就无从谈起。因此，必须从关系党和国家长治久安、生死存亡高度，充分认识坚定不移反对腐败的极端重要性。

87. 为什么说反腐倡廉必须常抓不懈，拒腐防变必须警钟长鸣？

答："我们要反对腐败，搞廉洁政治。不是搞一天两天、一月两月，整个改革开放过程中都要反对腐败。"①这是邓小平 1989 年提出的关于廉政建设的一个重要思想，对于我们在改革开放新时期开展反腐败斗争具有重要的指导意义。党的十八大强调，"反腐倡廉必须常抓不懈，拒腐防变必须警钟长鸣"。这具有重要的历史依据、现实依据和国际因素。

从历史发展来看，腐败作为一种社会历史现象，古今中外许多社会都有，消除腐败现象是一个长期的历史进程。我国具有漫长的封建社会历史，深受封建主义思想影响。我国目前存在的腐败现象，一定程度上与封建主义思想在我国消除得不彻底密不可分。这就决定了当前反腐倡廉工作的长期性、艰巨性和复杂性，决定了消除腐败将是一个长期的历史过程。

从现实来看，社会主义市场经济体制的外部环境，决定了反腐倡廉工作必须常抓不懈，拒腐防变必须警钟长鸣。目前，我国的社会主义市场经济体制尚不成熟和完善，前进中还存在着不少问题。由于市场经济的影响和反腐倡廉制度的不完善，腐败现象和腐败行为在一定时期和一定程度上有所发展与蔓延。这就要求党必须高度重视反腐倡廉建设，否则就会使党的健康肌体受到腐蚀，使党丧失先进性和纯洁性，损害社会主义市场经济的发展和完善，滞缓全面建成小康社会的实现。

此外，其他国家和政党的经验教训也启示我们，反腐倡廉必须常抓不懈，拒腐防变必须警钟长鸣。

我国目前正处于经济社会迅速发展的转型期，面临着一系列矛盾和问题。依据国际经验，这一时期既是发展的黄金期，同时也是腐败的高发易发期。在这一过程中，必须一手抓经济社会发展，一手抓反腐倡廉建设。改革开放新时期，我国用 30 多年的时间走完了西方发达国家大概需要 100 年才能走完的路程。这也就决定了当前我国腐败现象和腐败行为的复杂性、严峻性和长期性。这就要求

---

① 《邓小平文选》第三卷，人民出版社 1993 年版，第 327 页。

我们尤其把反腐倡廉作为一项基础性工作，常抓不懈，警钟长鸣。

总之，消除腐败现象要经历一个较长的历史过程。当前，我国已进入改革发展关键阶段，反腐倡廉建设正处于重要发展时期。我们要按照党的十八大提出的要求，准确把握党风廉政建设和反腐败斗争面临的形势和任务，充分认识反腐败斗争的长期性、复杂性、艰巨性，把反腐倡廉建设放在更加突出的位置，坚持反腐倡廉常抓不懈，坚持拒腐防变警钟长鸣，把反腐倡廉建设贯穿于社会主义经济建设、政治建设、文化建设、社会建设、生态文明建设各个领域，体现在党的思想建设、组织建设、作风建设、制度建设各个方面，不断把党风廉政建设和反腐败斗争引向深入。

88. 为什么要坚持中国特色反腐倡廉道路？

答：改革开放 30 多年来，我们党逐步探索形成了符合中国国情的反腐倡廉指导思想、基本原则、工作方针、工作格局、领导体制和工作机制以及法规制度体系，走出了一条中国特色反腐倡廉道路。党的十八大强调要坚持中国特色反腐倡廉道路，这既是我们党反对腐败、建设廉洁政治的长期实践的经验总结，也是今后我们党反对腐败、建设廉洁政治的基本遵循。新形势下，党所处历史方位和执政条件、党员队伍组成结构都发生了重大变化，来自外部的风险前所未有，党的建设方面特别是党员、干部队伍出现了许多亟待解决的突出问题。面对新考验新挑战，我们必须科学分析形势，坚定必胜信心，毫不动摇地坚持中国特色反腐倡廉道路。

坚持中国特色反腐倡廉道路是我国社会制度、发展道路和党的性质、宗旨决定的。当今世界，无论哪一个国家都没有完全杜绝腐败，也没有一招制胜的"灵丹妙药"。不同的国家，政治理念不同、社会制度不同、国家状况不同，反腐倡廉的模式、措施也必然不同。我们党的性质和宗旨，决定了必须坚持党要管党、从严治党；我们党取得的执政地位和开辟的中国特色社会主义道路，是历史的选择、人民的选择，决定了反腐倡廉必须坚持党的领导，必须坚持中国特色社会主义理论体系的指导。实践证明，只有走符合中国国情的反腐倡廉道路，才能确保反腐倡廉建设的正确方向，为坚持和发展中国特色社会主义提供坚强保证。

坚持中国特色反腐倡廉道路是夺取党风廉政建设和反腐败斗争决定性胜利的必由之路。中国特色反腐倡廉道路是在长期革命、建设和改革的过程中不断探索和形成的，是对反腐倡廉规律认识的不断深化和科学把握，是一条必由之路。通过持续加大反腐倡廉建设力度，促进了社会主义经济建设、政治建设、文化建设、社会建设和生态文明建设，有力地维护了改革发展稳定大局；纯洁了党的组织和队伍，增强了党的创造力、凝聚力、战斗力；有力维护了人民群众切身利益，得到了人民群众衷心拥护和坚定支持，巩固了党的执政基础。实践证明，只有始终坚持中国特色反腐倡廉道路，才能夺取党风廉政建设和反腐败斗争决定性胜利。

坚持中国特色反腐倡廉道路是改革开放和社会主义市场经济条件下反腐倡廉建设的一个新路子。30多年来，党中央紧紧围绕保障改革开放的顺利进行，着力提高党的战斗力、增强党的免疫力、保持党的先进性，不断调整反腐倡廉的战略和策略：从刹风整纪、侧重遏制，到标本兼治、综合治理、惩防并举、注重预防：从三项工作格局，到建立健全惩治和预防腐败体系；从阶段性集中整治，到坚持持久作战，不断拓展从源头上防治腐败工作的领域。反腐倡廉指导思想更加明确，工作思路更加清晰，工作目标更加系统，工作布局更加全面，逐步探索出了一条中国特色反腐倡廉道路。

坚持中国特色反腐倡廉道路是坚持中国特色社会主义道路的重要组成部分。中国特色社会主义道路，是党将马克思主义普遍真理同中国实际相结合，遵循人类社会发展的一般规律，借鉴人类政治文明发展的优秀成果，提出的一条符合我国国情的经济社会发展道路。反腐倡廉建设已经融入了政治建设、经济建设、文化建设、社会建设的诸多方面，成为中国特色社会主义事业的有机组成部分。中国特色反腐倡廉道路，与中国特色社会主义道路相伴而生、相互依存、相互促进，都是在改革开放 30 多年的伟大实践中逐步探索形成的。中国特色反腐倡廉道路，必然随着中国特色社会主义道路的发展而不断发展和完善。

坚持中国特色反腐倡廉道路是全面推进中国特色社会主义事业的有力保证。实践证明，腐败现象和不正之风的滋生蔓延，势必影响和危害社会主义建设事业的正常发展。如果不坚决遏制和消除各种消极腐败现象，听之任之，即使把经济搞上去了，但是把风气搞坏了，那也是不堪设想的，就必然会导致经济衰退、政治动荡、文化颓废、社会混乱。全面推进中国特色社会主义事业，必须坚持走中国特色反腐倡廉道路，切实加强反腐倡廉建设，保障中国特色社会主义事业顺利进行。

面对新形势新任务，我们必须以坚定不移、百折不挠的意志坚持走中国特色反腐倡廉道路，把反腐败斗争进行到底。

89. 为什么要坚持标本兼治、综合治理、惩防并举、注重预防方针？

答：坚持标本兼治、综合治理、惩防并举、注重预防的方针，是中国共产党对共产党执政规律和反腐倡廉建设规律认识的深化，是党探索中国特色反腐倡廉道路的重要成果。党的十八大报告充分肯定这一成果，对今后的反腐倡廉建设具有重要的指导意义。

坚持标本兼治、综合治理、惩防并举、注重预防的方针，体现了反腐倡廉建设继承和创新的统一。这一指导方针，是根据形势的发展不断充实完善的。20世纪90年代初，面对消极腐败现象蔓延的势头，党中央提出了加大反腐败工作力度、坚决惩治腐败的要求，把工作侧重点放在遏制上。在经过多年治理并取得明显成效的基础上，党的十五大期间，提出要坚持标本兼治、综合治理的方针，逐步加大治本的力度。党的十六大以后，党适时提出要坚持标本兼治、综合治理、惩防并举、注重预防的方针，建立健全与社会主义市场经济体制相适应的教育、制度、监督并重的惩治和预防腐败体系，并颁布了《建立健全教育、制度、监督并重的惩治和预防腐败体系实施纲要》，以通过教育、完善制度、强化监督，建立健全拒腐防变教育的长效机制、反腐倡廉制度体系、权力运行监控机制。这是对改革开放以来我们党反腐倡廉实践经验的总结，体现了与时俱进的精神。

坚持标本兼治、综合治理、惩防并举、注重预防的方针，体现了反腐倡廉建设惩治和预防的统一。反对腐败必须从严。我们要坚决查办违纪违法案件，严厉惩处腐败分子，决不留情、决不手软。但从长远来看，反腐倡廉既要抓好惩治，更要注重预防。要多管齐下，通过深化改革、创新体制，规范权力运行，把反腐倡廉寓于各项重要政策和措施之中，从源头上预防和解决腐败问题。坚持方针、构建体系的要求，体现了在坚决惩治腐败的同时，更加注重治本，更加注重预防，更加注重制度建设，进一步加大从源头上防治腐败的精神。

坚持标本兼治、综合治理、惩防并举、注重预防的方针，体现了反腐倡廉建设长期性和阶段性的统一。现在，腐败现象在一些领域仍然易发多发，反腐倡廉的形势仍然严峻。面对艰巨繁重的任务，必须要有长期的战略性考虑。同时，又必须根据不同时期、不同情况采取相应的阶段性对策，突出重点，对症下药，才能取得事半功倍的效果。坚持方针、构建体系，既适应了反腐倡廉建设的长期性特点，又为阶段性目标的实现提供了具体思路和办法。

坚持标本兼治、综合治理、惩防并举、注重预防的方针，涉及反腐倡廉建设的方方面面。必须按照党章和党的十八大报告的要求，共同努力，总体考虑，整体推进，形成合力。

90. 为什么要全面推进惩治和预防腐败体系建设？

答：全面推进惩治和预防腐败体系建设，是我们党深刻总结反腐倡廉实践经验，准确把握我国现阶段反腐倡廉形势得出的科学结论，是党中央站在加强和改进新形势下党的建设的战略高度，对深入推进党风廉政建设和反腐败斗争作出的新部署和新要求，意义重大。

第一，全面推进惩治和预防腐败体系建设是适应当前党风廉政建设和反腐斗争现实状况的必然要求。当前，党风廉政建设和反腐败斗争深入开展，惩治和预防腐败体系基本框架初步形成，反腐倡廉建设科学化水平不断提高，一些领域消极腐败现象滋生蔓延势头得到遏制，人民群众对反腐倡廉取得的成效给予肯定。但同时，反腐倡廉工作还存在一些薄弱环节，反腐败斗争形势依然严峻、任务依然艰巨。这就要求：反腐倡廉建设必须以整体推进惩治和预防腐败体系为重点，加强制度体系建设，克服薄弱环节，避免片面性；必须把构建惩治和预防腐败体系放在基础的、全局的、战略的地位；必须坚持阶段性任务与战略性任务相结合，统筹推进、重在建设；必须认真做好教育、制度、监督、改革、纠风、惩治等各方面工作，切实增强反腐倡廉建设的系统性、协调性、实效性。

第二，全面推进惩治和预防腐败体系建设是党风廉政建设和反腐败斗争的重点任务。加强以完善惩治和预防腐败体系为重点的反腐倡廉建设，是我们党深刻总结反腐倡廉实践经验、准确把握我国现阶段反腐倡廉形势得出的科学结论，也是深入开展党风廉政建设和反腐败斗争必须抓好的战略任务。能否建立完善的惩治和预防腐败体系，不仅关系到反腐倡廉工作能否顺利开展，而且影响到党的建设的其他方面，一定程度上决定着党的前途和命运。因此，必须全面推进惩治和预防腐败体系建设。

第三，全面推进惩治和预防腐败体系建设是贯彻落实反腐倡廉方针的具体体现。坚持标本兼治、综合治理、惩防并举、注重预防的方针，最重要的是正确处理坚决惩治腐败与有效预防腐败的关系，做到治标与治本、惩治与预防两手抓、两手都要硬。必须坚持惩治于已然、防患于未然，既坚决查办违纪违法案件，又加大预防腐败工作力度，努力把腐败现象减少到最低程度。

第四，全面推进惩治和预防腐败体系建设，是对国际反腐败成功经验的有效借鉴。惩治和预防是目前世界上应对腐败的普遍做法。《联合国反腐败公约》三项宗旨的第一项就是"促进和加强各项措施，以便更加高效而有力地预防和打击腐败"。20世纪90年代开始，世界上不少国家提出建立"国家廉政体系"，并将其作为长期坚持的反腐败策略。目前芬兰、丹麦、挪威、瑞典、冰岛等国政府正在推进实施，取得了较好的成效。可见，全面推进惩治和预防腐败体系建设，既符合我国反腐倡廉工作实际，也符合国际反腐败的潮流。

91. 如何做到干部清正、政府清廉、政治清明？

答：做到干部清正、政府清廉、政治清明，是党的十八大提出的一项重要目标。干部清正、政府清廉、政治清明，三者相辅相成。干部清正、政府清廉是实现政治清明的前提和基础，反过来，唯有清明政治的根本机制、体制，才会造就清正干部，打造清廉政府。

第一，领导干部要做到政治清醒、正气在身、为政以廉、洁身自好，这是党的性质、宗旨和历史使命所决定的，是党的全心全意为人民服务的本质要求，也是每一个领导干部的立身之本、为官之基、从政之要。领导干部要做到清正，就必须做到以下三点：一是要坚定理想信念，提高党性修养。二是要接受制度监督，增强纪律意识。三是要规范权力运行，保持廉洁奉公。

第二，政府要打造为民务实的清廉政府。温家宝总理在2012年国务院第五次廉政工作会议上的讲话中指出，一个政府要让人民满意，必须做到为民、务实、清廉。我们要打造为民务实的清廉政府，做到政府清廉，应从以下三个方面努力：一是坚持以人为本，做到执政为民。二是围绕改革中心，服务发展大局。三是完善决策机制，提高行政效能。

第三，社会要营造风清气正的政治和社会环境。坚决反对腐败、建设廉洁政治，是党一贯坚持的鲜明政治立场，是人民关注的重大政治问题。我们必须充分认识反腐败斗争的长期性、复杂性、艰巨性，坚持反腐倡廉常抓不懈、拒腐防变警钟长鸣。要做到以下几点：一是坚持标本兼治，从严惩治腐败。二是正视存在问题，勇于开拓进取。三是严明党的纪律，维护党的统一。

92. 为什么要加强反腐倡廉教育和廉政文化建设？

答： 对党员干部特别是领导干部进行反腐倡廉宣传教育，是加强党的思想政治建设的重要内容，是党风廉政建设和反腐败斗争的基础性工作，是筑牢思想道德防线的关键所在，是从源头上预防和治理腐败的重要途径。廉政文化作为一种无形的、潜在的力量，在党风廉政建设中发挥着引导人、教育人、塑造人、激励人、鼓舞人的重要作用，是中国传统优秀文化的继承和发展，是先进文化的重要组成部分，是党风廉政建设不断取得进步和发展的内在灵魂。加强反腐倡廉教育和廉政文化建设，对于促使党员领导干部坚定理想信念，增强党性修养，培养良好道德品质，不断提高思想政治素质和廉洁从政意识，切实做到秉公用权、廉洁从政，具有重要意义。

第一，加强反腐倡廉教育和廉政文化建设是应对新情况新挑战的现实需要。改革开放这场新的伟大革命给党的思想政治建设注入了新的活力，给社会思想文化带来了空前广泛而深刻的影响，促进了人们思想认识的提高，极大地调动了广大群众的积极性。但必须清醒地看到，在改革开放和发展社会主义市场经济条件下，随着各种思想文化的相互激荡和现代传媒的迅速发展，随着人们社会交往范围的不断扩大，党员干部受各种思想观念影响的渠道明显增多、程度明显加深，资本主义的腐朽思想文化也乘隙而入，同我国历史上遗留下来的剥削阶级腐朽思想文化影响相结合，滋生出拜金主义、享乐主义、极端个人主义和腐朽生活方式等消极现象，对人们正确的理想、信念和价值观产生冲击，腐蚀了一些党员干部，甚至毁掉了少数意志薄弱者。在这种情况下，必须加强反腐倡廉教育和廉政文化建设，使广大党员干部能自觉抵御拜金主义、享乐主义和极端个人主义等腐朽落后思想观念的影响，全面提高广大党员干部的思想政治素质，增强拒腐防变的能力。

第二，加强反腐倡廉教育和廉政文化建设是反腐倡廉的基础性工作。把反腐倡廉教育和廉政文化建设放在惩治和预防腐败体系的突出位置，是社会主义市场经济条件下深入开展党风廉政建设和反腐败斗争的必然要求，是加大从源头上防止腐败的重要举措。加强反腐倡廉教育和廉政文化建设对党员干部廉政行为的养成有着潜移默化的作用。只有坚持不懈地开展反腐倡廉教育，才能使党员干部树立科学的世界观、人生观和正确的权力观、地位观、利益观，自觉遵守党风廉政建设的各项规定，增强拒腐防变和抵御风险的能力。廉政文化建设是新时期反腐倡廉教育的拓展和延伸，面向全社会开展廉政文化建设，拓展反腐倡廉教育的领域和空间，使廉政教育与社会教化有效地融合起来，有利于充分发挥思想道德教育、职业道德教育、社会公德教育、家庭美德教育的整体效能，更好地体现反腐倡廉教育的基础性作用。一个讲诚信、尚廉洁、重法制的社会文化环境，能够为党的思想作风建设、廉政制度建设营造良好的社会氛围。

第三，加强反腐倡廉教育和廉政文化建设是深入推进反腐倡廉工作的迫切需要。从目前我国查办腐败案件的实际情况看，凡是腐败现象易发多发的地方，都是廉政文化建设薄弱、缺乏崇廉文化氛围的地方。廉洁与腐败，既是一种从政行为，又是一种文化现象，表现着一定的价值取向。而这种文化现象并不是孤立存在的，常常是人们相互影响的结果。文化氛围是影响人的思想和行为的重要社会环境。如果整个社会都对腐败疾恶如仇，有"人人得而诛之"的心态，腐败就不可怕，终有根除的一天；如果腐败成为人们的一种思维定势，见腐不怪，骂娘只是因为自己沾不了腐败的光，那么，根除腐败就只能是镜花水月。因此，防治腐败，必须着力加强反腐倡廉教育和廉政文化建设，努力营造崇廉鄙贪的文化氛围。

第四，加强反腐倡廉教育和廉政文化建设，是建立健全惩治和预防腐败体系的重要内容，是有效预防腐败的重要举措。惩治和预防腐败体系是由教育、制度、监督和惩治等相互关联的系统构成的整体，其中廉政文化是连接各系统的一个重要环节。廉政文化具有导向、规范和约束功能，通过弘扬和倡导自律、公正与廉洁精神，使廉荣贪耻的价值观为广大干部群众所认同和接受，成为普遍的思想观念和价值取向，进而带动和保障教育、制度、监督和惩治等各项工作。加强反腐倡廉教育和廉政文化建设，采取行之有效的方式对群众进行反腐败工作的方针、政策、形势进行宣传，开展廉政知识和法制教育，对于引导他们正确看待反腐败斗争形势，增强监督意识和政策法律观念，积极、有序地参与反腐败斗争，具有积极作用。

思想是行动的先导。大量案例表明，一些党员干部走上违纪违法道路，往往是从思想蜕化变质开始的。因此，只有加强反腐倡廉教育和廉政文化建设，使广大党员干部特别是领导干部在头脑中牢固树立科学的世界观、人生观和价值观，牢固树立正确的权力观、地位观和利益观，坚定理想信念，坚持党的全心全意为人民服务的宗旨，增强党性观念和法纪意识，增强辨别是非的能力，才能使他们正确对待手中的权力，自觉地处理好个人利益与国家利益、集体利益的关系，自觉遵守党的纪律和国家法律法规，才能使他们见微知著，防微杜渐，廉洁自律，筑牢拒腐防变的思想道德防线。

93. 各级领导干部特别是高级干部为什么必须自觉遵守廉政准则？

答：《中国共产党党员领导干部廉洁从政若干准则》（简称《廉政准则》）是党中央为加强党员领导干部廉洁自律工作采取的重要举措，2009 年 12 月 29 日经中共中央政治局审议通过，2010 年 1 月 18 日正式发布实施。党员领导干部能否做到清正廉洁，直接关系到改革发展稳定大局、人民群众的利益、干部队伍建设以及党和政府的形象，因此，必须不断加强党员领导干部廉洁自律工作，促进党员领导干部廉洁从政。《廉政准则》在禁止"利用职权和职务上的影响谋取不正当利益"等 8 个方面对党员领导干部提出了 52 个

"不准"，规范了党员领导干部的廉洁从政行为，并充实完善了相应的实施与监督制度，是一部规范党员领导干部廉洁从政行为的基础性法规。《廉政准则》是应对复杂多变的国际局势、完成艰巨繁重的国内改革发展任务、保持社会和谐稳定、改进推进党风廉政建设和深入开展反腐败工作、党关心爱护领导干部的必然要求。认真贯彻实施《廉政准则》，有利于进一步提高党员领导干部的自律意识，有利于进一步加强领导干部廉洁自律工作，有利于深入推进惩治和预防腐败体系建设。

邓小平同志曾指出，党是整个社会的表率，党的各级领导同志又是全党的表率。领导干部的一言一行，对社会和人民群众起着示范和导向作用。各级领导干部特别是高级干部是党和国家的骨干，领导干部廉洁从政，就会上行下效，必收"其身正，不令而行"之功效；领导干部为政不廉，就会纷纷效尤，必酿"上梁不正下梁歪"之恶果。领导干部廉洁自律是实现为政清廉、秉公用权的关键。为政清廉、秉公用权，"为政"、"用权"是前提，而为政、用权，又是以从政、有权为前提。领导干部作为党的干部队伍的中坚力量，是党的从政人员中掌握执政权力的核心人物。又因为腐败总与权力联系在一起，这就使领导干部处于党风廉政建设和反腐败斗争风口浪尖的地位，成为我们党实现为政清廉、秉公用权的关键所在。领导干部清正廉洁，是加强党性锻炼，提高执政能力，推动科学发展的时代所需，是树立和坚持正确权力观的生动体现，是为官做人的第一底线，是党中央根据新的形势和任务，提出加强和加强党的建设向全党提出的战略要求。

党的十八大强调："各级领导干部特别是高级干部必须自觉遵守廉政准则，严格执行领导干部重大事项报告制度，既严于律己，又加强对亲属和身边工作人员的教育和约束，决不允许搞特权。"这是我们党从新形势新任务出发，对党员领导干部重申的一条重要政治原则，对于引导广大党员干部保持先进性和纯洁性、发扬党的优良传统，具有重要的指导意义。各级领导干部特别是高级干部自党遵守廉政准则应切实做到以下几个方面。

一是要努力做到廉洁自律。各级领导干部能否以身作则，对加强党风廉政建设，推动反腐败斗争的深入发展至关重要。群众对领导干部是听其言，观其行的。如果一个领导干部说的是一套，做的又是一套，群众是不会信任的，实际上也就丧失了领导干部的资格。领导干部要树立正确的权力观，手中的权力必须始终用来为党为人民谋利益，绝不能把它变成谋取个人或少数人私利的工具。每位领导干部要立志做大事，千万要防止把升官发财作为自己的人生目的。要把心思用在工作上，用在为人民群众谋利益上。只有领导干部严于律己，才能把本单位的好风气树起来，才能带动社会风气的良好发展。因此，各级领导干部，要按照规定的要求，严格检查自己，坚决执行党政领导干部廉洁自律的有关规定，真正在廉洁自律方面带个好头。

二是要管好配偶、子女及身边工作人员。家庭观念，人皆有之，共产党人也不例外，问题是作为共产党人，我们首先要树立以人民利益为重的观念，切不可把党和人民给予的地位和权力，当作为自己和家庭成员谋取私利的手段。领导人员要管住自己，又要管住管好自己的配偶、子女，还要管好身边的工作人员。这是我们党历来对领导人员的一项要求。领导干部对配偶、子女和身边工作人员应"约法三章"：第一，要经常对他们进行思想道德教育，提出严格的要求，防止他们利用自己的职权和影响做违纪违法的事情；第二，要防微杜渐，发现他们问题的苗头，就应及时加以制止和纠正；第三，要不徇私情，对他们的违纪违法行为及时向组织报告，绝不祖护。对此，党的各级干部都要在实践中加以落实，切实在管好配偶、子女及身边工作人员等方面，遵守党的纪律。

三是要抓好本单位的党风廉政建设工作。各级领导人员在抓好改革、发展和稳定工作的同时，要按照党风廉政建设责任制的要求，把党风廉政建设和反腐败工作摆上重要议事日程。坚持把党风廉政建设和反腐败工作与日常工作一起部署、一起落实、一起检查、一起考核。各单位的"一把手"是本单位抓党风廉政建设的直接领导者，要亲自主持召开领导干部理论联系实际专题会议，听汇报研究工作，亲自阅批重要信访件，亲自检查下属单位执行党风廉政建设责任制的情况，亲自组织召开民主生活会。领导班子其他成员要协助主要领导落实责任制，抓好自己分管的党风廉政建设专项工作，抓好分管部门、单位主要领导的党风廉政建设，抓好分管部门、单位党风廉政建设方面的突出问题，确保责任主体工作到位，确保党风廉政建设任务按时保质完成。

四是要自觉接受监督。各级领导干部都要加强自律意识，自觉接受党和人民的监督。我们的领导干部，手中都有一定的权力，求干部办事的人也多，遇到的诱惑和考验也多，无论什么情况下，都要把握自己，洁身自好，清廉自守，千万不要干"一失足成千古恨"的蠢事。因此，党的干部都要正确对待并接受党组织和群众的监督。党组织和群众的监督是一种警戒，是一面镜子，经常想一想，照一照，检查一下自己有什么不足和缺点，及时加以改进和纠正，对自己的成长有好处。小洞不补，大洞吃苦。越是职位高的干部，越要自觉接受监督。在我们党内，任何人都没有不受监督的特权。真正做到领导干部的权力行使到哪里，党组织的监督就实行到哪里。进一步拓宽民主监督渠道，充分发挥各种监督的作用。各级领导干部都要在接受监督上带个好头。

94. 为什么必须严格规范权力行使，加强对领导干部特别是主要领导干部行使权力的监督？

答：反腐倡廉制度约束的重点是权力运行，而掌握和行使权力的主要是领导干部。加强对领导干部特别是主要领导干部行使权力的监督对反腐倡廉建设至关重要，是实现对权力的监督，达到预防和惩治腐败目的的关键。

腐败产生于权力本身而且与权力的限制程度有关。权力是把"双刃剑"，不受监督的权力，往往容易导致滥用，往往容易产生腐败。历史反复证明，防范权力过度集中、防止权力滥用的关键，在于严格规范权力行使并对权力行使者加强监督。我们党在这个问题上始终是十分清醒的。民主革命时期，毛泽东同志在同民主人士黄炎培谈到共产党如何跳出由盛而衰的历史周期率时，就提出了依靠民主、依靠人民监督政府以防止消极腐败现象发生的重要思想。社会主义革命和建设时期，邓小平同志鲜明地作出了"共产党要接受监督"的论断。改革开放新时期，江泽民同志明确提出"依法治国"的理念，胡锦涛同志高度重视权力制约监督体制建设。党章明确规定，要加强对党的领导机关和党员领导干部的监督；党的各级领导干部要自觉地接受党和群众的批评和监督。加强对领导干部特别是主要领导干部行使权力的监督，既是对干部的严格要求，也是对干部的关心爱护。实践证明，一些干部之所以走上违纪违法的道路，一个重要原因就是脱离了党组织和群众的监督。党的各级干部要增强监督意识，自觉接受监督，带头开展监督。能不能做到这一点，是衡量一名领导干部政治上、思想上是否真正合格的重要标准。

反腐倡廉，监督是关键。从改革体制机制制度入手，规范制约行政权力，防范和减少腐败现象的发生，是从源头上预防和治理腐败的一个重要举措，也是推进以完善惩治和预防腐败体系为重点加强反腐倡廉建设的重要工作。从这些年的实践看，多数腐败行为和不正之风问题的发生，都与行政权力行使不规范密切相关。而加强预防腐败制度建设，坚持权力科学配置和规范运行，加强廉政风险点的防控，能够有效做到关口前移、防范在先。

加强监督，重点是加强对党的各级领导机关、领导干部特别是主要领导干部的监督。当前，由于政府职能转变不到位，市场经济体制不够完善，行政机关仍然掌握着计划、立项、投资、审批等配置资源的权力，加之缺乏严格的权力界定和对领导干部的严密监督，手中握有重要权力的领导干部腐败时有发生，一把手腐败现象比较突出。近年来，一把手腐败案件发案率和涉案金额中大案比例都有逐年上升的趋势。权力一旦失去监督，必然会走向腐败。党要管党、从严治党，关键是管好干部。领导干部的权力是党和人民赋予的，必须接受党和人民的监督。领导干部要切实增强接受监督的意识，严格遵守宪法、法律和党的纪律，正确对待来自各方面的监督，做自觉接受监督的表率。

各级党组织要贯彻民主集中制，发扬党内民主，认真执行党章和党内有关法规，着力加强对领导干部行使权力的全方位、全过程监督，重点防范权力失控、决策失误、行为失范。

要切实加强对党员干部的监督，必须进一步加强法制化建设。腐败行为说到底，就是利用公共权力进行"寻租"。要减少腐败行为发生的几率，必须加强立法工作，通过法律、法规和党纪条规，明确权力运行的程序、方法和界限，严格限制、规范和监督党员干部在行使权力过程中过多的自由裁量权。民主的本质是监督，监督的根本是制度。制度问题带有根本性、全局性、稳定性和长期性，要把制度建设贯穿于监督工作的各个环节，使监督工作逐步走上制度化、法制化的轨道。要改革权力运行机制，特别是对审批权作科学合理的分解，明确审批人员的权限、责任和义务，能够真正使审批的各个环节之间相互监督、相互制约；要严格限定审批时限，规范审批程序，实行服务承诺、限时办结制度；要建立行政审批责任追究制度，对违规审批或不当审批，要予以纠正，严重者要严肃追究当事人的责任。

总之，要通过权力运行机制，规范权力运作程序，加强对领导干部特别是主要领导干部行使权力的监督，逐步减少腐败可能产生的环节和机会，为预防和治理腐败提供有力的支撑。

95. 为什么要深化重点领域和关键环节改革，健全反腐败法律制度？

答：制度问题带有根本性、全局性、稳定性和长期性。要把党章的各项规定和要求真正落到实处，归根到底要靠制度作保障。目前，我国社会主义市场经济体制还不完善，不少具体的体制也不完善，这就使一些消极腐败行为有了可乘之机。这种状况在相当长一个时期都会存在，需要通过深化重点领域和关键环节改革来不断加以解决。

第一，从制度的重要作用看，深化重点领域和关键环节改革，健全反腐败法律制度是构建惩治和预防腐败体系的必然要求。建立健全教育、制度、监督并重的惩治和预防腐败体系，是党中央在新形势下对反腐倡廉工作作出的重大战略决策，是从源头上防治腐败的根本举措，是一项重要而紧迫的任务。这一体系包括惩治和预防两个方面，由教育、制度、监督三个部分构成，其中教育是基础，制度是保证，监督是关键。制度不仅是惩防体系必备的实体性要素，而且是必须贯穿于其他要素和环节之中的渗透性要素，还是教育和监督有实效、预防和惩治有力度的重要保障。

第二，从制度的特殊性能看，深化重点领域和关键环节改革，健全反腐败法律制度是反腐倡廉的根本需要。制度是由一定的组织体系建立和推行的行为规范，具有规范性、强制性、明确性、稳定性和连续性等特点。胡锦涛多次强调，依靠制度惩治和预防腐败，是做好反腐倡廉工作的根本途径。因为制度所特有的性质和功能决定着它在规范权力的运行、防止权力的滥用方面具有极其重要的作用，决定着它在治腐防腐方面较之于其他反腐形式更能治本、更为有效。所以推进惩治和预防腐败的工作，关键在于抓好制度建设这个根本。

第三，从腐败的发生机理看，深化重点领域和关键环节改革，健全反腐败法律制度是源头治腐的重要途径。腐败的产生是腐败主体、腐败对象、腐败机会相互作用的结果。在这三要素中，腐败机会即制度和办事程序上的"漏洞"和"空隙"，是最重要、最关键的因素，它具有刺激主体产生和强化腐败动机并促使腐败动机转变为实际腐败行为的作用。要想有效治腐防腐，就必须以最大限度地减少腐败机会、加大腐败的机会成本为主要着眼点和着力点，切实加强制度建设，真正建立起一套让腐败主体不愿"冒险"、不敢"伸手"、不能"投机"的制度和机制。

第四，从国内外的反腐经验看，深化重点领域和关键环节改革，健全反腐败法律制度是防治腐败的关键举措。党在探索符合中国国情的有效开展反腐败工作新路子的过程中所积累的最重要经验之一，就是依靠法制反腐败，依靠改革体制、创新机制、健全制度解决腐败问题。纵观世界各国反腐败斗争的现状，也不难发现，治腐防腐能否取得显著成效，关键在于是否建有比较完善和完备的法规制度。国内外的防腐治腐经验表明，要想卓有成效地开展反腐败斗争，就必须切实抓好法规制度建设这个关键。

第五，从制度反腐的现状看，深化重点领域和关键环节改革，健全反腐败法律制度是新形势下的紧要任务。近年来，从中央到地方的各级党组织和政府大力推进反腐制度建设，切实加大制度反腐力度，使反腐制度的数量和质量不断提升，反腐效果不断增强。但是，也要清醒地看到，现有的制度还不能很好地适应时势的新变化、满足实践的新要求，亟待推陈出新、吐故纳新；现行制度体系中的相当一部分制度不实用、不可用、不好用，亟待健全、改进；现有的一些好制度没有落到实处，没有得到严格执行，没有发挥应有的效力，缺乏权威性和实效性。制度创新、制度设计、制度落实方面存在的这些问题和缺陷，正是导致腐败现象在一些地方和领域继续滋生蔓延的重要原因。所以，深化重点领域和关键环节改革，健全反腐败法律制度，着力建构具有更强科学性、系统性、针对性、可行性、实效性的制度体系，就必然成为新形势下开展反腐倡廉建设的一项紧迫任务。

96. 为什么要防控廉政风险，防止利益冲突？

答：党的十七届四中全会通过的《中共中央关于加强和改进新形势下党的建设若干重大问题的决定》即明确提出和使用了"利益冲突"这个全新的廉政概念，指出，按照加快形成统一开放竞争有序现代市场体系要求推进相关改革，建立健全防止利益冲突制度，完善公共资源配置、公共资产交易、公共产品生产领域市场运行机制。在党的十七届中央纪委第五次全会上，胡锦涛同志再次强调，要建立健全防止利益冲突制度，形成有效预防腐败的长效机制。在2010年2月23日中央颁布的《中国共产党党员领导干部廉洁从政若干准则》中，明文规定禁止利用职权和职务上的影响谋取不正当利益，禁止利用职权和职务上的影响为亲属及身边工作人员谋取利益。党的十八大报告进一步提出，必须深化重点领域和关键环节改革，健全反腐败法律制度，防控廉政风险，防止利益冲突，更加科学有效地防治腐败。

防控廉政风险和防止利益冲突是中国共产党加强自身的先进性和纯洁性建设的重要内容。政治学意义上的利益冲突，主要是指国家公职人员在履行职责过程中，因私人利益与公共利益相冲突，而导致权力滥用、权力寻租等腐败行为的特定情境与行为。利益冲突问题已成为腐败发生的重要根源，不仅影响到人民群众利益的实现和社会公平，也对党的先进性和纯洁性造成了负面影响，因而防止利益冲突成为中国共产党预防腐败、防控廉政风险的重要内容。

防控廉政风险和防止利益冲突对于提高反腐败工作的有效性具有重要意义。反腐败的目的是使党的全心全意为人民服务的宗旨能够落到实处，而预防腐败的发生能够在最大限度内减少人民群众的损失，因而预防腐败与惩治腐败在某种意义上具有同等重要的地位。反腐倡廉必须坚持惩治于已然、防患于未然，既坚决查办违纪违法案件，又要加大预防腐败工作力度，努力把腐败现象减少到最低程度。惩治和预防是反腐倡廉工作相辅相成、相互促进的两个方面。防控廉政风险、防止利益冲突是遏制腐败的重要举措。

防控廉政风险和防止利益冲突的关键都在预防，这是遏制腐败现象滋生蔓延的根本要求。部分党员干部的腐败不仅对党的形象造成严重侵害，也会对人民群众的利益造成损害。防控廉政风险，防止利益冲突，采取好的措施、制定行之有效的制度让有腐败之念的人不能腐败，能够尽可能从源头上减少腐败，对党、国家和人民都是十分有益的。中国共产党要提高拒腐防变的能力，必须努力从源头上防止和治理腐败，延伸权力监控的触角，防控廉政风险，防止利益冲突，这样才能把权力滥用的可能性降到最低。

防控廉政风险和防止利益冲突对预防廉政风险、创新反腐败工作的内容和形式都具有重要意义。廉政风险最大的岗位，往往就是个人利益与公共利益冲突最为严重的岗位。在现有的防控廉政风险、防止利益冲突的方法体系中，囿于部门利益和人情关系，防控廉政风险、防止利益冲突主要依靠的是"自己找"和"同事帮"，缺乏社会监督，往往使得防控廉政风险、防止利益冲突流于形式，"避重就轻"，只讲成绩不谈问题，不能真正起到预防的作用，不利于预防腐败工作的深入开展。

就反腐败所取得的成绩来看，防控廉政风险、防止利益冲突对遏制腐败现象的蔓延起到了积极作用。如果我们对腐败不能有效地加以防范和遏制，任凭腐败分子以权谋私、贪赃枉法，党的先进性和纯洁性建设就无从谈起，党的执政地位就有丧失的危险。"防病胜于治病"，加强腐败犯罪的预防工作，有助于减少腐败行为的发生，对提高反腐败的有效性和人民群众对反腐败工作的满意度起到了积极作用。从民意调查数据来看，国家统计局连续多年的调查显示，2003—2010 年，群众对反腐败和廉政建设工作成效的满意度平稳上升，从 51.9% 提高到 70.6%；群众认为消极腐败现象得到不同程度遏制的比例，从 68.1% 上升到 83.8%。

邓小平同志曾经指出，制度好可以使坏人无法任意横行，制度不好可以使好人无法充分做好事，甚至走向反面。防控廉政风险，防止利益冲突，最根本的还是要抓好制度建设。在进行反腐败的制度设计时，要切实意识到防控廉政风险、防止利益冲突在反腐败制度体系中的极端重要的地位，把防控廉政风险、防止利益冲突作为重要着力点。

$97.$ 为什么要加强反腐败国际合作？

答：在全球化趋势下，编织反腐败的恢恢法网离不开国际合作，因而，党的十八大明确提出要加强反腐败国际合作，并将之作为坚定不移反对腐败，永葆共产党人清正廉洁的政治本色的重要举措。

加强反腐败国际合作是适应腐败呈现跨国化新态势的根本要求，也是全球化背景下中国共产党团结带领各族人民全面建成小康社会、坚持和发展中国特色社会主义的重要保证。从现在开始到 2020 年，是我国全面建成小康社会的关键时期，也是党风廉政建设和反腐败斗争向纵深发展的重要时期。而随着经济和社会全球化趋势的发展和人员跨国流动的加快，腐败已经打破了国界，呈现出有组织、跨国化的趋势。从近年查处的一些大案要案来看，很多腐败分子在实施犯罪以后甚至在之前，往往潜逃出境或者将犯罪所得转移至国境外，将自己的家人移民海外。加强反腐败国际合作，着力解决引渡和遣返腐败犯罪嫌疑人、追缴和返还涉案款物、交换腐败犯罪信息等实际问题，有利于消除腐败分子的"避风港"，使腐败分子不再幻想"狡兔三窟"，这样就能增强遏制腐败的有效性。

加强反腐败国际合作是将中国共产党的反腐败斗争推向深入的根本要求。反腐败是各国政府面临的共同任务，我国与世界各国在遏制腐败蔓延问题上也都进行了探索，并形成了一些共识，都将遏制公务人员的腐败行为作为反腐败的重要任务。

在跨国企业成为全球化的主体情况下，只有在反腐败方面加强合作，积极完善相关法律法规，才能对一些跨国腐败行为进行惩处，从而维护经济安全和党的执政安全。一些外国在华企业利用中国法律的漏洞和政策的空子腐蚀我们的国家工作人员或事业单位人员，如果不加强反腐败国际合作，取得相关国家的支持和理解，就很难对这种行为进行调查取证并进行有针对性有威慑力的惩处，真正做到法网恢恢、疏而不漏。

加强反腐败国际合作有利于人类社会的共同进步，有利于和谐世界的构建。追求公平正义是人类共同的理想，而腐败对公平正义的侵蚀是显而易见的，因此反对腐败也是全人类的共同愿望，成为世界各国政府和政党面临的共同课题。反腐败的国际合作越来越得到世界各国的重视。近年来，面对跨国跨地区腐败犯罪愈演愈烈的严峻形势，国际社会越来越重视反腐败领域的交流与合作，开展务实有效的合作，共同惩治和预防腐败取得了新的明显进步。2003年，第58届联合国大会审议通过了《联合国反腐败公约》，这是联合国历史上通过的第一个用于指导国际反腐败斗争的法律文件，对于加强反腐败的国际合作具有重要意义。2005年10月27日，十届全国人大常委会第十八次会议以全票通过决定，批准加入《联合国反腐败公约》。国际反贪局联合会自 2006 年 10 月在中国北京成立以来，致力于促进《联合国反腐败公约》的有效实施，致力于密切反腐败国际交流与合作，对中国共产党领导的反腐倡廉工作也起到了极大的促进作用。

厦门特大走私案主犯赖昌星在潜逃加拿大 12 年后被成功遣返回国，这是在党中央、国务院坚强领导下，各相关部门密切合作、不懈努力，在反腐败国际合作方面取得的重要成果，也有力地说明了加强反腐败国际合作的必要性。

必须指出的是，在积极开展反腐败的国际合作中，不能脱离中国国情，而要坚持中国特色、捍卫国家主权，既要更多地借鉴外国反腐败的先进经验，也要认识到在霸权主义和强权政治仍然存在、不合理的国际经济政治旧秩序仍然存在的情况下，必须防止一些敌对势力和敌对分子假反腐败国际合作来干涉中国内政的图谋。

98. 为什么要严格执行党风廉政建设责任制？

答： 为了加强党风廉政建设，明确领导班子、领导干部在党风廉政建设中的责任，推动科学发展，促进社会和谐，提高党的执政能力，保持和发展党的先进性，2010 年中共中央、国务院专门制定了《关于实行党风廉政建设责任制的规定》，对责任内容、责任考核与监督、责任追究等作了严格规定。基于对反腐倡廉工作重要性和严格执行党风廉政建设责任制在反腐倡廉工作中的重要作用的科学认识，党的十八大强调必须严格执行党风廉政建设责任制。

严格执行党风廉政建设责任制是中国共产党执政经验特别是加

强党的执政能力建设和反腐倡廉工作经验的科学总结。政风廉洁，从来是赢得民心，实现政治清明、社会安定繁荣的重要一环。这是对兴亡规律的一个重要经验总结。中国共产党始终注重发挥领导干部在党风廉政建设中的重要作用，党的中央领导集体都对此予以了高度关注，在实践中对于如何严格执行党风廉政建设责任制进行了卓有成效的探索，对党员干部特别是党的高级干部的贪污腐败行为予以了严惩，取得了人民群众的衷心拥护，为社会主义革命和社会主义建设、改革开放和中国特色社会主义事业的健康发展提供了政治保障。

严格执行党风廉政建设责任制是提高执政能力的根本要求。应对"四大考验"，警惕"四种危险"，可能对党所领导的中国特色社会主义事业发展造成阻碍，是党的十八大对全党提出的谆谆告诫。党的干部尤其是领导干部所担负的领导责任使他们不仅应在中国特色社会主义事业建设中起着领导和组织的作用，也应在反腐败斗争中起着领导和组织的作用，起着表率和带头的作用。只有各级党政领导班子和领导干部严格执行党风廉政建设责任制，抓好责任分解、责任考核、责任追究三个关键环节，切实负起抓好职责范围内反腐倡廉建设的政治责任，才能形成党委统一领导、党政齐抓共管、纪委组织协调、部门各负其责、全党动手反腐败的强大合力。

严格执行党风廉政建设责任制也是推动中国特色社会主义各项事业科学发展的根本保证。党风廉政建设责任制是深入推进党风廉政建设和反腐败斗争的一项基础性制度，只有严格执行党风廉政建设责任制，才能切实提高反腐败工作的实效性，才能扎实推进惩治和预防腐败体系建设，进一步加大解决党风廉政建设方面突出问题力度，确保党的队伍的纯洁，确保中国特色社会主义事业的发展有一个坚强正确的领导力量，为推动科学发展、促进社会和谐提供有力的政治保障。

各级党政领导班子和领导干部要从深入贯彻落实科学发展观，从增强反腐倡廉的实效性、提高党的执政能力、巩固党的执政地位的高度，充分认识落实党风廉政建设责任制的极端重要性，以改革创新的精神、认真负责的态度和求真务实的作风，切实负起抓党风廉政建设的重大政治责任，形成反腐倡廉的强大合力，不断开创党风廉政建设和反腐败斗争的新局面，为推进中国特色社会主义伟大事业、全面建成小康社会作出新的更大的贡献。

严格执行党风廉政建设责任制是一项系统的工程，各级领导班子和领导干部都要把它作为一项重要工作抓紧抓好：首先，领导干部要以身作则，管好自己，严格要求家属和身边工作人员。其次，领导干部要管好下属，抓好分管部门的党风廉政工作。按照"谁主管，谁负责"的原则，把反腐倡廉的任务分解到相关职能部门和每个领导干部。再次，严格责任考核，加强监督检查，发挥监督机制的作用。最后，严肃党纪，加大责任追究力度。不履行或不正确履行职责，就是失职行为，必须予以追究。只有这样，党的各级领导干部才能不负党和人民的重托，切实担当起带领全国各族人民建设中国特色社会主义事业取得胜利的重任。

99. 为什么要健全纪检监察体制？

答：改革和完善党的纪律检查体制，是党的十六大关于加强对权力的制约和监督的重要内容，也是近年来加强党风廉政建设和反腐败工作的重要措施。党的十八大再次重申要健全纪检监察体制，完善派驻机构统一管理，更好发挥巡视制度监督作用，凸显了健全纪检监察体制的重要性。

健全纪检监察体制，是加强党的执政能力建设、先进性建设和纯洁性建设的重要内容。只有从加强党的执政能力建设和先进性建设的战略高度，健全纪检监察体制，才能真正做到坚持标本兼治、综合治理、惩防并举、注重预防，建立健全惩治和预防腐败体系。这是在发展社会主义市场经济和对外开放条件下深入开展党风廉政建设和反腐败工作的新要求，对于提高党的执政能力，保持党的先进性和纯洁性，巩固党的执政地位，具有十分重要的意义。

健全纪检监察体制机制是新形势下反腐倡廉建设的重大课题。纪检监察工作的任务是维护党纪国法，协助党委加强党风廉政建设，检查党的路线、方针、政策和决议的执行情况，依法对国家行政机关、国家公务员和国家行政机关任命的其他人员实施行政监察；检查和处理党的组织和党员以及国家行政机关、国家公务员和国家行政机关任命的其他人员违反党纪政纪的行为；决定或取消对这些案件中的人员的党纪政纪处分；受理有关的控告和申诉；等等。只有健全的纪检监察机制才能充分发挥对权力运行的监督作用，加强对干部选拔任用的监督，加强对资金运行的监督，加强对国有资产运营的监督，加强对党务、政务公开的监督，加强对领导干部廉洁自律的监督，加强对党风廉政建设责任制落实的监督。

健全纪检监察体制对推动中国特色社会主义事业健康发展、全面建成小康社会具有重要保障作用。从实践看，教育不扎实，制度不健全，监督不得力，仍然是腐败现象滋生蔓延的重要原因。只有健全纪检监察体制，认真做好教育、制度、监督、改革、纠风、惩治等各方面工作，才能切实增强反腐倡廉建设的系统性、协调性、实效性，促进反腐倡廉工作取得显著成效，推动经济和社会各项事业的蓬勃发展，更好地为经济社会发展保驾护航。

为适应党的事业的发展和党的建设科学化的要求，必须健全和完善纪检监察体制。

"把权力关进制度的笼子里"，是健全纪检监察体制机制的重要手段，对党和国家各项事业的发展也具有保障作用。对重大决策部署、重大改革措施、重大建设工程、重大项目、重要干部任免、大额资金使用等，实施全程参与、全程监督，防止权力失控、决策失误和行为失范。加强对公共权力大、社会公益性强、群众关注度高的部门，以及资金密集、资产集中、资源聚集等关键领域的监督检查，把预防问题、发现问题、解决问题和制度建设有机结合起来，发挥新的管理体制在反腐倡廉建设中的积极作用。

健全纪检监察体制是反腐败工作切实取得成效的根本要求：一是要按照党要管党、从严治党的方针，坚持标本兼治、综合治理、惩防并举、注重预防。既要严肃党的纪律，坚决查办违纪违法案件，严厉惩处腐败分子；更要注重预防，通过深化改革、创新体制，加强教育、发展民主，健全法制、强化监督，把反腐败寓于各项重要政策和措施之中，用发展的思路和改革的办法防治腐败。二是完善纪检监察体制。这不仅能够规范每一个党员的行为，使所有党员依法、依规办事，也能对政党自身进行严格规范，确保不因少数人出现腐败而对政党造成重大破坏性影响。对中国共产党这样一个有着8200多万党员的大党而言，要确保自身的纯洁性和先进性，必须健全纪检监察体制，使腐败分子无处藏身，使腐败分子遭到应有惩罚。

100. 为什么要始终保持惩治腐败高压态势？

答： 党的十六大曾经指出，不坚决惩治腐败，党同人民群众的血肉联系就会受到严重损害，党的执政地位就有丧失的危险，党就有可能走向自我毁灭。在长期执政的条件下，在对外开放和发展社会主义市场经济的环境中，党必须十分注重防范各种腐朽思想的侵蚀，维护党的队伍的纯洁。党的十八大进一步强调，必须始终保持惩治腐败高压态势，"反对腐败、建设廉洁政治，是党一贯坚持的鲜明政治立场，是人民关注的重大政治问题。这个问题解决不好，就会对党造成致命伤害，甚至亡党亡国。反腐倡廉必须常抓不懈，拒腐防变必须警钟长鸣"。

第一，始终保持惩治腐败高压态势，是由党风廉政建设和反腐败斗争的形势所决定的。

当前党风廉政建设和反腐败斗争的总体形势仍然是"三个并存"，即：成效明显和问题突出并存，防治力度加大和腐败现象易发多发并存，群众对反腐败期望值不断上升和腐败现象短期内难以根治并存，反腐败斗争形势依然严峻、任务依然艰巨，反腐倡廉建设依然是新时期党的建设的"重中之重"。

近年来，党风廉政建设和反腐败工作取得了新的明显成效。但与此同时，一些领域消极腐败现象易发多发，反腐败斗争形势依然严峻，消极腐败的危险更加尖锐地摆在全党面前。当前，我们正处于经济社会发展的转型期，处于腐败行为的高危期和易发多发期。在这种情况下，必须坚定不移地反对腐败，惩治腐败的力度只能加大，决不能有丝毫放松。纪检监察干部应该牢固树立纪检监察机关不办案就是失职的理念，坚持有案必查、有腐必惩、违纪必究。同时，进一步加大办案力度，严惩腐败分子，让他们在政治上身败名裂、在经济上倾家荡产、在任何地方都无处藏身。

虽然始终保持惩治腐败的强势劲头，但每年都有大批的党员尤其是党员领导干部因贪污腐败、违法乱纪被查处，这表明了我们党反对腐败的坚强决心，说明党始终重视自身建设，敢于清除背叛党的事业、侵害人民利益的害群之马，也说明党的先进性和纯洁性建设的任务仍然非常繁重，必须始终保持惩治腐败高压态势。

面对当前腐败现象尚未得到根本遏制、各种不廉洁行为仍在侵蚀党的先进性的严峻形势，惩治腐败这一手绝不能放松，必须继续保持查办案件的高压态势，以查处发生在领导机关和领导干部中滥用权力、谋取私利的违纪违法案件为重点，坚决惩处各类腐败分子，及时清除侵蚀党的肌体的各种病毒，使党的肌体始终保持健康和纯洁。

第二，始终保持惩治腐败高压态势是全国人民的愿望，也是党的事业健康发展的需要。

《中共中央关于加强和改进新形势下党的建设若干重大问题的决定》指出，要加大查处违纪违法案件工作力度。保持惩治腐败高压态势，坚决遏制一些领域腐败现象易发多发势头，决不让任何腐败分子逃脱党纪国法惩处。这是党中央的决心，更是全国各族人民的愿望。它既说明了现实中腐败问题的多发性及严重性，也反映了党中央对反腐斗争十分清醒，决心很大，警告一切腐败分子不要心存侥幸。

堡垒最容易从内部攻破，一个政党在执政过程中，如果自身腐败问题严重而又无力克服，必然导致社会风气败坏，最终必然带来灾难性后果。曾长期执政的苏联共产党之所以在几乎一夜之间丧失执政地位，其根源正在于腐败侵蚀了苏联共产党，使苏联共产党丧失了先进性和纯洁性，进而丧失了人民群众的支持，其丧失执政地位也就是历史的必然。

腐败现象近年来在一些领域易发多发，前腐后继，屡禁不止，并造成极坏的社会影响。只有始终保持惩治腐败高压态势，才能做到干部清正、政府清廉、政治清明，中国共产党才能真正获得人民群众的拥护，党的执政地位才能巩固，中国特色社会主义事业才能健康发展，中华民族的伟大复兴才能实现。

第三，始终保持惩治腐败高压态势是保持党的先进性和纯洁性、完成党的历史使命的根本要求。

历史告诉我们，一个腐败的政党不可能有大的作为。改革开放伊始，邓小平同志就尖锐地指出，如果中国共产党不加强自身的先进性和纯洁性建设，党和国家就可能出现"改变面貌"的问题："我们自从实行对外开放和对内搞活经济两个方面的政策以来，不过一两年时间，就有相当多的干部被腐蚀了。卷进经济犯罪活动的人不是小量的，而是大量的。犯罪的严重情况，不是过去'三反'、'五反'那个时候能比的……要足够估计到这样的形势。这股风来得很猛，如果我们党不严重注意，不坚决刹住这股风，那末，我们党和国家确实要发生会不会'改变面貌'的问题。这不是危言耸听。"①

当前，要把中国特色社会主义事业推向深入，要完成全面建成小康社会的目标，必须有一个坚强有力的领导核心，中国共产党始终保持惩治腐败高压态势既是党的自身建设健康发展的要求，也是中国特色社会主义事业健康发展、实现共同富裕的根本要求。党的十八大重申始终保持惩治腐败高压态势，既是对党的历史经验的总结，也具有很强的现实针对性。

中国特色社会主义的发展需要一个较长时期的历史发展，反对腐败不是一天两天的斗争，反对腐败既要有长期作战的准备，也要有必胜的信心。党要管党，从严治党，始终保持惩治腐败高压态势，这是全党的政治责任，也是党内党外长治久安的重要保证。

101. 为什么要坚决查处大案要案?

答：坚决查处大案要案是遏制权力腐败的重要内容。权力腐败是最严重的腐败，权力必须受到监督和制约。没有监督和制约的权力最终会变成洪水猛兽，不仅伤害社会，还会伤害党本身。党的十八大指出："任何组织或者个人都不得有超越宪法和法律的特权，绝不允许以言代法、以权压法、徇私枉法。""不管涉及什么人，不论权力大小、职位高低，只要触犯党纪国法，都要严惩不贷。"

第一，坚决查处大案要案才能取信于民，展现中国共产党铲除

---

① 《邓小平文选》第二卷，人民出版社 1994 年版，第 402~403 页。

腐败、自我净化的决心和勇气。如果腐败得不到有效惩治，党就会丧失人民信任和支持。治国必先治党，治党务必从严。十六大以来，我们党坚持党要管党、从严治党，始终保持了惩治腐败的强劲势头，坚决查处了薄熙来、陈良宇、刘志军、杜世成、郑筱萸、陈绍基、王华元、黄松有、王益、康日新、黄瑶、许宗衡等一批大案要案。这充分表明了党反对腐败的决心，展现了党自我净化的能力。党风廉政建设和反腐败工作方向更加明确、思路更加清晰、措施更加有力、成效更加明显，呈现良好发展态势。党风廉政建设和反腐败斗争深入开展，惩治和预防腐败体系基本框架初步形成，反腐倡廉建设科学化水平不断提高，一些领域消极腐败现象滋生蔓延势头得到遏制，人民群众对反腐倡廉建设取得的成效给予肯定。国际舆论这样评价，中国的反腐败成绩是足以同在中国这样一个世界上人口最多的国家解决温饱问题、极大地消除贫困相提并论的一个巨大贡献。

第二，坚决查处大案要案是有效惩治腐败的重要手段。大案要案危害严重、影响恶劣，如果任其蔓延，对党的建设以及整个社会风气建设都会起到负面影响。坚决查处大案要案，有利于纠正社会上普遍存在的中国共产党反腐败"只拍苍蝇不打老虎"的误解。如果腐败得不到有效惩治，党就会丧失人民信任和支持。如果不敢或者不能查处大案要案，就会对整个反腐倡廉工作造成不良影响。

第三，坚决查处大案要案也是总结国内外经验教训的必然要求。一些国家和政权兴衰更迭的事实说明，如果腐败得不到有效治理，就会丧失人民信任和支持，就有亡党亡国的危险。当年，苏联党和政府内握有权力的腐败分子，对苏共垮台、苏联解体实际上抱着听任自然或暗中希求的态度。苏联解体的教训告诫我们，堡垒最容易从内部攻破，如果腐败得不到有效惩治，党就会丧失人民群众的信任和支持，最终落得个亡党亡国的可悲下场。蒋介石和中国国民党在抗战胜利之后，为了挽救其统治，也曾试图在反腐败方面有所作为，但其只拍"苍蝇"不打"老虎"的做法使人民彻底对其失去了信心，认为这个政党不是在真正反腐败，认为这样的政党不可能给中国人民和中华民族带来一个光明的未来，中国国民党的垮台也就是历史的必然。总结国内外经验教训，反腐败斗争必须坚决查处大案要案。

第四，坚决查处大案要案是保持党的先进性和纯洁性，使党担负起历史赋予的使命的必然要求。实现"两个一百年"的奋斗目标和中华民族伟大复兴的"中国梦"，寄托着无数仁人志士、革命先烈的理想和夙愿，是历史赋予中国共产党人的使命。在新的征程上，我们党的责任更大、担子更重。就当前而言，一些地方、部门和单位的腐败案件特别是少数高级干部的腐败案件造成了很坏的社会影响。这与党的全心全意为人民的根本宗旨是相悖的，也与党的领导干部所担负的领导责任相悖，严重损害党的先进性和纯洁性，严重影响党的历史使命的完成。必须坚决查处大案要案，坚决惩治和预防腐败，保持党的先进性和纯洁性，使党担负起历史赋予的使命。

102. 为什么要着力解决发生在群众身边的腐败问题？

答：人民群众所关心的问题应该成为马克思主义政党尤其是马克思主义执政党关心的问题。恩格斯指出，我们的目的是要建立社会主义制度，这种制度将给所有的人提供健康而有益的工作，给所有的人提供充裕的物质生活和闲暇时间，给所有的人提供真正的充分的自由。

我们党的根基在人民、血脉在人民、力量在人民。而发生在群众身边的腐败问题，直接侵害群众切身利益，如果得不到有效惩治，党就会丧失人民信任和支持。党的十八大强调，必须着力解决发生在群众身边的腐败问题。

首先，着力解决发生在群众身边的腐败问题是党的全心全意为人民服务宗旨的根本要求。中国共产党要坚持全心全意为人民服务的根本宗旨，把实现人民群众的根本利益作为一切工作的出发点和归宿，就要求着力解决发生在群众身边的腐败问题。以人为本、执政为民是我们党性质和宗旨的集中体现，能否做到让人民群众满意是检验反腐倡廉工作成效的根本标准。中国共产党是马克思主义政党，党的性质和宗旨决定了我们党同各种消极腐败现象是水火不相容的。我们党的最大政治优势是密切联系群众，党执政后的最大危险是脱离群众。党必须以密切党同人民群众的血肉联系为重点，顺应群众期待、回应社会关切，抓住反腐倡廉建设中人民群众反映强烈的突出问题，有针对性地开展专项治理，着力解决发生在群众身边的腐败问题，以反腐倡廉实际成效取信于民。

其次，着力解决发生在群众身边的腐败问题是实现人民利益和巩固党的执政基础的需要。发生在群众身边的腐败问题会严重侵蚀党的执政基础。损害群众切身利益的问题会影响到人民利益的实现，社会影响广泛。广大群众往往是通过身边党员干部的言行来评价党和政府的。发生在群众身边的腐败问题，直接侵害群众切身利益，已成为影响党群干群关系、损害党和政府形象的一个重要因素，近年来群体性事件频发就与发生在群众身边的腐败问题有很大关系。只有从人民群众反映最强烈的问题抓起、从人民群众最不满意的地方改起、从人民群众最盼望的事情做起，切实解决发生在群众身边的腐败问题，才能不断以党风廉政建设和反腐败工作的实际成效取信于民、造福于民，增强人民群众对反腐败斗争的信心，赢得人民群众的信任、支持和拥护。这几年党着力解决发生在群众身边的腐败问题，顺应了人民期待，得到了人民拥护。

最后，着力解决发生在群众身边的腐败问题能够有效地调动人民群众参与反腐败斗争的积极性，提高反腐败的效果。群众的眼睛是雪亮的。反腐败斗争没有人民群众的参与，就不可能取得根本性的进展。很多腐败案件都是经由人民群众举报才暴露出来的，着力解决发生在群众身边的腐败问题，人民群众参与反腐败的积极性更高，我们党反腐倡廉的效果也会更好。

按照中央的有关部署，在当前和今后一个时期，要严肃查处以下发生在群众身边的腐败问题：征地拆迁中的腐败问题，矿产资源开发等领域的腐败问题，各类学校办学中乱收费问题，医药购销和医疗服务中的腐败问题，食品药品制假售假的腐败问题，国有企业领导人员侵占国家、集体利益和侵害职工群众权益的腐败问题，基层干部吃拿卡要、收受财物的腐败问题，执法不公、为黑恶势力充当"保护伞"的腐败问题，基层干部买官卖官、拉票贿选等腐败问题，基层干部作风粗暴、欺压群众、奢侈浪费等腐败问题。解决好这些发生在群众身边的腐败问题，不仅事关人民群众切身利益，也事关全面建成小康社会的目标能否顺利实现。因此，必须着力解决发生在群众身边的腐败问题。

103. 为什么要严明党的纪律，自觉维护党的集中统一？

答：严明党的纪律是政党保持团结统一，保持战斗力的先决条件。党的纪律是党的各级组织和全体党员必须遵守的行为规则。在长期的革命、建设和改革实践中，我们党形成了一套严明的纪律，对于维护党的团结和统一，保持党的先进性和纯洁性，增强党的凝聚力和战斗力，保证党的纲领、路线和任务的实现，发挥了十分重要的作用。

党的主要领导人对纪律的重要性多有强调。毛泽东同志指出，纪律是执行路线的保证。正是因为有了"三大纪律八项注意"这样的严格纪律，才保证了我们党在革命战争年代和社会主义建设时期始终保持同人民群众的血肉联系，从而把党的主张转化为广大人民群众的自觉行动。改革开放以来，邓小平同志多次强调，我们事业的成功，"一靠理想，二靠纪律"，并结合新的实际，领导制定了《关于党内政治生活的若干准则》等一系列党内法规。党的十三届四中全会以来，江泽民同志也反复强调要严格遵守和维护党的纪律，指出，党的纪律极为重要，它的政治作用，就是维护党的团结统一，保持党的先进性和纯洁性，增强党的凝聚力和战斗力，保证党的纲领、路线和任务的实现。胡锦涛同志结合党的建设面临的新情况强调，必须贯彻党要管党、从严治党的方针，进行党规党纪教育，严肃党的纪律使每个共产党员都要增强纪律观念，不断提高遵守党的纪律的自觉性。

党的十八大进一步指出，党的集中统一是党的力量所在，是实现经济社会发展、民族团结进步、国家长治久安的根本保证。党面临的形势越复杂，肩负的任务越艰巨，就越要加强党的纪律建设，越要维护党的集中统一。各级党组织和广大党员、干部特别是主要领导干部一定要自觉遵守党章，自觉按照党的组织原则和党内政治生活准则办事，任何人都不能凌驾于组织之上。

党中央之所以强调要严明党的纪律，自觉维护党的集中统一，是因为任何一个执政党，没有严明的纪律，就不会有统一的行动，也就无法实现自己的奋斗目标。对于马克思主义执政党来说，严明的纪律尤其重要。党执政的时间越长，就越要严肃纪律，越要严格要求党的组织和广大党员。全党纪律严明，步调一致，我们才能无往而不胜。只有严明党的纪律，维护党的集中统一，加强监督检查，严肃党的纪律特别是政治纪律，对违反纪律的行为认真处理，切实做到纪律面前人人平等、遵守纪律没有特权、执行纪律没有例外，才能形成全党上下步调一致、奋发进取的强大力量。

严明党的纪律，自觉维护党的集中统一，是实现经济社会发展、民族团结进步、国家长治久安的根本保证。实现党的纲领、路线和任务，不但要有政治上思想上的一致，还必须有组织上的团结和集中统一，即全党在民主集中制原则指导下，实现党员个人服从党的组织，少数服从多数，下级组织服从上级组织，全党各个组织和全体党员服从党的全国代表大会和中央委员会的纪律。这样才能凝聚全党的力量，战胜各种艰难险阻，步调一致地为实现党的纲领而奋斗。

严明党的纪律具有现实的紧迫性。在改革开放和社会主义市场经济的条件下，一些地方、部门和党员干部身上，存在着违背党的纪律、影响政令畅通、损害中央权威、危害党的团结统一的现象。有的党员干部传播政治谣言；有的无视党的组织纪律，任人唯亲，拉帮结派；有的党员干部贪污腐化；有的党员干部严重脱离群众，高高在上，甚至侵犯群众利益等。这不仅影响了党员形象，而且影响了党的路线方针政策的贯彻执行，因而当前加强党的纪律建设具有极其重要的现实意义。由于权力缺乏制约监督，部分党员、干部违法乱纪，个别"一把手"个人决策凌驾于组织决策之上、热衷政绩工程，对党的事业和党的形象造成了不良影响。保持党员、干部的队伍纯洁，必须严明党的纪律，自觉维护党的集中统一。

严明党的纪律是深入开展反腐败斗争的需要。在改革开放和社会主义市场经济条件下，由于外部环境发生了变化，体制转变过程中出现了许多漏洞，如果放松警惕，有些腐朽的东西乘开放搞活之机，重新冒出来，带来的后果也会更严重。据中央纪委向党的十八大所作的工作报告，2007 年 11 月至 2012 年 6 月，全国纪检监察机关立案 64.3 万余件，结案 63.9 万余件，给予党纪政纪处分 66.8 万余人，涉嫌犯罪被移送司法机关处理 24584 人。这说明了反腐败斗争形势的严峻性。要防止和纠正党内出现的消极腐败现象，保持党的先进性和纯洁性，必须严明纪律。

总之，各级党组织和广大党员、干部特别是主要领导干部必须按照党的十八大的要求，一定要自觉遵守党章，自觉按照党的组织原则和党内政治生活准则办事，任何人都不能凌驾于组织之上。要坚决维护中央权威，在思想上政治上行动上同党中央保持高度一致，坚决贯彻党的理论和路线方针政策，保证中央政令畅通，决不允许"上有政策、下有对策"，决不允许有令不行、有禁不止。加强监督检查，严肃党的纪律特别是政治纪律，对违反纪律的行为必须认真处理，切实做到纪律面前人人平等、遵守纪律没有特权、执行纪律没有例外，形成全党上下步调一致、奋发进取的强大力量。

104. 为什么说全党一定要自觉遵守党章，自觉按照党的组织原则和党内政治生活准则办事？

答：党章是党的历史经验和集体智慧的结晶，集中表达了党的理论基础和政治主张，集中体现了党的整体意志和共同理想，是我们立党、治党、管党的总章程，是最根本的党规党法，在党内具有最高的权威性和最大的约束力。中共中央总书记习近平同志在《认真学习党章，严格遵守党章》中，对自觉遵守党章的必要性进行了深刻而全面的阐述，为我们学习党章、自觉遵守党章提供了理论指南。文章指出，党章是党的总章程，集中体现了党的性质和宗旨、党的理论和路线方针政策、党的重要主张，规定了党的重要制度和体制机制，是全党必须共同遵守的根本行为规范。没有规矩，不成方圆。党章就是党的根本大法，是全党必须遵循的总规矩。在各级党组织的全部活动中，都要坚持引导广大党员、干部特别是领导干部自觉学习党章、遵守党章、贯彻党章、维护党章，自觉加强党性修养，增强党的意识、宗旨意识、执政意识、大局意识、责任意识，切实做到为党分忧、为国尽责、为民奉献。

我们党历来高度重视制定和完善党章。党的一大制定了党纲，党的二大制定了党的第一部党章。在90多年的奋斗历程中，我们党总是认真总结革命建设改革的成功经验，及时把党的实践创新、理论创新、制度创新的重要成果体现到党章中，从而使党章在推进党的事业、加强党的建设中发挥了重要指导作用。党的十八大通过的党章修正案，对党的指导思想、中国特色社会主义事业总体布局、党的建设总体要求等进行了充实、修改和完善，实现了党章的又一次与时俱进。

认真学习党章、严格遵守党章，是学习贯彻党的十八大精神的重要内容。要把学习党章同学习党的十八大精神紧密结合起来，同学习中国特色社会主义理论体系紧密结合起来。要深刻理解把科学发展观同马克思列宁主义、毛泽东思想、邓小平理论、"三个代表"重要思想一道确立为党的指导思想的重大意义，深入领会科学发展观的精神实质，增强贯彻落实科学发展观的自觉性和坚定性，坚定不移走科学发展之路。要深刻理解在党章中完整表述中国特色社会主义道路、中国特色社会主义理论体系、中国特色社会主义制度的重大意义，深入领会中国特色社会主义的科学内涵，增强道路自信、理论自信、制度自信，坚定不移推进中国特色社会主义伟大事业。要深刻理解把生态文明建设纳入中国特色社会主义事业总体布局的重大意义，深入领会生态文明建设的指导原则和主要着力点，自觉把生态文明建设融入经济建设、政治建设、文化建设、社会建设各方面和全过程。要深刻理解党章增写党的建设总体要求新内容和关于党员、党的基层组织、党的干部新要求的重大意义，深入领会各项新内容新要求的科学内涵，坚持用党章指导和规范党的建设各项工作，全面提高党的建设科学化水平。

认真学习党章、严格遵守党章，是加强党的建设的一项基础性经常性工作，也是全党同志的应尽义务和庄严责任，对强化全党党章意识，增强党的创造力、凝聚力、战斗力具有极为重要的作用。

自觉按照党的组织原则和党内政治生活准则办事，任何人都不能凌驾于组织之上，这既是自觉遵守党章的根本要求，也是保持党的先进性和纯洁性的根本要求。要坚决维护中央权威，在思想上政治上行动上同党中央保持高度一致，坚决贯彻党的理论和路线方针政策。加强监督检查，严肃党的纪律特别是政治纪律，形成全党上下步调一致、奋发进取的强大力量。对于马克思主义执政党来说，严格按照党的组织原则和党内政治生活准则办事，既是保持党的团结统一的必要条件，也是增强党的凝聚力和战斗力的必要条件。如果每个党员都按照自己的意愿和主张行事，而不按照党的组织原则和党内政治生活准则办事，那这个党必将是一盘散沙，毫无希望。所以，自觉遵守党章，自觉按照党的组织原则和党内政治生活准则办事，维护党的团结统一，珍惜和发展安定团结的政治局面，是每个共产党员的神圣责任。党的各级组织和每个党员必须在思想上政治上同中央保持高度的一致，坚定不移地贯彻执行党中央制定的路线、方针、政策和决议。如果对于中央已经作出决定的重大方针和政策问题，党员有不同意见，在坚决执行的前提下，可以经过一定的党的组织程序提出，但绝不允许各行其是，公开发表与党的路线、方针、政策相反的言论，更不允许采取同中央的决定、决议相违背的行动。

105. 为什么要坚决维护中央权威？如何维护？

答：恩格斯在《论权威》中指出，一方面是一定的权威，不管它是怎样造成的，另一方面是一定的服从，这两者，不管社会组织怎样，在产品的生产和流通赖以进行的物质条件下，都是我们所必需的。同时还指出，生产和流通的物质条件，不可避免地随着大工业和农业的发展而复杂化，并且趋向于日益扩大这种权威的范围。所以，把权威原则说成是绝对坏的东西，把自治原则说成是绝对好的东西，这是荒谬的。

所谓中央的权威，就是指党中央领导集体的权威。它表现为中国共产党领导和团结全国各族人民建设中国特色社会主义伟大事业的崇高威望、巨大感召力和最高凝聚力；它是按照民主集中制原则，在制定、执行党和国家大政方针的实践中具体形成的、由此完整地实现对国家、对地方的统一有序正确的领导。维护党和国家的集中统一，维护中央的权威，是马克思主义的基本要求，是党的重要组织纪律，是党的历史特别是改革开放以来的历史经验总结，是新世纪党所面临的国际国内形势和任务的需要，也是一些国家现代化建设的成功经验。党的十八大明确指出，要坚决维护中央权威，在思想上政治上行动上同党中央保持高度一致，坚决贯彻党的理论和路线方针政策，保证中央政令畅通，决不允许"上有政策、下有对策"，决不允许有令不行、有禁不止。

第一，坚决维护中央权威是中国共产党在领导革命、建设和改革过程中形成的历史经验。党的历代领导人都强调要维护中央的权威，并将之作为党领导革命、建设和改革的一条重要历史经验。在毛泽东同志看来，党的政党权威就是人民的认同，就在于中国共产党能否代表人民利益、能否实现人民利益，只有维护中央的权威才能确保全国一盘棋，确保全国的政权都掌握在真正的马克思主义者手中。改革开放以来，邓小平同志更多次强调："中央要有权威。改革要成功，就必须有领导有秩序地进行。没有这一条，就是乱哄哄，各行其是，怎么行呢？"①"特别是有困难的时候，没有中央、

---

① 《邓小平文选》第三卷，人民出版社1993年版，第277页。

国务院这个权威，不可能解决问题。有了这个权威，困难时也能做大事。"①江泽民同志根据新世纪党面临的国际国内形势和任务，明确指出，由于实行改革开放和发展社会主义市场经济，我国社会经济成分、组织形式、就业方式、利益关系和分配方式日益多样化。如果我们思想上不清醒，工作中不注意，是很容易搞散的。维护党和国家的集中统一，维护中央的权威，是极端重要的。党成立90多年来的实践证明，只有维护中央权威，我们才能取得革命、建设和改革的成功。党和人民的最高利益要求坚决维护中央权威。只有维护中央的权威，才能增强党的凝聚力和战斗力，才能保证国家统一、民族团结和社会稳定，才能保障改革开放和现代化建设的顺利进行，逐步实现各族人民的共同富裕，实现社会主义物质文明与精神文明的共同发展。这是全党和全国人民的最高利益所在。

第二，坚决维护中央权威是由中国共产党的执政地位所决定的，是国家崛起和民族复兴的根本要求。对中国这个脱胎于半殖民地半封建社会、人口众多而资源有限的发展中国家而言，要取得跨越式发展、自立于世界民族之林，必须要有一个有强大中央权威的政党的正确领导。作为一个领导着占世界五分之一人口的国家、一个拥有8200多万党员的大党，如果没有中央强有力的权威，就很难在全党和全国人民中形成统一的思想、统一的意志和统一的行动。党的十八大提出要在中国共产党成立一百年时全面建成小康社会，在新中国成立一百年时建成富强民主文明和谐的社会主义现代化国家，而实现这两个宏伟奋斗目标，没有一个在实践中形成的、众望所归的、坚强的中央领导集体及其强有力的权威是不行的。中国共产党是社会主义中国唯一的执政党，中国特色社会主义事业是改革创新的事业，中国共产党要站在时代前列带领人民不断开创事业发展新局面，必须以改革创新精神加强自身建设，坚决维护中央权威，始终成为中国特色社会主义事业的坚强领导核心。办好中国

① 《邓小平文选》第三卷，人民出版社1993年版，第319页。

的事情，关键在中国共产党。在当代中国，中国特色社会主义事业的发展、中华民族的伟大复兴与中国共产党的领导是三位一体的关系，加强中国共产党的领导和党中央权威是中国特色社会主义事业胜利发展、中华民族实现伟大复兴的政治保证。

第三，坚决维护中央权威是维护安定团结的政治局面、促进改革与发展的根本要求。邓小平同志指出，中国的问题，压倒一切的是需要稳定。没有稳定的环境，什么都搞不成，已经取得的成果也会失掉。他强调："我的中心意思是，中央要有权威。……党中央、国务院没有权威，局势就控制不住。"①坚决维护中央权威，才能维护安定团结的政治局面，为改革和发展创造良好的政治和社会环境。

第四，坚决维护中央权威也是应对复杂多变的国际局势，捍卫国家主权、确保中国特色社会主义事业发展有一个坚强的领导核心的根本要求。当今世界的经济全球化主要还是以美国和西方国家主导的，如果中国共产党中央及其领导的中央政府没有权威，中国不仅不能实现中华民族伟大复兴的光荣和梦想，相反还可能再次成为一盘散沙，成为西方国家的附庸。维护中央权威，是实现"中国梦"、实现中华民族伟大复兴的必要条件。

为了有效地维护中央权威，必须实现以下几点要求：

一是正确处理中央领导与地方主动性的关系问题。维护中央权威，最根本的就是要坚持民主集中制这一党的根本组织制度和领导制度，努力在全党造成又有集中又有民主，又有纪律又有自由，又有统一意志又有个人心情舒畅、生动活泼的政治局面。早在1956年，毛泽东同志就曾指出："应当在巩固中央统一领导的前提下，扩大一点地方的权力，给地方更多的独立性，让地方办更多的事情。这对我们建设强大的社会主义国家比较有利。我们的国家这样大，人口这样多，情况这样复杂，有中央和地方两个积极性，比只

---

① 《邓小平文选》第三卷，人民出版社1993年版，第277页。

有一个积极性好得多。我们不能像苏联那样，把什么都集中到中央，把地方卡得死死的，一点机动权也没有。"①

二是保持中央政令畅通。维护中央的权威，实质上就是维护中央制定的正确的路线方针政策的权威。中央的大政方针以政令的形式颁布实施后，能否在各地方、各部门切实地贯彻执行，使中央决定了的事情得到各方面认真对待和有效落实，直接影响到中央的形象和威信。因此，维护中央权威，就必须坚决有力地执行中央制定的路线方针政策，保证中央政令的畅通。

三是自觉把思想和行动统一到党的十八大精神上来。要维护中央权威，就得抓好十八大精神的学习和落实，抓好党中央所作出的重大决策和重大部署学习和落实，系统地、准确地、深刻地领会和贯彻中央重大决策和重大部署的内容及其实质。基层党组织和共产党员在认同中央政策过程中，应该首先站在中央政策角度，从国家整体利益出发把握中央政策。

四是自觉贯彻党的全心全意为人民服务的根本宗旨。党的十八大报告强调："坚持以人为本、执政为民，始终保持党同人民群众的血肉联系。"这就明确地向全党提出发挥党的最大政治优势，抵御脱离群众这个最大危险的任务。在新的历史条件下，一些共产党员宗旨意识淡薄了，官僚主义、形式主义滋生，对群众的冷痛视而不见，见而不闻，严重脱离群众，情不为民所系，党员种种脱离群众现象导致群众对党信心的减弱，严重影响了党的凝聚力和号召力，也影响到中央在人民群众心目中的权威。这个问题如果不加以彻底解决，中央权威就要受到削弱，党的执政地位就会面临危险。

五是按照总揽全局、协调各方的原则，进一步加强和完善党的领导体制，改进党的领导方式和执政方式，既保证党委的领导核心作用，又充分发挥人大、政府、政协以及人民团体和其他方面的职能作用。

---

① 《毛泽东文集》第七卷，人民出版社 1999 年版，第 31 页。

106. 为什么要加强监督检查，严肃党的纪律特别是政治纪律?

答：党的十八大报告明确指出："加强监督检查，严肃党的纪律特别是政治纪律，对违反纪律的行为必须认真处理，切实做到纪律面前人人平等、遵守纪律没有特权、执行纪律没有例外，形成全党上下步调一致、奋发进取的强大力量。"这就明确了三个方面的要求：一是各级党组织和广大党员、干部特别是主要领导干部一定要自觉遵守党章，自觉按照党的组织原则和党内政治生活准则办事，自觉接受党的纪律约束，决不允许任何个人凌驾于组织之上。二是要坚决维护中央权威，在思想上政治上行动上同党中央保持高度一致，坚决贯彻党的理论和路线方针政策。三是要带头遵守宪法和法律，严格依法办事，任何组织和个人都不允许有超越宪法和法律的特权。

中国是一个幅员辽阔、历史悠久、人口众多的统一的多民族国家。中国共产党成立90多年的实践表明，只有用崇高的革命理想和钢铁般的革命纪律把党员组织起来，并以马克思主义理论指导自身的实践，党的事业才能够顺利进行。党内民主是党的生命，集中统一是党的力量保证，是实现经济社会发展、民族团结进步、国家长治久安的根本保证，也是全党全国各族人民最高利益所在。当前，我国正处在全面建设小康社会的关键时期和深化改革开放、加快转变经济发展方式的攻坚时期。面对复杂多变的国际环境，面对艰巨繁重的国内改革发展稳定的任务，面对党所面临的"四种危险"和"四大考验"，一个有8260多万名党员的世界第一大执政党，如果没有统一的意志和严明的纪律来维护，只能是一盘散沙，只会是一事无成。全党只有严明纪律、团结一致，才能成为一个集中统一的有机整体，形成强大的凝聚力和战斗力，才能肩负起领导全党全国各族人民建设中国特色社会主义的伟大使命，更好地贯彻落实全面建成小康社会的各项部署，推动党的事业蓬勃发展。

增强党的纪律观念，提高全党遵守纪律的自觉性，是严肃党的纪律、维护党的集中统一的基本前提。党的纪律是党的各级组织和全体党员必须遵守的行为准则。纪律观念是否牢固，是党员、干部能否自觉遵守和执行党的纪律的基本前提和必要条件。要加强党的纪律教育，将其纳入各级党员、干部教育培训的整体规划，引导和督促广大党员、干部认真学习贯彻党章、党内政治生活准则以及其他党内法规，使每个党员、干部时时刻刻想到必须按照党的纪律严格要求规范自己的行为，从而自觉遵守党的纪律，正确执行党的纪律。要把纪律教育同党性修养和党性锻炼结合起来，教育引导广大党员、干部增强政治敏锐性和政治鉴别力，始终站稳政治立场，自觉遵守党章，自觉按照党的组织原则和党内政治生活准则办事，自觉维护党的纪律，决不允许任何人凌驾于组织之上。

加强党的政治纪律，是严肃党的纪律、维护党的集中统一的核心内容。政治纪律是党最重要的纪律，是党的全部纪律的基础。严肃党的政治纪律，事关党的政治方向、党的团结统一乃至党的兴衰存亡。改革开放以来，在党中央的坚强领导下，广大党员干部严格遵守党的政治纪律，有效地维护了党的集中统一。但同时也必须看到，当前一些党员、干部违反政治纪律的问题仍时有发生，具体表现为：极少数党员、干部在一些涉及党的基本理论、基本路线、基本纲领和基本经验等重大问题上公开散布或发表相反的言论；有的对中央的决策和要求阳奉阴违、另搞一套、我行我素；还有的不负责任地道听途说，甚至捕风捉影，编造传播政治谎言，在干部、群众中造成恶劣影响，对党和国家的工作造成严重干扰。这些都是党的政治纪律所不容许的。各级党组织和广大党员干部特别是主要领导干部一定要充分认识党的政治纪律的极端重要性，始终保持高度的政治警觉。要准确把握和深入贯彻党的基本理论、基本路线、基本纲领、基本经验，在思想上政治上行动上同党中央保持高度一致，坚决维护中央权威，保证中央政令畅通，决不允许公开发表同中央决定相违背的言论，决不允许搞"上有政策、下有对策"，决不允许有令不行、有禁不止。要坚持正确政治立场和政治方向，在重大问题上头脑清醒、旗帜鲜明，在关键时刻和重大事件中经得起考验，自觉维护党的形象，坚决反对自由主义，决不允许泄露党和国家秘密，决不允许参加各种非法组织和非法活动，决不允许编造和传播政治谣言。坚决维护中央权威，坚决贯彻党的理论和路线方针政策，在思想上政治上行动上同党中央保持高度一致，维护党的集中统一，努力形成全党上下步调一致、奋发进取的强大力量。

加强监督检查，是严肃党的纪律、维护党的集中统一的重要保证。要经常性地开展对执行纪律情况的监督检查，及时发现各种违反纪律的行为和倾向，督促纠正整改，把问题解决在萌芽状态；加强对党的路线方针政策、中央重大决策部署执行情况的监督检查，当前特别是要加强对贯彻落实"十二五"规划、加快转变经济发展方式、保障和改善民生、维护民族团结和社会稳定等重大决策部署执行情况监督检查，建立健全定期检查和专项督查制度以及纪律保障机制，确保中央政令畅通，为顺利实现党的奋斗目标提供坚强的政治保证。要健全党的政治纪律、组织纪律、廉政纪律和其他各项纪律，增强党纪党规的统一性、权威性、稳定性，按照"纪律面前人人平等、遵守纪律没有特权、执行纪律没有例外"的要求，坚决反对和认真处理一切违反党章和其他党内法规、破坏党的纪律的行为。坚持党内监督与党外监督相结合，进一步发挥人大监督、政府专门机关监督、政协民主监督、司法监督的作用；加强群众监督，尊重和保障群众的知情权、参与权、表达权、监督权，健全信访举报工作机制，让人民监督权力；加强舆论监督，支持新闻媒体开展科学监督、依法监督和建设性监督，及时处理和回应新闻媒体及网络舆情反映的问题。各级领导干部要正确对待群众监督和舆论监督，增强主动接受监督的自觉性。不管是谁，只要违反了党的纪律，都要一视同仁地对待和处理，在执行党的纪律的过程中，要切实保护被处分党员的民主权利，给他们申诉和辩护的机会，严禁打击报复和诬告陷害。

107. 为什么全党必须增强忧患意识、创新意识、宗旨意识、使命意识？

答：党的十八大报告强调："面对人民的信任和重托，面对新的历史条件和考验，全党必须增强忧患意识，谦虚谨慎，戒骄戒躁，始终保持清醒头脑；必须增强创新意识，坚持真理，修正错误，始终保持奋发有为的精神状态；必须增强宗旨意识，相信群众，依靠群众，始终把人民放在心中最高位置；必须增强使命意识，求真务实，艰苦奋斗，始终保持共产党人的政治本色。"这"四种意识"是对新的历史条件下，面对复杂的国际环境，面对艰巨的国内改革建设的任务，共产党人应具备的思想自觉、精神自觉、政治自觉和能力自觉的新概括，具有重大的战略意义。

全党必须增强忧患意识，谦虚谨慎，戒骄戒躁，始终保持清醒头脑。"人无远虑，必有近忧"，忧患意识正体现了科学发展的战略眼光。只有居安思危、勇于进取，党才能始终走在时代前列；只有常怀忧党之心、恪尽兴党职责，才能以更加奋发有为的精神状态推进党的建设。改革开放 30 多年来，党领导人民取得了建设中国特色社会主义的巨大成就，跃升为世界第二大经济体，中华民族伟大复兴展现出前所未有的光明前景。但同时全党也必须清醒地看到，在我们这个十几亿人口的发展中大国，党在推进改革开放和社会主义现代化建设中肩负任务的艰巨性、复杂性、繁重性世所罕见，党的执政任务和自身建设任务前所未有。全党必须牢记，党的先进性和党的执政地位都不是一劳永逸、一成不变的，过去先进不等于现在先进，现在先进不等于永远先进；过去拥有不等于现在拥有，现在拥有不等于永远拥有。党的十七届四中全会指出，世情、国情、党情的深刻变化对党的建设提出了新的要求，党面临的执政考验、改革开放考验、市场经济考验、外部环境的考验是长期的、复杂的、严峻的，落实党要管党、从严治党的任务比过去任何时候都更为繁荣和紧迫。"四大考验"的提出，表明党对目前自身面临的形势和任务的清醒认识。胡锦涛同志在庆祝中国共产党成立 90 周年大会上的讲话中，在"四大考验"基础上，提出了党执政的"四种危险"，即精神懈怠的危险、能力不足的危险、脱离群众的危险、消极腐败的危险。党的十八大又再次强调了上述"四大考验"、"四种危险"，表明党执政忧患意识的增强。党能够直面自身问题，能够清醒认识自身面临的内外形势，也表明党坚持和发展中国特色社会主义的决心和信心。

全党必须增强创新意识，坚持真理，修正错误，始终保持奋发有为的精神状态。创新是一个民族的灵魂，是一个国家兴旺发达的不竭动力，也是一个政党永葆生机活力的源泉。一个领导创新型国家建设的党，也必然应当是创新型的党。改革创新是时代的主旋律，是党开拓前进的精神动力。中国共产党 90 多年的发展史雄辩地说明，什么时候保持了改革创新的锐气，革命、建设、改革事业就会取得胜利；什么时候陷入了教条主义的泥潭，革命、建设、改革事业就会遭遇挫折。我们面对的是日新月异的世界，我们从事的事业是前无古人的伟大事业。全面提高党的建设科学化水平，必须在继承党优良传统的基础上，增强创新意识，始终保持创新的精神状态，积极推进党的建设实践创新、理论创新、制度创新、工作创新，创造性地解决时代发展、社会变革对党的建设提出的新课题。要遵循执政党建设规律进行制度建设和创新，不断增强党内生活和党的建设制度的严密性和科学性，推进党的建设科学化、制度化、规范化。要发展党内民主，保障党的团结统一，增强党的创造力、凝聚力和战斗力。要尊重基层和党员首创精神，善于从基层组织和广大党员的探索中汲取营养，不断丰富发展党的建设的理论和实践。要坚持群众路线，拜人民为师，向人民学习，把党自身建设的加强深深根植于广大人民群众创造性的实践之中。只有始终保持和增强党的创新意识，实事求是、解放思想、勇于变革、坚持创新、永不停滞、与时俱进，才能始终保持马克思主义政党本色，保持党的生机活力，才能确保党始终成为中国特色社会主义的坚强领导核心，在复杂多变的国内外环境中立于不败之地。

全党必须增强宗旨意识，相信群众，依靠群众，始终把人民放在心中最高位置。中国共产党是中国工人阶级和中国民族的先锋队，始终代表中国最广大人民的根本利益，全心全意为人民服务是中国共产党的宗旨，密切联系群众是中国共产党的优良传统作风，以人为本、执政为民是检验党一切执政活动的最高标准。国际国内的经验反复表明，一个政党，一个政权，其前途和命运最终取决于人心向背，因此，提高党的建设科学化水平，必须强化全党的宗旨意识，任何时候都要把人民利益放在第一位，始终与人民心连心、同呼吸、共命运，始终依靠人民群众推动历史前进。

增强全党的宗旨意识应该从以下方面着手：一是全党必须坚持以人为本、执政为民的理念，牢固树立马克思主义群众观点；二是党员干部要体察民情，深入基层、深入群众、服务群众；三是党员干部要了解民意，坚持问政于民、问计于民、问需于民，真诚倾听群众呼声，真实反映群众愿望，真情关心群众疾苦；四是党员干部要集中民智，要尊重群众、相信群众、依靠群众；五是党员干部要发扬求真务实之风和艰苦奋斗之风，与人民群众同甘苦、共患难；六是要健全服务群众制度，充分发挥党组织和党员在服务群众中的带头、推动、督促、保证作用；七是要健全联系群众制度，创新联系群众方式；八是要拓宽社情民意反映渠道；九是要健全党和政府主导的维护群众权益机制，认真解决群众反映强烈的各种社会问题。党的十八大报告总结近年来党在群众工作中的成功经验，提出在全党深入开展以为民务实清廉为主要内容的党的群众路线教育实践活动，这是党的十八大作出的一项重大部署，必将对保持党同人民群众的血肉联系产生重要作用。

全党必须增强使命意识，求真务实，艰苦奋斗，始终保持共产党人的政治本色。中国共产党自诞生之日起就勇敢地担当起民族独立和人民解放、国家富强和人民共同富裕的历史使命。当前党又承担起了带领中国人民创造幸福生活、实现中华民族伟大复兴的历史使命。为了完成这些历史使命，一代又一代中国共产党人前赴后继，无数革命先烈献出了宝贵生命。当代中国共产党人必须承担好的历史使命，就是要确保在中国共产党成立一百年时全面建成小康社会，在新中国成立一百年时建成富强民主文明和谐的社会主义现代化国家；要在中国特色社会主义道路上实现中华民族伟大复兴。在新的征程上，我们的工作更多、要求更高，责任更大、担子更重。因此，必须增强使命意识。使命意识是民族文明进步的精神之本，使命意识是人民团结奋斗的力量之源，使命意识表明中国共产党作为执政党对自身存在目的和价值的深刻认识。在中国特色社会主义新的历史起点上，党要不断提升自身的执政能力和领导水平，尤其是驾驭社会主义市场经济的能力、发展社会主义民主政治的能力、建设社会主义先进文化的能力、构建社会主义和谐社会的能力、推进社会主义生态文明建设的能力、应对国际局势和处理国际事务的能力。要增强对中国特色社会主义的道路自信、理论自信和制度自信，对于执政使命要勇于担当、敢于担当且善于担当。

总之，在新的历史条件下，强调要增强忧患意识、创新意识、宗旨意识、使命意识，建设学习型、服务性、创新性的马克思主义政党，确保党始终成为中国特色社会主义事业的坚强领导核心。

108. 如何要用坚强的党性保证全党的团结统一？

答：党性，既是我们党阶级性的集中体现，又是我们党先进性的主要标志。切实加强党员领导干部的党性修养，是密切党与人民群众血肉联系、改善党群干群关系的治本之策，是保持和发展党的先进性、巩固党的执政地位的必行之举，是推进党的建设新的伟大工程、保持我们党马克思主义政党本色的要义所在，是加强党的团结，全面提高党的建设科学化水平的必然要求。

党的十八大报告指出："团结就是大局，团结就是力量。全党同志要用坚强的党性保证团结，用共同的事业促进团结，自觉维护全党的团结统一，巩固全国各族人民大团结，加强海内外中华儿女大团结，促进中国人民同世界各国人民大团结。"

要用坚强的党性维护和促进党内团结。讲团结最根本最重要的是搞好党内团结，维护全党的团结统一，这是党的事业取得胜利的重要保证。

首先，要抓好党性教育这个核心。要坚定党员的理想信念教育，用马克思列宁主义、毛泽东思想和中国特色社会主义理论体系教育全党，坚定全体党员的共产主义信念。要引导党员认真学习党的历史，深刻认识党的两个历史问题决议总结的经验教训，弘扬党的优良传统和作风，教育引导党员、干部牢固树立正确的世界观、权力观、事业观，坚定政治立场、明辨大是大非。无数事实证明，作为一名领导干部，没有远大理想，就不可能有博大的胸怀和崇高的思想境界，就不可能时刻把人民放在心上，不可能时刻把党的事业党的团结放在心上。很多党员干部也因为理想信念的缺失走向了拜金主义、享乐主义乃至腐化堕落的不归路。

其次，要用党性原则坚决贯彻民主集中制，积极解决党内矛盾，保证党的团结。广大党员干部特别是各级领导干部都要从党性原则和人民利益出发，在思想上组织上和行动上与党中央保持高度一致，坚决服从中央的统一领导，坚决贯彻党中央的各项决议，坚决维护党中央的权威，坚决反对一切派别和集团破坏党的团结的活动，坚决反对口是心非、阳奉阴违、有令不行、有禁不止、我行我素、各行其是的错误行为。要建立健全正常的党内民主生活制度和秩序，通过开展积极健康的思想斗争，分清重大原则问题上的是非界限，批评纠正错误的思想和行为，把思想认识统一到党的各项路线方针政策上来，统一到党中央的重大战略决策上来，统一到全面建成小康社会的各项实践中来，从思想上政治上组织上保证党的团结和统一。

再次，要用党性原则严肃党内纪律，保证党的团结。任何党员和党的组织都必须用党性原则严格要求自己，自觉遵守党的纪律，党内不允许有无视党的原则和纪律的特殊党员和组织。要引导党员、干部讲政治、顾大局、守纪律，自觉遵守党章，自觉按照党的组织原则和党内政治生活准则办事，坚决贯彻党的理论和路线方针政策，坚决维护中央权威，在思想上政治上行动上同党中央保持高度一致。党的各级组织和党的干部，要做到在政治上光明磊落、表里如一、言行一致。党员对党的决定有不同意见可以保留，但必须在行动上服从和执行。所有党员干部特别是党的领导干部，必须服从组织安排，不允许把个人置于组织之上，搞无政府主义和自由主义那一套。在经济工作中，必须严格遵守中央的政策法规，绝不允许搞地方和部门保护主义，绝不允许制定与中央的政策法规想抵触的"土政策"。

总之，团结是事业推进的动力，是共产党人的生命，只有搞好团结，用坚强党性保证党的团结统一，党的事业才能生生不息的向前发展，党才能更好地发挥在中国特色社会主义事业中的领导核心作用，才能更好地引领时代潮流，团结带领各族人民实现中华民族的伟大复兴。

参 考 文 献

[1]《关于党内政治生活的若干准则》(1980 年 2 月 29 日中国共产党第十一届中央委员会第五次全体会议通过)。

[2]邓小平:《党和国家领导制度的改革》(1980 年 8 月 18 日)。

[3]江泽民:《高举邓小平理论伟大旗帜,把建设有中国特色社会主义事业全面推向二十一世纪》(1997 年 9 月 12 日)。

[4]《中共中央关于加强和改进思想政治工作的若干意见》(1999 年 9 月 29 日)。

[5]《党政领导干部选拔任用工作条例》(2002 年 7 月 23 日)。

[6]江泽民:《全面建设小康社会,开创中国特色社会主义事业新局面》(2002 年 11 月 8 日)。

[7]《中共中央关于加强党的执政能力建设的决定》(2004 年 9 月 19 日中国共产党第十六届中央委员会第四次全体会议通过)。

[8]《中共中央关于在全党开展以实践"三个代表"重要思想为主要内容的保持共产党员先进性教育活动的意见》(2004 年 11 月 7 日)。

[9]《干部教育培训工作条例(试行)》(2006 年 3 月 29 日)。

[10]胡锦涛:《在纪念红军长征胜利 70 周年大会上的讲话》(2006 年 10 月 22 日)。

[11]胡锦涛:《高举中国特色社会主义伟大旗帜　为夺取全面建设小康社会新胜利而奋斗》(2007 年 10 月 15 日)。

[12]《中共中央关于加强和改进新形势下党的建设若干重大问题的决定》(2009 年 9 月 18 日中国共产党第十七届中央委员会第四

次全体会议通过）。

[13]胡锦涛：《努力开创新形势下党的建设新局面》（2009 年 9 月 18 日）。

[14]习近平：《关于建设马克思主义学习型政党的几点学习体会和认识》（2009 年 11 月 12 日）。

[15]《2010—2020 年深化干部人事制度改革规划纲要》。

[16]中共中央办公厅：《关于推进学习型党组织建设的意见》（2010 年 2 月）。

[17]胡锦涛：《在庆祝中国共产党成立 90 周年大会上的讲话》（2011 年 7 月 1 日）。

[18]习近平：《在全国老干部工作先进集体和先进工作者表彰大会上的讲话》（2011 年 9 月 15 日）。

[19]胡锦涛：《在第十七届中央纪委第七次全体会议上讲话》（2012 年 1 月 9 日）。

[20]胡锦涛：《坚定不移沿着中国特色社会主义道路前进为全面建成小康社会而奋斗》（2012 年 11 月 8 日）。

[21]《中国共产党章程》（中国共产党第十八次全国代表大会部分修改，2012 年 11 月 14 日通过）。

[22]习近平：《紧紧围绕坚持和发展中国特色社会主义　学习宣传贯彻党的十八大精神——在十八届中共中央政治局第一次集体学习时的讲话》（2012 年 11 月 17 日）。

[23]李源潮：《坚持民主公开竞争择优，推进干部人事制度改革》，《人民日报》2009 年 10 月 19 日。

[24]沈跃跃：《坚持德才兼备、以德为先用人标准》，《求是》2009 年第 19 期。

[25]沈永社：《党内民主和党的纪律》，法律出版社 1990 年版。

[26]王贵秀：《论民主与民主集中制》，中国社会科学出版社 1995 年版。

[27]蔡长水等：《党的建设历史经验与热点问题》，中央党校出版社 2001 年版。

［28］林尚立：《党内民主——中国共产党的理论与实践》，上海社会科学出版社 2002 年版。

［29］卢先福等：《中国执政党建设研究》，上海人民出版社 2003 年版。

［30］许冬梅：《中国共产党党内民主研究》，党建读物出版社 2004 年版。

［31］编写组：《党的十六届四中全会〈决定〉学习辅导百问》，学习出版社 2004 年版。

［32］李亚新等：《党内民主建设》，中国言实出版社 2004 年版。

［33］肖立辉等：《中国共产党党内民主建设研究》，重庆出版社 2006 年版。

［34］王长江等：《党内民主制度创新》，中央编译出版社 2007 年版。

［35］高新民：《以党内和谐促进社会和谐》，湖南人民出版社 2007 年版。

［36］刘书林等：《党的领导与民主监督》，中央编译出版社 2008 年版。

［37］刘如军：《国有企业与纪检监察研究》，中国社会出版社 2008 年版。

［38］本书编写组：《新形势下党的建设》，中央编译出版社 2009 年版。

［39］人民出版社编：《学习贯彻党的十七届四中全会精神》，人民出版社 2009 年版。

［40］刘德伟、陈克惠：《科学发展观党建理论研究》，人民出版社 2009 年版。

［41］刘压西、马银录：《预防腐败 60 招》（上、下册），西北大学出版社 2010 年版。

［42］《人民日报重要言论汇编》编辑组：《学习胡锦涛在庆祝中国共产党成立九十周年大会上的讲话：人民日报重要言论汇编》，人民日报出版社 2011 年版。

[43]《中国共产党第十七届中央委员会第六次全体会议文件汇编》，人民出版社 2011 年版。

[44]中共中央宣传部理论局：《论党的群众工作——重要论述摘编》，学习出版社 2011 年版。

[45]鲍振东等著：《党的基层组织建设论纲》，社会科学文献出版社 2011 年版。

[46]高新民：《党内民主与党的建设制度创新》，青岛出版社 2011 年版。

[47]中央纪委宣传教育室：《反腐倡廉 10 个热点问题》，中国方正出版社 2011 年版。

[48]丁俊萍：《中国共产党学习型政党建设史》，长江出版社 2011 年版。

[49]丁俊萍：《中国共产党的建设科学化研究》，中央文献出版社 2011 年版。

[50]本书编写组：《怎样深化干部人事制度改革规划纲要》，中共中央党校出版社 2011 年版。

[51]丁俊萍、李向勇：《执政党建设的路与标》，湖北人民出版社 2012 年版。

[52]本书编写组：《十八大报告辅导读本》，人民出版社 2012 年版。

[53]本书编写组：《十八大报告学习辅导百问》，学习出版社 2012 年版。

[54]本书编写组：《十八大党章学习问答》，人民出版社 2012 年版。

后　记

　　党的十八大提出以改革创新的精神全面推进党的建设新的伟大工程，全面提高党的建设科学化水平，这是新的形势下加强党的建设首要任务和重要举措。深入学习、宣传和贯彻十八大精神，成为当前全党全国的重要任务。为配合广大党员干部和人民群众学习贯彻党的十八大精神，全面提高党的建设科学化水平，武汉大学出版社和"新形势下党的建设科学化研究"课题组（2009 年度国家社科基金重大招标项目）联合推出《全面提高党的建设科学化水平 100 问》一书。

　　本书由"新形势下党的建设科学化研究"课题组首席专家、武汉大学教授丁俊萍主持编撰，武汉大学、武汉理工大学、中南民族大学、中共湖北省委党校、南昌工程学院等单位的有关教师、博士生和纪检监察部门工作人员参加了编撰工作。编写组成员有：丁俊萍、李向勇、苏咏喜、郭群英、李华、吕惠东、何克祥、聂继红、吴向伟、卢勇、高喜平、权宗田。本书撰写过程中，参阅了理论界学术界已有的研究成果；武汉大学出版社社长陈庆辉、副总编辑王雅红对本书的出版给予了大力支持和帮助，在此一并表示感谢。

　　由于本书撰写时间紧、任务重，参与撰写人员较多，水平参差不齐，虽经多次修改，但仍然会存在许多不足，恳请读者批评指正。

本书编写组

2013 年 5 月 26 日